21 世纪高职高专规划教材·财经管理系列

国际贸易实务

（第 4 版）

主　编　魏翠芬
副主编　孙立波

清华大学出版社
北京交通大学出版社
·北京·

内 容 简 介

本书以一票完整的国际贸易业务为主线，按照出口业务的基本流程进行课程设计，通过交易磋商、合同订立、合同履行三个项目系统介绍国际贸易的主要内容。本书以一票业务为引导的同时，配合另一票业务的同步训练，以达到巩固学习效果的目的。

本书基于工作过程导向进行课程设计，以真实的业务资料为背景并吸收行业专家参与编写，表现出鲜明的职业特色，符合高职教育课程改革的方向。本书适用于高职层次的财经商贸类专业，也可以作为国际贸易从业人员的业务参考和培训用书。

图书在版编目（CIP）数据

国际贸易实务／魏翠芬主编. —4 版 . —北京：北京交通大学出版社 ：清华大学出版社，2018.7

　（21 世纪高职高专规划教材．财经管理系列）

　ISBN 978-7-5121-3553-6

　Ⅰ. ① 国… 　Ⅱ. ① 魏… 　Ⅲ. ① 国际贸易-贸易实务-高等职业教育-教材

Ⅳ. ① F740.4

中国版本图书馆 CIP 数据核字（2018）第 104458 号

国际贸易实务

GUOJI MAOYI SHIWU

责任编辑：吴嫦娥

出版发行：清 华 大 学 出 版 社　　邮编：100084　　电话：010-62776969　　http://www.tup.com.cn

　　　　　北京交通大学出版社　　邮编：100044　　电话：010-51686414　　http://www.bjtup.com.cn

印 刷 者：北京鑫海金澳胶印有限公司

经　　销：全国新华书店

开　　本：185 mm×260 mm　　印张：16.75　　字数：418 千字

版　　次：2018 年 7 月第 4 版　　2018 年 7 月第 1 次印刷

书　　号：ISBN 978-7-5121-3553-6/F · 1778

印　　数：1～3 000 册　　定价：39.00 元

本书如有质量问题，请向北京交通大学出版社质监组反映。对您的意见和批评，我们表示欢迎和感谢。

投诉电话：010-51686043，51686008；传真：010-62225406；E-mail：press@bjtu.edu.cn。

作者简介

魏翠芬，女，教授，经济学硕士。从教 30 余年，现任山东经贸职业学院工商管理系副主任，山东经贸职业学院学术委员会副主任委员、专业建设委员会委员，国际贸易实务省级精品课程负责人，报关与国际货运省级特色专业负责人，主持现代商贸管理品牌专业群建设工作。

担任 2014—2017 年山东省春季高考商贸类专业技能考试国际商务专业审题专家；主编《国际贸易实务》等教材 10 余部，其中《国际贸易实务教程》获"第十九次山东省对外经济学会优秀成果一等奖"；指导学生技能大赛获"2012 年第五届全国职业院校外贸技能竞赛高职组优秀指导教师一等奖"等多个奖项；获省部级以上教学科研奖励 8 项；先后参加"UCP600 和 ISBP 实施中重点疑难问题讲析培训班""信用证项下制单审单实训培训班""国际贸易实务骨干教师高级研修班"（职业院校教师国家级培训）、"国际贸易术语通则 2010 与信用证实务培训班""报关业务培训暨教学方法研讨""专业带头人领导能力研修班（职业院校教师国家级培训）"等多次培训，理论水平及业务能力扎实过硬。

主要社会兼职：2009 年当选为山东省对外经济学会常务理事、山东省世界经济学会理事，担任 2010 年（第四届）全国商科院校技能大赛国际贸易专业竞赛执委会副主任委员、国际贸易专业竞赛总决赛评委、2015-2018 年全国高校商业精英挑战赛组委会山东省委员会副主任委员、莱芜职业技术学院国际贸易专业建设指导委员会副主任，潍坊科技专修学院兼职教授，为潍坊恒安进出口有限公司、潍坊航宇国际货运代理有限公司等多家单位提供咨询服务。

第4版前言

《国际贸易实务》一书，自2009年7月由清华大学出版社和北京交通大学出版社联合出版后，得到了高等职业院校广大师生读者的认可和支持，教材经多次印刷和再版，目前总销量已达到120 000多册。现在，经修订的《国际贸易实务》第4版又要与读者见面了。

一、本书特点

（1）基于工作过程导向的课程设计。本书以一票完整的国际贸易业务为主线，按照出口业务的基本流程进行课程设计，通过交易磋商、合同订立、合同履行三个项目系统介绍国际贸易的主要内容。本书以一票业务为引导的同时，配合另一票业务的同步训练，以达到巩固学习效果的目的。

（2）基于真实行业背景的业务素材。书中引用的合同条款、信用证资料、单证样本、案例分析等丰富的课程资料，均有真实的行业背景；书中介绍的外贸经验分享，均为各外贸论坛中的真实资料；书中穿插的知识拓展等，紧贴行业形势，反映了国家政策法规及行业发展的最新变化。

（3）基于校企合作、工学结合的教材开发。本书在修订过程中，吸收了行业专家和业界资深人士参与，他们提供了大量的业务资料及丰富的实战经验，实现了学校与企业的有效对接、理论与实际的紧密结合。其中，阿里巴巴（中国）网络技术有限公司潍坊分公司国际业务发展部客户经理张鹏先生提供了大量的业务资料；青岛锦港达通货运代理有限公司总经理于文先生就订舱、通关、国际货运等内容提供了大量的业务实例及宝贵的修改意见。

二、适用范围

本书基于工作过程导向进行课程设计，以真实的业务资料为背景并吸收行业专家参与编写，表现出了鲜明的职业特色，符合高职教育课程改革的方向。本书适用于高职层次的财经商贸类专业，也可以作为国际贸易从业人员的业务参考和培训用书。

三、编写人员

本书的修订由山东经贸职业学院魏翠芬主持，山东经贸职业学院孙立波、翟宇环、赵琮琮、卢霞老师，河北工程技术学院王薇老师，石家庄工商职业学院闫彩玲老师，行业企业专家张鹏、于文参与修订。全书由魏翠芬统稿及审核。修订分工如下：魏翠芬，项目一（任务一、任务二），项目二（任务一）；孙立波、张鹏，项目二（任务二、任务三）；翟宇环、王薇，项目二（任务四、任务五）；赵琮琮、闫彩玲，项目二（任务六、任务七）；卢霞、于文，项目三（任务一、任务二）。

本书在编写过程中，参阅了大量学者的专著和文献，在此一并表示感谢！

由于作者实践经验有限，本书难免有不妥之处，恳请各位专家学者、同行教师、业界人士及广大读者批评指正。

编　者
2018年7月

目　录

国际贸易职业认知

一走进今天的超市，你就会看到琳琅满目的进口商品。无论是澳洲的水果、巴西的咖啡，还是法国的香水，任凭选购、应有尽有，这一切都是国际贸易带来的好处。

图 0-1 和图 0-2 是两幅分别取自阿里巴巴出口通和全球贸易网的截图，图中显示了与国际贸易活动有关的各类信息。那么，什么是国际贸易？国际贸易有什么特点？国际贸易的从业要求及职业面向又是什么？这是每一个初学者都想知道的问题。

图 0-1　阿里巴巴出口通截图

图 0-2　全球贸易网截图

一、国际贸易认知

（一）国际贸易的含义

国际贸易（international trade）是指不同国家（和/或地区）之间的商品、服务和生产要素交换的活动，是商品、服务和生产要素的国际转移，是国际分工的表现形式，反映了世界各国在经济上的相互依存。国际贸易也叫世界贸易（world trade）。从一个国家的角度看，国际贸易就是对外贸易（foreign trade）。

国际贸易由进口贸易（import trade）和出口贸易（export trade）两部分组成，故有时也称为进出口贸易。

（二）国际贸易的类型

1. 按商品形态划分

（1）有形贸易（visible trade）。又称为货物贸易，是"无形贸易"的对称，指商品的进出口贸易。由于商品是可以看得见的有形实物，故称为有形贸易。例如，家电、服装、石油、木材等货物的进出口贸易，都是有形贸易。

（2）无形贸易（invisible trade）。又称为服务贸易，是"有形贸易"的对称，指劳务或其他非实物商品的进出口贸易。例如，商标、专利使用权的跨国转让，旅游、金融、保险、商业企业的跨国经营等，都是无形贸易。

"国际贸易实务"课程将其研究对象界定为有形贸易，即货物的进出口贸易。

2. 按商品移动方向划分

（1）进口贸易（import trade）。又称输入贸易，是指将外国货物输入本国市场销售。输往国外的商品未经消费和加工又输入本国，称为复进口（re-import trade）。

（2）出口贸易（export trade）。又称输出贸易，是指本国生产或加工的货物输往国外市场销售。外国商品进口以后未经加工制造又出口，也称复出口（re-export trade）。

（3）过境贸易（transit trade）。是指 A 国向 B 国运送货物，由于地理位置的原因，必须通过 C 国，对于 C 国来说，虽然没有直接参与此项交易，但货物要进出该国的国境或关境，并要经过海关统计，从而构成了该国进出口贸易的一部分，统计为过境贸易。

3. 按生产国与消费国的关系划分

（1）直接贸易（direct trade）。是指货物生产国与消费国直接买卖货物的贸易行为，贸易双方直接洽谈完成交易。对于生产国而言，是直接出口；对于消费国而言，是直接进口。

（2）间接贸易（indirect trade）。"直接贸易"的对称，是指货物生产国与消费国通过第三国进行买卖商品的行为。其中，生产国是间接出口，消费国是间接进口，第三国是转口。

（3）转口贸易（intermediary trade）。货物生产国和消费国通过第三国进行的贸易活动，对于第三国而言就是转口贸易。

例如，海湾战争战后的伊拉克有一些商机，但是风险也很大。我国有些企业在向伊拉克出口货物时，大多是先把货物卖给伊拉克的周边国家，再由伊拉克的周边国家转口到伊拉克。

4. 按统计边界划分

（1）总贸易（general trade）。在对外贸易统计时，若以国境为界，凡进入国境的商品算作进口，离开国境的商品算作出口，则一定时期内的进出口额之和便为该国的总贸易。

（2）专门贸易（special trade）。在对外贸易统计时，若以关境为界，凡运入关境的商品算作进口，运出关境的商品算作出口，则一定时期内的进出口额之和便为该国的专门贸易。

有的国家采用总贸易概念统计对外贸易，有的国家采用专门贸易概念统计。美国采用总贸易与专门贸易两种概念分别统计其对外贸易，我国则采用总贸易概念统计。

一般情况下，关境等于国境，但有些国家关境不等于国境。对中国而言，中国关境小于国境；而欧盟国家而言，则是关境大于国境。

5. 按贸易方式划分

（1）一般贸易（general trade）。是指中国境内有进出口经营权的企业单边进口或单边出口的贸易，按一般贸易交易方式进出口的货物即为一般贸易货物。

一般贸易货物在进出口时，可以按一般进出口监管制度办理海关手续，这时它就是一般进出口货物；也可以享受特定减免税优惠，按特定减免税监管制度办理海关手续，这时它就是特定减免税货物；也可以经海关批准保税，按保税监管制度办理海关手续，这时它就是保税货物。

（2）加工贸易（processing trade）。是指经营企业进口全部或者部分原辅材料、零部件、元器件、包装物料（以下简称料件），经加工或装配后，将制成品复出口的经营活动。

加工贸易是以加工为特征的再出口业务，按照所承接的业务特点不同，常见的加工贸易方式包括进料加工、来料加工、装配业务和协作生产。

6. 按结算方式划分

（1）现汇贸易（cash-liquidation trade）。又称自由结汇贸易，是用国际货币进行商品或劳务价款结算的一种贸易方式。现在国际贸易中主要采用这种结算方法。有时候，贸易双方缺少可自由兑换货币，可以采用以货易货的方式来结算，即双方交换的商品经过计价以后，用等值的不同商品互相交换。

（2）易货贸易（barter）。政府间的易货贸易需要签订贸易协定和支付协定，故又称为协定贸易。补偿贸易则是民间的易货贸易。

 知识拓展 0-1

国际贸易方式

国际贸易方式是指国际贸易中采用的各种方法。随着国际贸易的发展，贸易方式亦日趋多样化。除采用逐笔售定的方式外，还有包销、代理、寄售、招标与投标、拍卖、期货交易、对销贸易等。

（1）包销（exclusive sales）。包销又称独家经销，是指出口人（委托人）通过协议把某一种商品或某一类商品在某一个地区和期限内的经营权给予国外某个客户或公司的贸易做法。尽管包销也是售定，但包销与通常的单边逐笔出口不同，它除了当事人双方签订买卖合同外，还须在事先签订包销协议。

包销是国际贸易中习惯采用的方式之一。在我国出口业务中，根据某些商品的特点和扩大出口的需要，在适当的市场上，选择适当客户，也可采用包销方式。

（2）代理（agency）。代理是指代理人按照委托人的授权，代委托人同第三者订立合同或作其他法律行为。由此而产生的权利与义务直接对委托人发生效力。

代理人与委托人之间的关系属于委托买卖关系。代理人在代理业务中，只是代表委托人行为，如招揽客户、招揽订单、代表委托人签订买卖合同、处理委托人的货物、收受货款等，他本身并不作为合同的一方参与交易。代理人通常运用委托的资金进行业务活动，赚取佣金。

根据代理商职权范围大小，可分为独家代理和一般代理。独家代理（sole agency）是指代理商在约定的地区和时期内拥有独家经营权，即委托商不得将该商品直接或间接地销售给代理区内的其他买主；而一般代理不享有这种独家经营权。

（3）寄售（consignment）。是指出口商和国外的代销商订立寄售协议，把货物运交代销商，代销商出售货物后，扣除协议规定的销售费及佣金后把货款交付给寄售商的贸易方式。

寄售是一种委托代售的贸易方式，也是国际贸易中习惯采用的做法之一。在我国进出口业务中，寄售方式运用并不普遍，但在某些商品的交易中，为促进成交，扩大出口的需要，也可灵活适当地运用寄售方式。

（4）招标与投标（invitation to tender & submission of tender）。招标是指招标人发出招标公告或招标单，提出准备买进商品的品种、数量和有关买卖条件，邀请卖方投标的行为。投标是指投标人应招标人的邀请，根据招标公告或招标单的规定条件，在规定的时间内向招标人递盘的行为。

招标与投标是一种贸易方式的两个方面。招投标从广义上可分为工程招投标，货物招投标和服务招投标。国际贸易中经常采用的招标方式有竞争性招标和谈判招标两种。

（5）拍卖（auction）。是拍卖行接受货主的委托，按照一定的规则和程序在拍卖场以公开叫价的方法，把货物卖给出价最高的买主的一种交易方式。

通过拍卖进行交易的商品大都是品质易标准化，或是难以久存，或是习惯上采用拍卖方式进行的商品。如茶叶、烟叶、兔毛、皮毛、木材等。

（6）期货交易（commodity exchange）。是一种有组织的商品市场，是大宗商品进行现货及期货买卖的交易场所。商品交易所里有现货交易和期货交易，以期货交易为主。许多农产品、有色金属原料等，主要在商品交易所里交易。

（7）加工贸易（processing trade）。是一国通过各种不同的方式，进口原料、材料或零件，利用本国的生产能力和技术，加工成成品后再出口，从而获得以外汇体现的附加价值。加工贸易是以加工为特征的再出口业务，按照所承接的业务特点不同，常见的加工贸易方式包括进料加工、来料加工、装配业务和协作生产。

（8）对等贸易（counter trade）。是指贸易双方用某种协议使进出口平衡的一种贸易方式。可以有多种形式，如易货贸易、互购、补偿贸易等。

易货贸易（barter）：双方的交易值相等，通常不涉及现汇支付。

互购（counter purchase）：通常使用现汇结算，并不要求互购价值相等。

补偿贸易（compensation trade）：通常是由设备出口方先提供设备给进口方，然后由进口方用该设备生产的产品或其他产品交付给设备出口方，补偿设备的价款。

（9）租赁贸易（lease trade）。是指设备拥有者与承租人订立租约，把设备交付给承租人使用并收取一定租金的交易方式，可分融资租赁和经营租赁。融资租赁的租期较长，通常租期结束、全部租金付清后，设备所有权就转移给承租人，这相当于承租人分期付款买到了设备；经营租赁的租期较短，设备拥有者须通过多次出租，才能收回设备投资及其他费用。

（三）国际贸易的特点

国际贸易与国内贸易在本质上并无不同，但由于它是在不同国家或地区间进行的，所以与国内贸易相比具有以下特点。

1. 复杂程度高

国际贸易要涉及不同的国家（和/或地区），各国在政策措施、法律体系方面的不同，以及语言文化、社会习俗等方面带来的差异和冲突，所涉及的问题远比国内贸易复杂。

2. 贸易风险大

国际贸易的数量和金额一般较大，运输距离较远，履约时间较长，因此交易双方承担的风险远比国内贸易大得多。例如，对客户的资信调查不实会导致信用风险，运输距离遥远会导致运输风险，国际市场价格的迅速变化会导致价格风险，汇率变化会导致外汇风险，进口商的种种原因会导致商业风险，贸易国政策与措施的变化会导致政策风险等。

3. 中间环节多

国际贸易除了交易双方外，还需涉及运输、保险、银行、商检、海关等部门的协作与配合，不管哪个环节出了问题，都会影响整笔交易的正常进行，并有可能引起法律上的纠纷。

4. 受国际局势影响大

国际贸易容易受到交易双方所在国家的政治、经济变动，双边关系及国际局势变化等条件的影响，尤其在当前国际局势动荡不安、国际市场竞争加剧、贸易摩擦愈演愈烈、汇率与价格瞬息万变的情况下，国际贸易的不稳定性更为明显，从事国际贸易的难度也更大。

（四）跨境电子商务与传统外贸的区别

跨境电子商务，是指分属不同关境的交易主体，通过电子商务平台达成交易、进行支付结算，并通过跨境物流送达商品、完成交易的一种国际商业活动。

我国跨境电子商务主要分为企业对企业（即 B2B）和企业对消费者（即 B2C）的贸易模式。B2B 模式下，企业运用电子商务以广告和信息发布为主，成交和通关流程基本上在线下完成，本质上仍属传统贸易，已纳入海关一般贸易统计。B2C 模式下，我国企业直接面对国外消费者，以销售个人消费品为主，物流方面主要采用航空小包、邮寄、快递等方式，其报关主体是邮政或快递公司，目前大多未纳入海关登记。

与传统的国际贸易相比，跨境电子商务有五大新特征。

（1）多边化。是指跨境电子商务贸易过程相关的信息流、商流、物流、资金流已由传统的双边逐步向多边的方向演进，呈网状结构。跨境电子商务可以通过 A 国的交易平台、B 国的支付结算平台、C 国的物流平台，实现与其他国家间的直接贸易。而传统的国际贸易主要表现为两国之间的双边贸易，即使有多边贸易，也是通过多个双边贸易实现的，呈线状结构。

（2）直接化。是指跨境电子商务可以通过电子商务交易与服务平台，实现多国企业之间、企业与最终消费者之间的直接交易。与传统国际贸易相比，进出口环节少、时间短、成本低、效率高。而传统的国际贸易主要由一国的进/出口商通过另一国的出/进口商集中进/出口大批量货物，然后通过境内流通企业经过多级分销，最后到达有进/出口需求的企业或消费者。进出口环节多、时间长、成本高。

（3）小批量。是指跨境电子商务相对于传统的国际贸易而言，单笔订单数量小，甚至是单件。

（4）高频度。是指跨境电子商务实现了单个企业或消费者能够即时按需采购、销售或消费，因此相对于传统贸易而言，交易双方的交易频率大幅提高。

（5）数字化。是指随着信息网络技术的深化应用，数字化产品（软件、影视作品、游戏等）的品类和贸易量快速增长，且通过跨境电子商务进行销售或消费的趋势更加明显。与之相比，传统的国际贸易主要存在于实物产品或服务中间。

二、国际贸易的从业要求及职业面向

（一）国际贸易的从业要求

国际贸易的特点决定了国际贸易从业人员必须具备相应的职业素质和知识能力。

1. 职业素质要求

国际贸易从业人员必须具备爱国精神和守法意识，具有忠诚品质和诚信品质、敬业精神和团队精神，具有责任意识和开拓创新精神等基本职业素质。

2. 职业能力要求

国际贸易从业人员应具备市场营销能力、商务谈判能力、函电处理能力、业务操作能力、综合管理能力、信息处理能力、人际沟通能力、持续学习能力等。

3. 专业知识要求

国际贸易从业人员除了要掌握好英语、计算机、网络等基本知识外，还应熟悉和掌握外贸业务知识、生产管理知识、国际营销知识、国际金融知识、外贸法规政策、国际贸易惯例、国际经贸地理、外贸业务礼仪等专业知识。

（二）国际贸易职业面向

学生毕业后可以应聘到外贸企业从事国际贸易相关工作。相关岗位包括外贸业务员、跟单员、单证员等。学生在修完本门课程之后，可根据自己的求职意向及行业需求，有针对性地参加相应的职业资格考试。外贸职业资格考试见表0-1。

表0-1　外贸职业资格考试

考 试 名 称	主 考 单 位	考 试 科 目
全国外贸业务员岗位专业考试	中国国际贸易学会	外贸业务基础理论（含英语） 外贸业务操作实务（含英语）
全国外贸跟单员岗位考试	中国国际贸易学会	外贸跟单基础理论（含英语） 外贸跟单操作实务（含英语）
全国国际商务单证员考试	中国对外贸易经济合作企业协会	国际商务单证基础理论与知识 国际商务单证操作与缮制

1. 外贸业务员

外贸业务员是指在进出口业务中，从事寻找客户、贸易磋商、签订合同、组织履约、核销退税、处理争议等进出口业务全过程操作和管理的综合性外贸从业人员。其工作职责如下。

（1）及时安排好打样。要按客户的要求，书面详细列出打样单。

（2）严格把握"核价单"，精确报出美金销售价格。

（3）积极主动与客户保持联系，促使客户及早下订单。

（4）业务员应始终牢固树立"订单就是命令"的企业理念。

2. 外贸跟单员

外贸跟单员是指在贸易合同签订后，依据合同和相关单证，对货物加工、装运、保险、报检、报关、结汇等部分或全部环节进行跟踪和监控，协助履行贸易合同的相关人员。外贸跟单员按业务进程可分为前程跟单、中程跟单和全程跟单三大类。

（1）前程跟单，是指"跟"到出口货物交到指定出口仓库为止。

（2）中程跟单，是指"跟"到装船清关为止。

（3）全程跟单，是指"跟"到货款到账，合同履行完毕为止。

3. 国际商务单证员

国际商务单证员是指在国际贸易结算业务中，根据销售合约和信用证条款从事审核、制作各种贸易结算单据和证书，提交银行办理议付手续或委托银行进行收款等工作的人员。其工作内容主要是对国际贸易结算业务中所应用的单据、证书和文件——信用证、汇票、发票、装箱单、提单、保单等进行制作处理。

三、本书的主要内容

本书以一票完整的国际贸易业务为主线，按照出口业务的基本流程进行课程设计，通过交易磋商、合同订立、合同履行三个项目系统介绍国际贸易的主要内容。本书以一票业务为引导的同时，配合另一票业务的同步训练，以达到巩固学习效果的目的。国际贸易的业务流程见图0-3。

（一）交易磋商

交易磋商是国际贸易的起点。外贸业务员通过不断地发布产品信息，寻找到意向客户后，就进入了交易磋商的过程。交易磋商包括询盘、发盘、还盘、接受四个环节。相关知识将在本书项目一中进行介绍。

（二）合同订立

进出口合同是交易磋商的结果，也是合同履行的依据。进出口合同一般以书面合同的形式表示出来。书面合同主要包括品质、数量与包装条款，价格条款，装运条款，保险条款，支付条款，争议条款等。相关知识将在本书项目二中详细介绍。

（三）合同履行

合同履行是国际贸易的目的和终点。进出口双方根据合同规定履行各自义务的过程就是合同履行。合同履行过程中需要进出口双方相互衔接、密切配合，以保证合同的顺利执行。相关知识将在本书项目三中详细介绍。

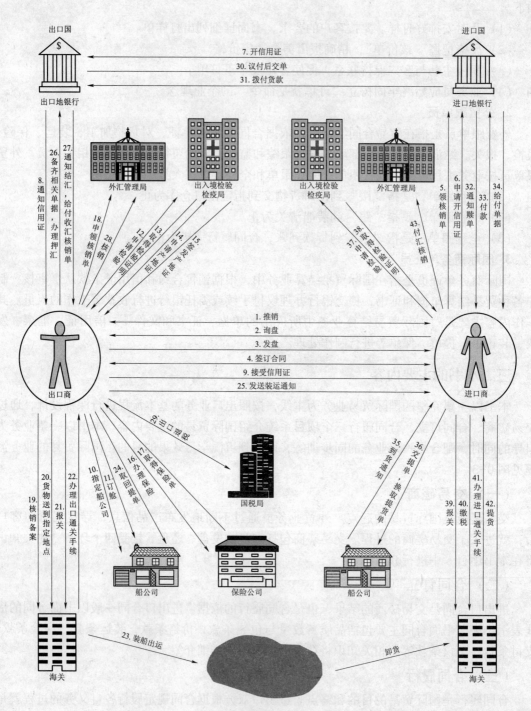

图 0-3　国际贸易的业务流程

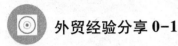 **外贸经验分享 0-1**

环球快客外贸新人须知——外贸英语

对于外贸工作者来说，英语不好就无法沟通。不少人会有这样的经历，老外打来电话听不懂他在讲什么，电话打完了也不知道是谁。这样就很可能错失机会。如何能够有效改进呢？

（1）在看到有+19...（国外的手机号码）电话时，第一时间准备好纸笔，方便记录（不要手忙脚乱）。

（2）接听后，礼貌地问候"Hello"，通常他会首先说他要找谁，当听到你的名字时就说"This is ××× speaking"。（礼节性语言，表示出亲切友好，并确认他没找错人）

（3）接下来他会连续性地讲很多话，这时你最好引导他按照你的提问来回答。你可以等他讲完一句时马上插进去说："Excuse me, who is that speaking?"他会回答你名字，你记下来；然后问他："Where are you from, please?"知道他是哪国人；然后问他："What can I do for you?"他会说关于哪方面的。通常打电话过来的都是最近和你电子邮件联系过的，极少是新客人。如果名字和国家你能想起或者马上在邮箱查找出来，你就能马上知道他会讲哪方面问题的；如果想不起来，那就听他讲一下是关于哪个问题的。如果你听不明白，就重复一下，那他会对你说的表示出"Yes"或"No"，然后你再继续提问。（找到与这个人联系的相关邮件来了解他可能要讲的内容，以及引导他按照你的思路谈下去。）

（4）当你能够听清他说的话时就继续进行；如果不能你就说："I understand what you said, but could you send an email to me to confirm, please?"（我了解您讲的，但是请你再发一封邮件确认一下。）然后问他是否知道邮箱地址，请他发过来。（这个其实也是不懂装一下懂，如果你听不懂不要不停地说"No, I don't know"或否定的词，你听完后要求他发邮件，目的当然是邮件能够看得更清楚，也是避免客人流失。）

（5）如果通过国名或人名没找到相关邮件，问一句他是否先前发过邮件给你"Have you sent the email to me before?"然后注意听"Yes"还是"No"。（这个是方便查找，即使当时没找到，现在找到他的邮件也不迟，回复时不要忘记加上一句："Thanks for your calling."）

（6）最后要说上一句："Glad to speak with you, good bye."

（7）讲话中要注意的问题：

① 不要有心理负担，认为自己英语不好，没办法认真听对方讲的。

② 你的语速很重要，你最好一个词一个词地吐出来。一是方便对方听，二是他会有意识地将语速放慢。

③ 以上的用词都很简单，但是自己要有一定的条理性。

（8）平时要做的：

① 邮件最好用 Outlook（微软公司出品的 Office 2000 套装软件的组件之一，可以用它来收发电子邮件、管理联系人信息、写日记、安排日程、分配任务），该邮件能够按国家或按

人名分类。

　　② 下载个金山词霸之类的软件，练习阅读和邮件写作。

　　③ 利用 Skype（网络电话）练习听力和口语。

　　④ 利用即时聊天工具练习英文输入。

　　资料来源：福步外贸论坛，http：//bbs.fobshanghai.com/thread-6284737-1-22.html.

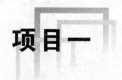

项目一

交 易 磋 商

项目背景

赵丹毕业于某学院国际商务系，毕业后经过校园招聘，进入一家生产性外贸企业——东方电器有限公司（ORIENT ELECTRIC CO.，LTD），担任外贸业务员，试用期3个月。该公司拥有20多年的小家电制造经验，主营电热水壶、电压力锅、电磁炉、电吹风、加湿器、温控器等小家电产品，市场遍及中国、北美、南美、西欧、东欧、东南亚、中东及非洲。公司的电热水壶、电压力锅、电磁炉等小家电产品在国内外行业中具有领先地位。

任务分解

对于外贸新手来说，要想在公司内立住脚跟，就要尽量争取在试用期获得一份订单。因此，赵丹必须充分运用所学知识，尽快找到客户并达成交易。要完成以上工作，就必须具备开发客户与交易磋商的相关知识与能力。根据以上分析，将本项目的相关知识分解为两个典型的学习任务。

任务一　寻找客户
一、利用网络寻找客户
二、利用展会寻找商机
三、业务实例——赵丹的产品发布及开发函
任务二　交易磋商
一、交易磋商的形式和内容
二、交易磋商的程序
三、业务实例——赵丹进行的交易磋商

任务一 寻找客户

知识目标：掌握利用网络寻找客户的主要方法，熟悉外贸函电及电子邮件的写作要求，了解外贸企业参加展会的意义及主要工作。

能力目标：能够独立发布产品信息，撰写开发函。

外贸业务的完成要经历交易准备、交易磋商、合同拟定、合同履行几个阶段，而一笔外贸业务的真正起点是从开发客户开始的。对于一个外贸新手来说，寻找客户的最大困难就是如何发现商机、确定目标客户并与之建立业务关系，这个过程需要花费大量的时间和精力。

一、利用网络寻找客户

（一）外贸新手的必备能力

1. 良好的英语沟通能力

国际交往中，英语是基本的沟通工具。对于外贸业务员来说，不会英语就没有办法沟通。

（1）良好的英语口语沟通能力。外贸业务人员经常需要与客户进行口语交流，如电话问候、介绍产品、客户接待等，因此，良好的英语口语沟通能力，是外贸业务的基础。

（2）良好的外贸函电写作能力。外贸业务人员要熟悉各类外贸函电的写作格式及要求，能快速处理各类外贸业务函电。

（3）良好的外贸专业英语基础。要掌握足够数量的外贸词汇，能快速阅读并正确理解订单内容及信用证要求。

2. 扎实的外贸基础知识

（1）具备交易磋商和合同订立的基本知识，能拟订合同条款，起草合同文本。

（2）熟悉常用外贸单证的种类、格式及内容，能独立缮制各种单证。

（3）熟悉外贸流程，能够独立操作订单，具备出口跟单的基本常识。如某国际知名时装公司在业务员的招聘条件中要求："负责国外订单的全过程跟踪，包括接单、核价、进度跟踪、出货、结汇等。"其他公司在招聘时也毫无例外地表示招聘人员要有跟单能力。

3. 对公司产品的全面了解

（1）熟悉产品的基本性能。外贸新手刚入行时最好从跟单学起，了解产品的工艺流程，熟悉产品性能，这样才能在外贸洽谈中准确回答客户提出的问题。对产品的一知半解，会使你与客户的合作机会擦肩而过。对产品的熟悉和专业程度也是外贸必备条件。

（2）了解产品的竞争地位。要分析和了解国际上同类产品的情况，了解本企业产品在行业中所处的地位、优势和竞争力，寻找与之相适应的细分市场。

（二）寻找客户的主要方法

1. 利用 B2B 网站

B2B 网站是外贸人常用的开发国外客户的方法。可先在 B2B 网站上注册会员，然后发布产品信息并留下联系方式，每天查看最新的询盘，及时回复。B2B 网上也有很多生产商，多找几个适合推广产品的网站，并且经常更新网站信息，才会获得更多机会。

如果你的企业拥有一个海外服务器上的网站（如美国环球商务通），那么你的产品信息就能够被更多的国外潜在客户看到，这样客户就可能自动上门了。

2. 利用搜索引擎

如 Google，Yahoo 等。Google 搜索是一个非常强大的搜索引擎，里面几乎涵盖了全世界大部分的资源，很多人都用它来开发国外客户，而且效果很不错。推荐使用高级搜索，有国家、语言等不同选择，可以对客户进行区域定位。常用的搜索方法有关键词搜索和类目搜索。

（1）关键词搜索（keywords）。搜索时，可以输入"产品名字"＋"Importers/Distributor/Buy"等相关的词汇。例如，对于化工原料，输入：Buy Chemicals，Looking For Chemicals，Chemicals Importer，Chemicals Distributor 等，就可搜到不少国外客户。

（2）类目搜索（category）。选择相应的行业类目，可搜索到该类目下的产品信息。

应用举例 1-1-1

Textiles & Leather Products>> Fabric>>100% Polyster Fabric			
Textiles & Leather Products>> Fabric>> Nonwoven Fabric			
Textiles & Leather Products>> Fabric>>Rayon/ Polyster Fabric			
Textiles & Leather Products>> Fabric>>Other Fabric			
Shoes & Accessories>>Shoe Materials>>Shoe Fabric			
Shoes & Accessories>>Shoe Materials>> Other Shoe Materials			
Shoes & Accessories>>Shoe Materials>> Other Shoe Leather			
Shoes & Accessories>>Shoe Parts & Accessories>>Shoe Mesh			
Shoes & Accessories>>Shoe Parts & Accessories>>Shoe Uppers			
所有类目	推荐类目	常用类目	您有关于类目的问题或建议?

3. 利用海关数据

海关数据里面的资料都是最真实的客户信息，包括客户的进口量、客户联系方式，甚至部门经理的邮箱都能找到。世界上许多国家的海关数据是可以免费查询的。

4. 利用大使馆资料

登录各个国家或地区驻华代表处网站。很多国家在华办事机构都设有自己的网站，如美国商务处驻华办事处、韩国贸易协会驻华办事处、英中贸易协会等。登录此类网站能搜集到很多进口商的资料，里面有详细的联系方式。当然，也可在网站上发布供求信息。

5. 利用国际工商名录

国际工商名录通常由各国的商会编纂，收录了各国著名的贸易公司，商号的名称，电传、电报、电话、传真的号码，公司的地址，主要经营项目及历史经营情况。例如，通过雅虎（Yahoo）的商业目录、欧洲黄页（Europages）等，就能找到很多国外客户。

工商名录也称工商黄页，是工商企业的电话号码簿，因习惯于印在黄色纸上而得名。现在流行的企业名录、工商指南、消费指南等，也可以算是黄页的各种表现形式。

6. 登录行业网站

每个行业几乎都有行业网站，可登录行业网站，利用关键词搜索产品或企业信息。如某专业网、某行业协会等（英语关键词尽可多试）。网站上一般会有会员列表，信息量很大。另外，网站上有很多相关链接，也很有用。

7. 通过展会网站

在展会网站上有各个参展商的名单、联系方式及网址。很多国内企业没有机会出国参展，但可通过展会网站寻找到目标顾客。

（三）如何发布产品信息

在网站上发布产品信息，能帮助你快速找到目标客户。供求信息一般要填写产品名称、关键词、产品类目等信息，最好配上清晰的产品图片。一条相关性强、完整度高的优质信息，其各字段的要求见表 1-1-1。

表 1-1-1　优质信息发布要求

发布表单字段	发布要求
产品名称	具体明确
产品关键词	不与产品名称冲突
产品类目	不放错，避免放在 others
产品简要描述	提炼核心点，结构化表达
产品属性	填全系统给出的属性
产品详细描述	多维度介绍，结构化表达
交易条件和供货能力	填全

1. 产品名称（product name）

产品名称也称标题（subject）。标题中不能有价格和数量，以填写产品名称为主，不宜超过 10 个单词。产品名称出现在搜索结果的核心位置，是搜索引擎的第一匹配要素，用于买家准确定位。产品名称的填写应具体明确。在此，建议如下。

（1）与买家的搜索词相匹配。如例 1-1-2（1）中，如果买家搜索"laptop"，你发布的信息就能被搜到。

（2）添加一些买家最关注的特征描述，显示产品的个性化及卖点。如例 1-1-2（2）。

（3）尽量具体，避免过于笼统。如例 1-1-2（3）的产品是"rabbit fur coat"，而标题却为"clothes",这样范围太大,不容易搜到。

(4) 应避免产品名称的罗列。如例 1-1-2(4)中 3 个名称的罗列,会降低与买家搜索词的匹配精度,影响搜索结果。

 应用举例 1-1-2

(1) Dell 5400E laptop (戴尔 5400E 笔记本电脑)

    1. 1 year global warranty...

    2. wholesale price...

    3. 30% in advance...

    4. fast delivery...

(2) 12 inch Tuch Screen Mini Laptop (12 英寸触摸屏迷你笔记本电脑)

    1. 12-inch-Tuch Screen Mini Laptop

    2. 360 rotate, tuch screen

    3. Intel Atom N270 1.6 GHz

    4. SATA 160 GB/250 GB/320 GB...

(3) clothes (服装)

    1. material:rabbit fur coat with fox fur collar (面料:狐皮领兔皮大衣)

    2. colour:as your require

    3. high quality and competitive price...

(4) bedding set/silk quilt/mulberry quilt (床品/丝被/蚕丝被)

    bedding set/silk quilt/mulberry quilt

    keep warm and drink in water strong...

    mulberry quilt, cotton...

    Min. order:500 pieces

2. 产品关键词 (product keywords)

产品关键词是对产品名称的校正,便于机器快速识别、准确抓取匹配。设置的 keywords 要尽量选用简练的、行业通用的、符合买家及市场惯例。在此,建议如下。

(1) 关键词不能与产品名称冲突。冲突是指不是同一产品,如例 1-1-3(1)中的"Tractor part"和"Tractor"。建议使用产品名称的中心词作为关键词,实在无法提取时可与产品名称一样。

(2) 关键词不能罗列。罗列会让机器辨别不出主关键词,对搜索结果不利。如例 1-1-3(2)。

应用举例 1-1-3

（1）Product Name：Tractor part（产品名称：拖拉机配件）

Product Keywords：Tractor，agriculture Tractor，Tractor（产品关键词：拖拉机，农用拖拉机，拖拉机）

（2）Product Name：cnc milling machine（产品名称：cnc 铣床）

Product Keywords：cnc milling machine cnc milling machine cnc milling machine（产品关键词：cnc 铣床 cnc 铣床 cnc 铣床）

3. 产品类目（product category）

类目的作用是用于产品归类，系统中一般会提供一个推荐类目作参考，可根据产品的性质进行选择。如果没有把产品归入相应的组内，系统则会默认放进 Others 组。类目放错会降低信息相关性，影响搜索结果。放在 Others 类目，买家可能无法找到。在此，建议如下。

（1）如果系统推荐类目不符合需求，可以单击所有类目自行选择。

（2）放进 Others 类目的，可在"管理产品"中单击该产品进行"编辑"，选择自己已经创建好的产品组即可。

4. 产品简要描述（product quick details）

简要描述出现在搜索结果页面，相当于产品的广告语，用来展现产品的特点与优势。建议：简要描述可以从详细描述、属性或交易条件中提炼核心点，并采取结构化表达方式，便于买家快速查阅。

应用举例 1-1-4

Boys' pants

1）Materials：100% cotton（面料：100%棉）

2）Technics：wash，embroider（工艺：水洗，刺绣）

3）Size：3-6 age（尺码：适合3～6岁）

4）Fine design，high quality，reasonable price...（设计精细，质量上乘，价格合理……）

Zuanshishan（Fujian）Clothing Development Co.，Ltd.

5. 产品属性（product attribute）

产品属性是对产品特征及参数的标准化提炼，便于买家在属性筛选时快速找到产品。建议：填全系统给出的属性，不足时可以使用自定义属性根据自己的需要添加。

应用举例 1-1-5

Type（型号）：UMPC
Screen Size（屏幕尺寸）：10. 2-Inches
Processor Brand（处理器品牌）：Intel
Hard Drive Capacity（硬盘容量）：160 GB/250 GB/320 GB
Memory Capacity（内存容量）：1 GB or 2 GB
Graphics Card Type（显卡类型）：Integrated Card
Processor Main Frequency（处理器频率）：1. 6 GHz Processor

6. 产品详细描述（specifications）

详细描述是对产品进行的多维度介绍，全面展示产品的行业特性。建议：产品表述尽量
详细具体，将买家关注的细节特征全部展现出来。

应用举例 1-1-6

250cc chopper Specifications（250cc 摩托车参数）

Engine（发动机）：	250cc 4-Stroke Air-cooled V-Twin
Transmission（变速器）：	5 Speed hand clutch
Carburetor（化油器）：	Mikuni
Starter（启动方式）：	Electric
Drive train（传动方式）：	Chain Drive
Compression Ratio（压缩比）：	10：1
Horse Power（马力）：	17hp@ 8, 000rpm
Gas Tank（油箱）：	All Metal Extra large 5. 3 gallon
Fenders（防护板）：	HBM Custom All Metal
Frame（车架）：	HBM V250 Custom Soft tail
Suspension（悬架方式）：	Swing Arm, HBM Chrome Shock Dampening System
Front Steering sys（前转向系统）：	CNC Machined 41 mm Forks and Triple Clamp
Handle Bar（车把）：	HBM Custom
Exhaust（排气管）：	HBM Custom Dual Chrome Pipes
Wheels（轮圈）：	Front 19
Brakes（制动方式）：	Hydraulic Front/Rear Disc
Foot Controls（脚刹）：	HBM Custom CNC Machined
Hand Controls（手刹）：	HBM Custom CNC Machined
Lights（灯）：	12v LED

续表

Gauge Cluster（仪表）:	Back Lit Analog
Dry Weight（净重）:	173 kg/381 lbs
Length（车长）:	230 cm/90.5 in
Seat Height（座席高度）:	63 cm/25 in
Package Dimension（包装规格）:	2,340 cm×480 cm×1,000 cm carton 16/20, 48/40, 48/40HQ

7. 交易条件和供货能力（trade terms and supply ability）

交易条件和供货能力（产品价格、最小起订量等），是买家对卖方能力评价的重要参考。建议：要填全系统给出的所有交易条件。

 应用举例 1-1-7

FOB Price（FOB 价格）: USD 10,000
Shipment Port（装运港）: Shanghai, Ningbo
Payment Terms（付款方式）: L/C, T/T
Minimum Order Quantity（最小起订量）: 8 Pieces
Supply Ability（供货能力）: 50,000 Pieces per Year
Package（包装）: nude cargo, in bulk RO-RO, 3 pieces into 40'HC container
Delivery Time（装运期）: delivery within 45 days after receiving the first deposit payment

8. 产品图片（product photo）

使用图片直观展示产品，可让买家获得更多的产品细节特征。建议：图片清晰，背景简单，主体突出；图片与产品描述相符；加水印或企业 logo（标志），保护自己的知识产权。

 **应用举例 1-1-8**

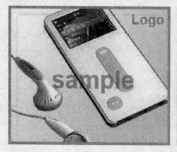

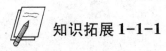

知识拓展 1-1-1

产品描述之必备英文术语

（1）产品工艺介绍：

制作精巧 skillful manufacture

工艺精良 sophisticated technology

最新工艺 latest technology

加工精细 finely processed

设计精巧 deft design

造型新颖 modern design

造型优美 beautiful design

设计合理 professional design

造型富丽华贵 luxuriant in design

结构合理 rational construction

款式新颖 attractive design

款式齐全 various styles

式样优雅 elegant shape

花色入时 fashionable patterns

任君选择 for your selection

（2）产品色泽介绍：

五彩缤纷 colorful

色彩艳丽 beautiful in colors

色泽光润 color brilliancy

色泽素雅 delicate colors

瑰丽多彩 pretty and colorful

洁白透明 pure white and translucence

洁白纯正 pure whiteness

（3）产品质量介绍：

品质优良 excellent quality（high quality）

质量上乘 superior quality

质量稳定 stable quality

质量可靠 reliable quality

品种繁多 wide varieties

规格齐全 complete in specifications

保质保量 quality and quantity assured

性能可靠 dependable performance

操作简便 easy and simple to handle

使用方便 easy to use

经久耐用 durable in use

以质优而闻名 well-known for its fine quality

数量之首 the king of quantity

质量最佳 the queen of quality

信誉可靠 reliable reputation

闻名世界 world-wide renown

久负盛名 to have a long standing reputation

誉满中外 to enjoy high reputation at home and abroad

历史悠久 to have a long history

畅销全球 selling well all over the world

深受欢迎 to win warm praise from customers

（4）协定用语：

协定 agreement

议定书 protocol

贸易协定 trade agreement

贸易与支付协定 trade and payment agreement

政府间贸易协定 inter-governmental trade agreement

民间贸易协定 non-governmental trade agreement

双边协定 bilateral agreement

多边协定 multilateral agreement

支付协定 payment agreement

口头协定 verbal agreement

书面协定 written agreement

君子协定 gentlemen's agreement

（5）合同用语：

销售合同 sales contract

格式合同 model contract

意向协议书 agreement of intent

意向书 letter of intent

空白格式 blank form

授权书 power of attorney

换文 exchange of letter

备忘录 memorandum

合同条款 contract terms

免责条款 escape clause

原文 original text

译文 version

措辞 wording

正本 original

副本 copy

附件 attachment

附录 appendix

会签 to counter-sign

违反合同 breach of contract

修改合同 amendment of contract

撤销合同 cancellation of contract

合同的续订 renewal of contract

合同的解释 interpretation of contract

合同到期 expiration of contract

起草合同 to draft a contract

作出合同 to work out a contract

谈妥合同 to fix up a contract

签订合同 to sign a contract

缔结合同 to conclude a contract

草签合同 to initial a contract

废除合同 to annul a contract

执行合同 to perform a contract

严格遵守合同条款 to keep strictly to the terms of the contract

一式二份 in duplicate

一式三份 in triplicate

一式四份 in quadruplicate

（四）如何撰写开发函

得到潜在客户的联系方式以后，接下来就要主动出击、吸引客户、争取贸易机会了。写给客户的第一封信函很重要，外贸上称之为开发函。开发函面对的是未来可能的交易对象，因此要慎重对待。开发函可以用传真的形式，但目前更多的是采用电子邮件方式。

1. 开发函的主要内容

（1）说明信息来源。首先是要说明获得客户联系方式的途径，即信息来源，以免唐突。

（2）公司简介。接下来，简要介绍一下公司的情况，包括公司规模、成立时间、业务范围及优势等。

（3）产品简介。简要介绍产品范围，特别是主打产品的介绍，必要时附上目录、报价单或另寄样品。

（4）表示合作诚意。即表达与对方建立业务关系的愿望，最后附上公司名称、地址、电话、传真、邮箱、网站等具体的信息。

应用举例 1-1-9

发件人：abc<johnsmith@ abccompany. cn>
收件人：dafa<liuping@ dafatrading. com>
日　期：2017-3-5 17：09：43
主　题：hope to build business cooperation

Dear Mr. Steven Hans,

We get your name and email address from your trade lead on http：// www. tradelead. com that you are in the market for ball pen. We would like to introduce our company and products, hoping that we may build business cooperation in the future.

Our factory has been specializing in the manufacture and export of ball pen for more than six years. We have profuse designs with series quality grade, and expressly, our price is very competitive because wc are manufactory, we are the source. You are welcome to visit our website http：//www. aaa. com which includes our company profiles, history and some latest designs.

Should any of these items be of interest to you, please let us know. We will be happy to give you details.

As a very active manufacturer, we develop new designs nearly every month. If you have interest in it, it will be my pleasure to offer news to you regularly.

Best regards.

Yours faithfully,

Liuping

Director, Marketing Department of DAFA TRADING CO. , LTD.

Add：No. 24 Beihai Road, Weifang Shandong China

Tel：008-0536-8788991

Fax：008-0536-8788991

E-mail：liuping@ dafatrading. com

 举例点评 1-1-1

请注意这封开发函的写法。作为初次联系的信件，它简洁鲜明地展示了自己的特点：工厂实力、款式多、价格有竞争力，并暗示建议客户绕开中间商直接跟厂家合作。因为不知道客户的详情，特别强调有多种品质，这样无论对方是精品路线还是廉价路线，都有洽谈的空间。

此外，并没有谈论太深，而是引导客户去访问自己的网站。最后再抛出诱饵，以不断提供新款设计信息为由吸引客户回复，而客户一旦回复，就极可能确认了应该联系的人。这样的开发函，再随附一张展现琳琅满目款式的产品照片，效果会很不错的。

当然，开发函要自己写，而不要抄书或者网上那种固定的范文，古板雷同的文字只会让客户反感。产品种类不同，写法也应不一样，如果是工艺品、日用消费品或时尚产品等不妨轻松活泼，而如果是阀门之类的产品，还是严谨专业些比较好。

此外，开发函不同于 Trade Lead，不宜千篇一律，应该根据客户的规模、国籍不同略作调整，在信件中适合的地方自然地点一下客户的公司名字，暗示这封开发函是专门诚意写给贵公司的，而不是草率地广告。这些小技巧虽然不起眼，但颇能引起客户的好感。

记住，能吸引客户回复的开发函，才是成功的开发函。

2. 电子邮件的格式要求

（1）地址与主题。邮件地址包括写信人邮件地址（From：）、收信人邮件地址（To：）、抄送收信人邮件地址（Cc：）和密送收信人邮件地址（Bcc：），可根据情况选择填写项目。邮件主题应体现邮件主旨，要引人注目、意思明确，最好为名词或动名词短语。如果为急件，可用"Urgent"表示。

（2）称呼与正文。称呼应礼貌得体，符合商务英语写作习惯，如不知对方姓名而只知头衔，可用"Dear+头衔"作为称呼；如只知对方姓名而不知性别，可用"Dear+全名"。正文应结构清楚，便于阅读，如正文内容较长，可使用小标题、小段落，或利用星号、下划线及段落间空行等方式，使邮件眉目清楚、一目了然。

（3）结束语。结束语是结束信函时的一种客套，应该与前面的称呼相呼应。例如，"Sincerely""Best Regards""Yours Truly"。最后的签名，最好签写信人全名，可加上写信人职务及所属部门、地址、电话号码、传真等。

（4）附件。如果有附件，应在左下角注明 Encl. 或 Enc.。例如，Encls：2 Invoices；Enc.：1 B/L.

二、利用展会寻找商机

对于外贸企业来说，参加展览会是迄今为止最有效的出口营销方法。随着国内外各大展会的日益火爆，展览会、交易会的作用已逐渐被越来越多的商家所认可。在我国的进出口贸易中，很多公司积极参加各种展会，每年出国展览的项目有 300 多个，展出面积达 8 万 m^2，现场交易金额达 15 亿美元，这对协助企业走出国门，宣传和促进外交和外贸起着举足轻重的作用。此外，在国内举办的各种形式的交易会，也大大促进了我国商品的出口。

1. 展会选择

优先选择参加国内的国际性著名行业展览和综合展览，其次选择参加国外的行业展览。对于国外的行业展览首先要考虑是否与我们的目标市场相一致，要么举办国是我们的目标市场，同时该展会是该国行业内最专业的展览；要么展览的行业影响力、国际性很强。

如何查找展览资讯？下面给出 4 个使用起来比较方便的网址，供参考：

http://www.cantonfair.org.cn/cn/中国进出口商品交易会(广交会)官网；

http://www.chn-expo.com/中国国际会展网

http://www.vooec.com/国际贸易网

http://fair.mofcom.gov.cn/环球会展网

2. 展前准备

（1）邀请新老客户、潜在客户。写一封正式的邀请函，邀请函中注明展览的时间、地点、名称和我方的展位号。另外，如果将在展览上推出新的产品和服务，应在函中预先告知。邀请函应在展出前一个半月左右发出，也可以请展览举办方发函邀请。老客户可以通过电话或E-mail邀请。在展前二三个星期致电给客户确认是否参加，在展前一星期发E-mail提醒客户参加。整理出将要来展位访问的客户名单，做适当准备并可考虑为他们准备一份礼品。

（2）挑选展位。展位大小根据公司的预算决定，选择人流必经之地。参展经验丰富的，可选择空地特装。注意：好的展览位往往比较紧俏，需提前一年左右的时间预订。有的展会甚至在这次展览开始时，下次的展位已被预订一半了。所以不要等展会举办方电话或信函上门再去考虑参加展会的事；而要主动选展会，主动去联系。

（3）展位设计。展位设计要注意色彩搭配、墙壁地板、灯具等方面，好的创意能增加客户的印象。可参考有关专卖店、商场专柜的设计。标准展位的面积一般为 9 m^2（3 m×3 m）。

（4）参展人员培训。参展人员尤其是新手应进行适当培训，包括礼貌用语、仪态举止、职业道德、现场注意点等。

（5）参展材料准备。包括产品目录、产品宣传手册、产品资料、样品、宣传广告、宣传光盘、纪念品等。

3. 展中控制

一般情况下，如果有1～2个标准展位，至少需要配备两名精通业务的经理。一名进行现场管理，一名负责客户谈判。两人严格分工、密切配合才能达到最佳效果。

（1）营造现场气氛。如果本公司产品可以现场演示，一定要在展会上进行现场演示，要让客户亲自体验和感受，不要仅仅局限于派发传单。业务经理应在现场答疑，有兴趣的客户则被引荐给谈判经理。人越多的地方吸引力越大，现场气氛对客户决策有很大影响。所以，如何针对不同的产品营造现场气氛是值得认真考虑的事情。

（2）判断客户意向。谈判经理一定要知道，在现场"很感兴趣"的人不一定真的有意向做你的产品，而且这种人可能还会很多，如果一视同仁进行接待的话，可能真正有意向的客户反而会被耽误了。所以，现场谈判一定要掌握技巧，尽快了解对方意图。对于真正有意向的客户，要多加了解，认真对待，在展会期间也可以另约时间进行谈判。

（3）利用媒体营造声势。每次大规模的展会都会吸引众多媒体的关注，无论是展前还是展中，处处存在这种机会。如果经理人略施公关技巧，不但可以获得免费广告宣传，还可通过他们让更多的人来关注你的项目。这还包括展前对专业购买商、采购团甚至政府官员的接洽，可以从组委会取得第一手资料，提前做好相关规划。

4. 展后跟进

展会结束后，必须对众多重点客户逐一进行沟通、跟进，否则就有可能功亏一篑。

建议每个展日结束，晚上开当日展览总结会议，标记当日的重点客户。

根据现场收集的客户名片和客户沟通记录，将客户分类归档。

给每位到展位前访问的客户发感谢函。回答客户的问题，明确客户的需求等。

 知识拓展1-1-2

国际博览会、"广交会"与"小交会"

国际博览会也称国际集市，是指在一定地点定期举办的，由一国或多国联合组办，邀请各国商人参加展出的贸易形式。被邀请到会的各国，除了同主办国进行交易外，相互之间也可以进行交易。国际博览会大致可分为综合性和专业性两种类型。各类商品均可展出和交易的博览会被称为综合性博览会，又称"水平型博览会"，比较著名的有智利的圣地亚哥和叙利亚的大马士革国际博览会，其展出时间长、规模大，对普通公众也开放；只限于某类专业性产品参加交易的博览会被称为是专业性博览会，又称"垂直型博览会"，如德国的科隆国际博览会每年举行两次，一次为纺织品博览会，一次为五金制品博览会。

"广交会"即广州交易会，正式名称为中国进出口商品交易会，创办于1957年春季，每年春秋两季在广州举办，迄今已有五十余年历史，是中国目前历史最长、层次最高、规模最大、商品种类最全、到会客商最多、成交效果最好的综合性国际贸易盛会，有"中国第一展"之美誉。中国进出口商品交易会贸易方式灵活多样，除传统的看样成交外，还举办网上交易会。广交会以出口贸易为主，也做进口生意，还可以开展多种形式的经济技术合作与交流，以及商检、保险、运输、广告、咨询等业务活动。中国进出口商品交易会（广交会）官方网站：http://www.cantonfair.org.cn。

"小交会"即小型出口交易会，是我国各地进出口公司在各大口岸城市和商品产地举办的专业性小型展销会，一般在"广交会"闭幕期间举办。如服装交易会、药品交易会、工艺品交易会和地毯交易会等。"小交会"具有专业性强、成交集中、时间短、规模小和灵活性大等特点，对于推销小商品和新产品起到了积极作用。

三、业务实例——赵丹的产品发布及开发函

（一）赵丹进行的产品发布

外贸新手赵丹一方面通过各种途径寻找商机，另一方面也主动出击，在网站上进行产品发布。其中，对一款电吹风的介绍如下。

Product Category（产品类目）：beauty and personal care>>Hair Salon Equipment>>Hair Dryer
Product Name（产品名称）：Orient brand electric hair dryer
Product Keyword（产品关键词）：electric hair dryer
Product Photo（产品图片）：

Product Quick Details（产品简介）
Material（材料）：Plastic
Nozzle Type（风嘴样式）：Diffuser
Use（用途）：Hotel, Household, Professional
Speed Settings（风速）：2
Feature（特点）：Foldable
Power（功率）：2,000 W

Product Attribute（产品属性）
Model Number（型号）：MT-201Y
Material（材料）：Plastic
Weight（重量）：500 g
Cord（电源线）：1.7 m 1.0 mm 2 VDE cord guard with hanging loop
Voltage（电压）：220-240 V
Speed Settings（风速）：2
Nozzle Type（风嘴样式）：Diffuser
Color（颜色）：Pink, black
Feature（特点）：Foldable
Power（功率）：2,000 W
Place of Origin（产地）：Qingdao, China（Mainland）
Approval（认证）：CE, ROHS, CCC, GS

Detailed Product Description（产品详细描述）
Orient brand electric hair dryer, Model：MT-201Y

This hair dryer provides far infrared heat, leaving your hair shiny, silky and frizz-free. It dries hair super-fast and conditions hair to leave it feeling healthy, beautiful and vibrant.

Orient electric hair dryers are the most advanced professional dryers available today. Use of 100% crushed Tourmaline components makes them the most ionic and infrared. They deliver unbelievable results that you truly have to see to believe.

（1）Tourmaline in hair dryer. Orient electric hair dryer pioneered the use of Tourmaline in hair tools, which means you'll get unprecedented levels of negative ions and far infrared heat.

（2）70% Faster Drying. Drying in the blink of an eye, Orient electric hair dryer enriched airflow is full to the brim with negative ions that break down water molecules into miniscule droplets that evaporate incredibly fast.

（3）Fight Frizz Fabulously. Intended for serious haircare professionals, the Orient electric hair dryer offers 2 different settings to fight frizz, leaving hair remarkably healthy, radiantly beautiful, and super shiny.

（4）Lightweight and Quiet. Orient electric hair dryer is of feather-weight. It was designed with a stylist requirement in mind-packing the highest quality, precision and versatility into its ultra lightweight body.

Trade Terms and Supply Ability（交易条件及供货能力）

CIF Price（CIF 价）：USD 3.5/Piece

Shipment Port（装运港）：Qingdao

Payment Terms（付款方式）：L/C，T/T

Minimum Order Quantity（最小起订量）：2,000 Pieces

Supply Ability（供货能力）：50,000 Pieces per Month

Package（包装）：1 PC/polybag inner box，12 PCS/CTN

Delivery Time（交货时间）：delivery within 45-60 days after receipt of L/C

Company Name：ORIENT ELECTRIC CO.，LTD

Website：http：//orient. en. gongchang. com

Address：No. 666 Fenjin Road Qingdao，Shandong，China

Contact Name：ZHAO DAN

Tel：（+86）532-88016577

附：**Detailed Product Description** 参考译文

东方牌电吹风，型号：MT-201Y

此款电吹风可产生大量的远红外热量，令您的秀发丝滑亮泽，不毛糙。超快速吹干头发，令秀发更健康美丽，充满弹性。

东方电吹风领先世界先进水平。100%电气石粉末成分产生大量的负离子和红外线，带给您难以置信的干发效果。

（1）电气石的使用。东方牌电吹风在美发器材中创新使用电气石，令您得到的负离子和远红外热量更多，史无前例。

（2）干发速度加快70%。东方牌电吹风瞬间吹干您的秀发，气流中富含的负离子把水分子分解为微滴，快速蒸发，速度快得令人难以置信。

（3）出色战胜头发毛糙。东方牌电吹风针对专业的头发护理而设计，有2个不同挡位，战胜头发毛糙，还您健康光泽的美丽秀发。

（4）质量轻，噪声小。东方牌电吹风轻如羽毛，设计迎合时尚的需求——超轻的机身集高品质、高精度、多功能于一体。

（二）赵丹撰写的开发函

一天，赵丹在阿里巴巴网站上看到一家法国公司求购小家电的信息，经过仔细分析，认为这是一个很好的机会，就立即通过 E-mail 给对方写了一封开发函，要求与他们建立业务关系。赵丹的开发函如下。

发件人：orient <zhaodan@ orientelectric. com>

收件人：lucerna<markburton@ lucerna. com>

日　期：2017-3-7　17:09:43

主　题：Orient brand home appliances

Dear Sirs,

We owe your name from http：//www. alibaba. com. cn. We wish to inform you that we specialize in various kinds of home appliances, and shall be pleased into trade relations with you.

To give you a general idea of our products, we enclose a catalogue showing various products which are handled by our company, quotations and samples will be sent upon receipt of your specific enquiry.

We look forward to your early reply with much interest by return E-mail soon.

Best regards.

Yours sincerely,

ZHAODAN

ORIENT ELECTRIC CO. , LTD.

Add：No. 666 Fenjin Road Qingdao, Shandong, China

Tel：（+86）532-88016577

Fax：（+86）532-88016578

E-mail：zhaodan@ orientelectric. com

附：开发函正文参考译文

我们有幸从阿里巴巴网站得到您的信息。我们公司专业经营各类家电。若能与您建立业务关系，将深感荣幸。

为了使您对我们的产品有大致的了解，我们随附上本公司经营的各类产品目录、产品报价与样品备索。

若您对我们的产品感兴趣，期待您早日邮件回复。

 外贸经验分享 1-1-1

外贸新手应该怎么做

（1）了解产品。开发客户，不只是提供样品和报价的工作，要充分了解自己的产品、产品专业知识和相关术语。除了了解本公司产品以外，还要充分了解同行业，多看看他们的英文网站，会有不少收获。坚持每天1个小时做这些事情。

（2）发布信息。找B2B或门户网站，注册，登记，发布信息，每日更新。这是一个长期坚持和积累的过程，每天1~1.5小时。

（3）搜索客户。各种门户网站、B2B网站及你能看到的所有英文网站，都用产品关键词进行搜索。只要能找到公司的邮址和联系人，或在线能发询盘的，全部发一次，标题就用产品名，内容简单，不超过10句话。主要介绍你是哪家公司及做哪方面产品，相关资质证明，一两点你们的优势；然后请他到你网站去看看，若有兴趣请联系你。每天1~1.5小时。

（4）回复邮件。每天会收到询盘，可能初期不多，但是建议每天上班的第一个小时用来回复，邮箱保持常开更新状态，只要收到邮件立刻回复。邮件除了及时回复，还需要专业性地回答客人所有提出的疑问和需要提供的资料。

（5）完善文件。制作精美的公司抬头的文件，制作针对各种不同客户的报价单、产品目录、邮件签名等。比如 FOB 价、CIF 价、欧美价、中东价、10 万件产品的 USD 价、1 万件产品的 USD 价。多尝试各种不同抬头或签名方式，选择最简洁及印象深刻的。

（6）浏览外贸论坛。每天花 0.5～1 小时浏览专业性的外贸论坛，吸取经验。

（7）每天总结。作为新人，要进步就要总结。最好每天下班后总结今天做了什么，没做到什么，明天要做什么。一周下来你会发现哪些做到了、做好了，哪些没做或还不够。

（8）坚持就是胜利。一个月能够让你全面了解产品知识和掌握部分找客户的技巧，两个月能有一些固定或新增客户询盘，三个月基本上会有意向性的订单了。机会只给准备好了的人，命运靠自己把握，万事开头难，有了第一单，相信胜利就在眼前。

资料来源：中国诚商网，http：//china.trade2cn.com/news/091020090126422-1.html。

 外贸经验分享 1-1-2

外贸人员每天必做的 8 件事

（1）收发邮件。每天至少两次收发邮件，保证收到的邮件及时回复。由于时差，如果业务人员能够在家处理，则更能保证回复的及时性。

（2）做好客户信息管理。建立一个 Excel 表格，将所有收到的客户信息及时填写到表格中，并且做好客户分类工作，将询盘内容、质量比较高的客户作为 A 类客户重点跟踪。但是也不要忽略小客户，任何客户都是从小做到大的，就像卖东西，要把客户"头回客户→回头客户→忠实客户→传带客户"。

（3）主动到相关网站寻找买家。要整理分类，针对不同地区的客户进行不同的发盘，做到简捷，有针对性。

（4）每隔几天到相关网站更新信息。如果你更新得快，产品信息就会出现在目录的首页，说不定会有所收获，建议坚持。

（5）每个季度定期更换网页内容。将新产品信息发布上网，或者将产品的图片替换一下。这些都会让买家及时了解公司的最新信息，吸引新客户。

（6）定期给老客户或者潜在客户发送最新产品信息，坚持就会有回报。据统计，开发一个新客户所花费的成本相当于维持十个老客户的费用。在开发新客户的时候一定不要忽视对老客户的维持。

（7）每周汇报反馈询盘及跟进情况。把这些材料统一整理，留作备份，至少这些都是以后的潜在客户。

（8）每周召开相关人员会议，分析原因，总结经验，完善工作制度，让工作更简捷高效。

资料来源：佛山俊才网，http：//foshan.goodjob.cn/News/info21082.html。

外贸经验分享 1-1-3

在 B2B 上如何设置关键词

产品关键词的设置，关系到产品的推广效果，重要程度非常高。换句话说，设置了什么关键词，就决定了收到什么质量的买家询盘。

买家登录网站，键入产品关键词，搜索供求信息、产品或者公司，匹配相应的供应商。那么每一条供求信息、产品或者公司的关键词的设置就变得非常重要，至少不能让潜在买家搜索产品时找不到您的信息。

（1）关键词辅助工具

方法一：利用 http：//inventory. overture. com/d/searchinventory/suggestion/网址。在键入产品关键词后，网站会以同义词或者相关词汇海外买家的搜索习惯排名列表。建议将排名靠前，而且和您产品相关的关键词加入到您的产品关键词中。

方法二：利用金山词霸等工具。键入中文名称，将显示出来的英文名称有选择地加入到您的产品关键词中。

方法三：换位思考。如果您是买家，您会用什么产品关键词搜索相关的产品。行业内有没有什么特定的产品名称、称谓、缩写等，不要放过任何重要的词汇。

另外就是联想，如 shopping cart 购物车的产品可以加入 supermarket 的关键词。

（2）设置方法

每一个产品最多可以设置 256 个英文字符的关键词，换成关键词或关键词组的话至少可以设置 25～30 个。设置的方法如下：用您的用户名和密码登录到"供应商客户管理系统"，单击产品，在这里，网站上显示的产品都可以看到。单击产品图片左侧的 Edit 按钮，打开编辑页面，找到第四行关键词栏目，在这里做修改和编辑。键入相关产品的关键词后保存。

（3）注意事项

① 设置产品关键词是双刃剑，不要以为越多越好，要注意相关性。同样，设置了不相关的词汇就会收到不相关的询盘，而且会给一部分买家留下您不专业的印象。

② 关键词之间要用英文字符的逗号隔开，不要用中文字符，切记！

③ 一般来说，单数 product 和复数 products 就只需设置一个单数就可以，但遇到不是加 s 的单词，比如单数 battery，复数 batteries，就需要将单数和复数都要设置。

资料来源：百度文库，https：//wenku. baidu. com/view/87ae4ec6bb4cf7ec4afed0a5. html.

外贸经验分享 1-1-4

开发客户的技巧

当拥有了丰富的客户资料后，如何选择和开发目标客户，还需要一定的技巧。

（1）结合产品的特点和优势，挑选合适的客户群。要结合自己的产品特点和优势，仔细选择资料中的客户，挑选出可能适合你的客户群。

①了解自己的产品优势。产品特点和优势是吸引新客户的最大亮点，而新客户愿意与你接触，无外乎几种情况：一是你的产品是新开发的，客户需要增加这样的新产品，产品本身对客户很有吸引力；二是客户对原来的供应商不满意，而你正好有同类产品可提供；三是客户对产品的需求量增加，原来的供应商无法满足量的需求，客户本身需要寻求新的供应商；四是你的产品与别家相比质量相同或更好，价格上具有明显的竞争优势。

②不要寄希望于广种薄收。面对几百家甚至几千家进口商，你的选择是非常重要的。千万不要每家都联系，寄希望于广种薄收，这样可能浪费你大量的精力和时间而一无所获。

③做生意也要讲究"门当户对"。选择客户一定要客观，千万不要在自己没有足够的条件和实力的情况下去联系超级进口商。沃尔玛的生意谁都希望做，但沃尔玛对供应商的选择有比较高的门槛；相反，一些中小型的进口商可能更容易接触和接近。

（2）不要给新客户以急于求成的感觉。联系客户的心态一定意义上决定着新客户是否愿意和你深入接触。千万不要给新客户一种急于求成的感觉，不要让客户觉得你的企业必须马上有新的订单才可以生存。生意也是一种姻缘，只有双方都觉得合适的时候才有真正的生意。一定要给新客户这样一种感觉：我们有稳定的销售渠道，但我们的企业是进取和开拓的，与你联系是同时给双方的一个新机会。

（3）首次联系尽量采用电话加传真。如果你有比较好的英语条件，建议首次联系尽量采用电话和传真相结合的方式。可以先通过电话联系客户，征得同意后再传真产品介绍。如果客户对你的产品也有兴趣，他一定会回复的。在以后的联系中，你就可以与客户进行E-mail往来了。千万不要采用邮件群发或传真群发的方法联系客户，群发的结果可能就是永远没有回复。目前国外对垃圾邮件甚至垃圾传真已经相当反感，这也是大多数进口商特别是采购经理不愿公开电子邮件地址的重要原因。

（4）建立专门的产品展示英文网站。建立专门的产品展示英文网站对联系和开发新客户非常重要。网站中的产品内容越专业、越详尽、越具体越好，最好对产品的包装、装箱尺寸、毛重、净重等都有介绍，使客户一目了然。网站既可以给新客户详尽的产品介绍，又能避免过早的产品传递带来的昂贵费用。

（5）对客户进行分类管理。一般来说，外贸新手进公司一个月左右就会收到客户的询盘。可将客户进行分类管理和重点跟踪，这对成功开发客户是十分有益的。分类标准是：A类客户为重点客户，是目前正在合作或者配合的客户；B类客户为意向客户，是有合作意向或者谈判中的客户；C类客户为潜在客户，是曾经询盘但因为某些原因没有成功，或者正在询盘中的客户；D类客户为无聊客户，是一些没有目的性的询盘或者是询盘后又不了了之的客户。对于重点开发的客户，可以采取主动寄样品、邀请参观工厂等措施。要用80%的时间来照顾这20%的客户，因为80%的业绩可能来自20%的客户，这就是所谓的"二八定律"。

资料来源：360问答，https://wenda.so.com/q/1848020017727932.

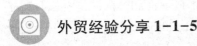

外贸经验分享 1-1-5

国际贸易中礼仪的重要性

（1）穿着的礼仪。见客户时必须讲究穿着的礼仪，如女士最好是穿套裙、化淡妆、少戴首饰，男士最好是穿衬衫和西裤，注意保持皮鞋清洁。尤其是在你拜访客户、参加展会时，保守庄重的穿着是比较得体的。当然，如果你的客户一直穿 T-shirt，又和你很熟，你也可以跟他一样。和客户穿类似的服装，你会比较被认同。假如他穿西装，你穿运动衫，或者倒过来，大家感觉都是很怪的。女士注意装饰不要太多，禁止穿可爱类的服装，要让客户感觉你比较专业，而非比较可爱。

（2）写邮件和传真的礼仪。写邮件和传真时，不要很随便。写信的时候用 We 而不是 I 会显得更正规一些，比较 Professional。发邮件尽量从公司的邮箱发，给人的可信度比较高，而不用 yahoo、sina 或 msn。称呼也要注意，如人家叫 George Smith，大家会写 Mr. George，其实这个是错误的，应该称呼 Mr. Smith，在比较熟的情况下也可以称呼 George。

（3）回答客户的礼仪。回答客户的各类询问要诚恳，不能信口开河。如客户问你某个产品的最小订单量，类似问题你知道就回答，不知道就说要问一下相关的部门和工作人员。不要吞吞吐吐、信口开河，给客户讲错了。这样次数多了，客户就会对你不信任了。

（4）接待的礼仪。接机的时候，对于没有见过的客人，要写个接机牌，提前半小时到机场，了解周围环境，如 Toilet 的位置、停车位置，或者在哪里可以坐到公车或者出租车。最好还能提前知道，客户的行李多不多，以便安排多大的车去接机。上车的时候，要让客户先上，最好是坐在后排。当然，如果你开车，客户也可以选择坐在副座上；如果是客户开车，你最好坐在副座上，坐在后面有把人家当司机的嫌疑。吃饭要事先定位子，最好是包房，点菜前问清楚客人的饮食习惯，是否是素食者、是否有忌口。上电梯时，先按好按钮，让客户先进；出电梯时，也让客户先出。客户入座时，帮他们把椅子拉好……类似这样的小细节很多。大家有时间可以看《细节决定成败》这本书。

总之，接待客户时，要表现得细心周到；回答客户问题时，要诚恳，知之为知之，不知为不知；写邮件时，语气要谦虚，要显得专业。

资料来源：宜选网环球广贸外贸论坛，http：//bbs.everychina.com/thread-2031211-1-178.html.

同 步 训 练

一、专业知识训练

1. 简述寻找客户的主要方法。

2. 简述展前准备的主要内容。

二、操作技能训练

（一）函电翻译练习——翻译函电正文

Dear Sirs,

We know your name and address from the website of alibaba.com and note with pleasure the items of your demand just fall within the scope of our business line. First of all, we avail ourselves of this opportunity to introduce our company in order to be acquainted with you.

Our firm is a Chinese exporter of various Canned Foodstuffs. We highly hope to establish business relations with your esteemed company on the basis of mutual benefit at an earlier date. We are sending a catalogue and a pricelist under separate cover for your reference. We will submit our best price to you upon receipt of your concrete inquiry.

We are looking forward to receiving your earlier reply.

Yours faithfully,

××××××× Co., Ltd.

××××××× Department

Leon Chang

（二）情景模拟训练

青岛利华进出口公司（Qingdao Lihua import & export Co., Ltd.）是一家流通性外贸企业，经营服装出口业务，主要面向中东市场。2017 年某日，利华公司业务员李丽从阿里巴巴网站获悉，阿联酋客户 Tim Co., Ltd. 求购男式衬衫，并想在中国寻求与其建立长期业务关系的客户。请以利华公司业务员李丽的名义写一封开发函。

任务二 交易磋商

知识目标：明确交易磋商的内容和程序，熟悉《联合国国际货物销售合同公约》（以下简称《公约》）中对发盘和接受的相关规定。

能力目标：能够利用电子邮件与客户进行交易磋商，撰写询盘、发盘、还盘和接受的往来函电。

交易磋商（business negotiation），是买卖双方为达成交易而就各项交易条件进行协商的过程，通常也称为谈判。交易磋商的过程，也是交易双方通过要约和承诺，确立合同关系的过程。在国际贸易中，交易磋商有明确的内容和规范的程序。

一、交易磋商的形式和内容

1. 交易磋商的形式

交易磋商有函电磋商和直接洽谈两种形式。

（1）函电磋商。主要是指通过信件、传真、电子邮件等方式进行的磋商。随着现代通信技术的发展，函电磋商越来越简便易行，且成本费用低廉。目前，国际贸易中的买卖双方通常选择电子邮件进行磋商。

（2）直接洽谈。主要指在谈判桌上面对面的谈判，如参加各种交易会、洽谈会，以及贸易小组出访、邀请客户来华洽谈等。此外，还包括双方通过国际长途电话进行的洽谈。直接洽谈有利于及时了解交易对方的态度，尤其适合于谈判内容复杂、涉及问题较多的交易。

2. 交易磋商的内容

交易磋商的内容包括主要交易条件和一般交易条件。

（1）主要交易条件。包括品名品质、数量、包装、价格、装运和支付，是国际货物买卖合同中不可缺少的交易条件，也是进出口交易磋商的必谈内容。

（2）一般交易条件。包括保险、检验检疫、索赔、不可抗力和仲裁等交易条件，涉及的是合同履行过程中可能发生的问题或争议的解决办法，往往被视为一般交易条件。一般交易条件事先印就在格式合同的正面下部或背面，双方若无异议，就不必逐条磋商。

二、交易磋商的程序

交易磋商的基本程序有询盘、发盘、还盘和接受四个环节。其中发盘在法律上称为"要约"，接受在法律上称为"承诺"，是交易磋商过程中必不可少的两个基本环节。

（一）询盘

询盘（inquiry）也称询价，是交易的一方向对方探询交易条件，表示交易愿望的一种行为。询盘多由买方作出，也可由卖方作出。询盘的内容可涉及价格、规格、品质、数量、装运以及索取样品等，而多数只是询问价格，所以业务上常把询盘称作询价。询盘往往是交易的起点，一方接到询盘后应尽快给予答复。询盘对买卖双方均无法律约束力。

应用举例 1-2-1

（1）中国松香 AA 级 200 公吨，8 月份装船，请报 CIF 安特卫普价。

Please offer Chinese rosin AA grade 200 M/T August shipment CIF Antwerp.

（2）可供中国松香 AA 级，8、9 月份装船，请递实盘。

We can supply Chinese rosin AA grade shipment Aug. ∕Sept. Please firm bid.

 知识拓展 1-2-1

国际商会

国际商会（The International Chamber of Commerce, ICC）成立于 1919 年，发展至今已拥有来自 130 多个国家的成员公司和协会，是全球唯一的代表所有企业的权威代言机构。

国际商会以贸易为促进和平、繁荣的强大力量，推行一种开放的国际贸易、投资体系和市场经济。由于国际商会的成员公司和协会本身从事于国际商业活动，因此它所制定的用以规范国际商业合作的规章，如《托收统一规则》《跟单信用证统一惯例》《国际贸易术语解释通则》等被广泛地应用于国际贸易中，并成为国际贸易不可缺少的一部分。国际商会属下的国际仲裁法庭是全球最高的仲裁机构，它为解决国际贸易争议起着重大的作用。

国际商会的主要职能有四个。

（1）在国际范围内代表商业界，特别是对联合国和政府专门机构充当商业发言人。

（2）促进建立在自由和公正竞争基础上的世界贸易和投资。

（3）协调统一贸易惯例，并为进出口商制定贸易术语和各种指南。

（4）为商业提供实际服务。服务包括：设立解决国际商事纠纷的仲裁院、协调和管理货物临时免税进口的 ATA 单证册制度的国际局、商业法律和实务学会、反海事诈骗的国际海事局、反假冒商标和假冒产品的反假冒情报局、为世界航运创造市场条件的海事合作中心和经常组织举办各种专业讨论会和出版发行种类广泛的出版物。

 知识拓展 1-2-2

《联合国国际货物销售合同公约》简介

《联合国国际货物销售合同公约》（以下简称《公约》），是由联合国国际贸易法委员会主持制定的，1980 年在维也纳举行的外交会议上获得通过，于 1988 年 1 月 1 日正式生效。我国是《公约》成员之一。截至 2004 年年底，核准和参加该公约的成员共有 61 个，与我国有贸易往来的发达国家，除日本和英国外，均是《公约》的成员。《公约》共分为四个部分：一、公约的基本原则；二、适用范围；三、合同的订立；四、买方和卖方的权利义务。全文共 101 条。

《公约》的主要内容包括以下四个方面。

（1）基本原则。建立国际经济新秩序的原则、平等互利原则与兼顾不同社会、经济和法律制度的原则。这些基本原则是执行、解释和修订《公约》的依据，也是处理国际货物买卖关系和发展国际贸易关系的准绳。

（2）适用范围。第一，《公约》只适用于国际货物买卖合同，即营业地在不同国家的双方当事人之间所订立的货物买卖合同，但对某些货物的国际买卖不能适用该《公约》作了明确规定。第二，《公约》适用于当事人在缔约国内有营业地的合同，但如果根据适用于"合同"的冲突规范，该"合同"应适用某一缔约国的法律，在这种情况下也应适用"销售合同公约"，而不管合同当事人在该缔约国有无营业所。对此规定，缔约国在批准或者加入时可以声明保留。第三，双方当事人可以在合同中明确规定不适用该《公约》。（适用范围不允许缔约国保留）

（3）合同的订立。包括合同的形式和发价（要约）与接受（承诺）的法律效力。

（4）买方和卖方的权利义务。第一，卖方责任主要表现为三项义务：交付货物；移交一切与货物有关的单据；移转货物的所有权。第二，买方的责任主要表现为两项义务：支付货物价款；收取货物。第三，详细规定卖方和买方违反合同时的补救办法。第四，规定了风险转移的几种情况。第五，明确了根本违反合同和预期违反合同的含义以及当这种情况发生时，当事人双方所应履行的义务。第六，对免责根据的条件作了明确的规定。

（二）发盘

发盘（offer）又称发价，是指交易的一方向对方提出交易条件，并愿意按此条件成交的意思表示。在国际贸易中，发盘通常由卖方收到买方询盘之后提出，有时，也有买方向卖方提出上述表示的，习惯称之为"递盘"（bid）。

 应用举例 1-2-2

　　兹报 200 公吨中国松香 AA 级铁桶装，每公吨 CIF 安特卫普 195 美元，8 月份装运，不可撤销即期信用证支付，限本月 20 日复到。

　　Offer Chinese rosin AA grade iron drum 200 M/T USD 195 per M/T CIF Antwerp August shipment irrevocable sight L/C reply here 20th.

1. 构成有效发盘的条件

根据《公约》规定，一项有效的发盘必须具备三个条件。

（1）向一个或一个以上特定的人提出。即发盘中要指明特定的受盘人的名称。出口商向国外广泛寄发商品目录、价目表等一般不构成发盘。

（2）内容十分确定。《公约》认为"十分确定"应包括三个基本因素：品名、数量和价格。在业务实践中，一般将品名品质、数量、包装、价格、交货和支付等主要交易条件全部列明。

（3）表明在得到接受时承受约束的意旨。即发盘一旦被对方接受，发盘人即应承担按发盘条件履行合同义务的法律责任。

2. 发盘的生效与有效期

（1）发盘的生效。《公约》规定发盘于送达受盘人时生效。

（2）发盘的有效期。通常情况下，发盘都具体规定一个有效期，作为对方表示接受的时间限制，超过发盘规定的时限，发盘人即不受约束。其规定方法有以下两种：

① 规定最迟送达发盘人的时间，如"限15日复到有效""发盘限6月15日复到有效"；

② 规定一段接受时间，如"发盘3天有效"。

3. 发盘的撤回与撤销

（1）发盘的撤回，是指发盘在未生效之前将其取消的行为。撤回的实质是阻止发盘的生效。发盘的撤回一般只在使用信件或电报向国外发盘时才适用。

（2）发盘的撤销，是指发盘已生效后，发盘人以一定方式解除发盘效力的行为。

4. 发盘效力的终止

是指发盘法律效力消失，发盘人不再受发盘约束。造成发盘终止的原因有：

① 被受盘人拒绝或还盘；

② 发盘人依法撤销该发盘；

③ 发盘中规定的有效期届满；

④ 不可抗力事件造成的发盘失效；

⑤ 发盘人死亡、破产等特殊情况。

知识拓展 1-2-3

《公约》中关于发盘的相关规定

第十四条：（1）向一个或一个以上特定的人提出的订立合同的建议，如果十分确定并且表明发盘人在得到接受时承受约束的意旨，即构成发盘。一个建议如果写明货物并且明示或暗示地规定数量和价格或规定如何确定数量和价格，即为十分确定。（2）非向一个或一个以上特定的人提出的建议，仅应视为邀请发盘，除非提出建议的人明确地表示相反的意向。

第十五条：（1）发盘于送达受盘人时生效。（2）一项发盘，即使是不可撤销的，得予撤回，如果撤回通知于发盘送达受盘人之前或同时送达受盘人。

第十六条：（1）在未订立合同之前，发盘得予撤销，如果撤销通知于受盘人发出接受通知之前送达受盘人。（2）但在下列情况下，发盘不得撤销：（a）发盘写明接受发盘的期限或以其他方式表示发盘是不可撤销的；或（b）受盘人有理由信赖该项发盘是不可撤销的，而且受盘人已本着对该项发盘的信赖行事。

第十七条：一项发盘，即使是不可撤销的，于拒绝通知送达发盘人时终止。

案例讨论 1-2-1

（1）我某公司向美国 A 公司发盘售一批大宗商品，对方在发盘有效期内复电表示接受。第三天，我方收到 A 公司通过银行开来的信用证。因获知该商品的国际市场价格已大幅度上涨，我公司当天将信用证退回，但 A 公司认为其接受有效，合同成立。双方意见不一，于是提交仲裁机构解决。讨论：如果你是仲裁员，你将如何裁决？

（2）A 公司向 B 公司供应动力煤。6 月 12 日 A 向 B 发盘，同日收到 B 同样内容的递盘。6 月 14 日市场涨价，A 再次去电 B，将原发盘每公吨 38 美元调高到 42 美元。双方往来函电如下。

① Seller A outgoing cable dated June 12, 2010

Steam coal 5 000 M/T USD 38 per M/T FOB China port shipment July, other terms same last, firm here 13.

② Buyer B outgoing cable dated June 12, 2010

Firm bid steam coal 5 000 M/T USD 38 per M/T FOB China port shipment July, other terms same last, reply 13.

③ Seller A outgoing cable dated June 14, 2010

Our cables 12 steam coal, we renew offer subject USD 42 per M/T reply 16.

B 公司以 12 日去电与 A 公司 12 日来电内容完全一致为由，坚持要按原价成交。A 公司不依，因此发生争议，B 上诉至法院。讨论：你认为谁将胜诉？根据是什么？

 外贸经验分享 1-2-1

如何识别实盘与虚盘

发盘可以分成两类：实盘（firm offer）和虚盘（non-firm offer）。二者的区别一定要清楚，因为不仅是它们的表达方式不同，更重要的是它们的法律效力是不一样的。

实盘即有约束力的发盘，表明发盘人有肯定订立合同的意图。虚盘是发盘人所作的不肯定交易的表示。虚盘无须有详细的内容和具体条件，也不注明有效期；它仅表示交易的意向，不具有法律效力。出现下列一类的词句者，皆为虚盘：

— Without engagement. 不负任何责任。

— Subject to prior sale. 有权先售。

— All quotations are subject to our final confirmation unless otherwise stated.

所作报价，除特别注明外，须经我方确认后方能生效。

— Our offer is subject to approval of export licence. 取得出口许可证我方报价才有效。

一般从买家查询的内容，就能判断出来哪些是实盘，哪些是虚盘。应该重点处理那些针对性很强的、可以称得上是实盘的。对于无价值的虚盘，要敢于果断舍弃。如果以为每个询盘都是要向你订货未免过于天真。有的询盘过于空泛，也许只是客户做市场调查的一种手段。如果你不放弃空泛的信息，可能你每天只能做一些处理无聊的事了。

要善于透过表象看到深层去了解询盘者真正的用意。他是否是真正的买家或者中间商，甚至是你的竞争对手？他购买的动机是什么？他的购买能力如何？有了询盘，该如何辨别询盘的真假？询盘该如何回复？

问题：询盘来了，我也回复了，但是为什么老是没有回音啊？

我的分析：一个很关键的原因就是，你没有发现和找到最关键的客户。

如果我收到多个客户询盘，会先将他们分类。

第一次归类：区别询盘的方式。

A类客户：书面或者电话的，这些我个人认为优先级比电子邮件更高。国际贸易也是需要成本的，肯花钱发个传真或者电话给你的，估计采购的急迫性和可能性会更大。

B类客户：电子邮件。

第二次归类：看询盘的内容。

A类客户：详细地列出要采购的产品的规格、数量、要求等，这样的优先级别高。对于这类询盘，要重点对待，报价、交货期都要仔细。重点回复的客户，最好做个记号，过2～3天，如果没有收到回复，就追发个E-mail，询问报价是否收到，对我们的价格感觉怎么样。订单不是马上就来的，有时候一个订单需要漫长的等待，而经常跟客户联系，给他感官上的刺激，在他有采购订单时，想起你的可能性就会更大。

B类客户：问公司所有产品的价格，这类情况一是套磁，二是群发，随便问问。对于这类询盘，可以先询问对方需要哪个具体产品，等客户回复后再报价也不迟。估计这样的客户给你订单的可能性极小。可以这样回复：

Dear sir, thanks for your kind quotation to ××（公司名称）. Since we have hundreds of products in different series, please tell me which series/products you are interested in, so that we will quote according to your selection. If you do not have our catalogues, please kindly refer to our website.

资料来源：百度知道>商业/理财，http：//zhidao.baidu.com/question/225282810.html.

（三）还盘

还盘（counter-offer），又称还价，是受盘人对发盘内容不完全同意而提出更改的表示。从法律意义上讲，还盘是对原发盘的拒绝，构成一项新发盘。还盘一经作出，原发盘即失去效力，发盘人不再受其约束，而还盘人却成了新的发盘人。还盘可以在双方之间反复进行，还盘的内容通常仅陈述需变更或增添的条件，对双方同意的交易条件无须重复。

 应用举例 1-2-3

你14日电收悉，还盘每公吨185美元CIF安特卫普24日复到有效。
Your 14th cables counter-offer USD 185 per M/T CIF Antwerp till 24th our time.

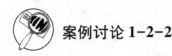

案例讨论 1-2-2

我某公司于 5 月 20 日以电传发盘，并规定"限 5 月 25 日复到"。国外客户于 5 月 23 日复电至我方，要求将即期信用证改为远期见票后 30 天。我公司正在研究中，次日又接到对方当天发来的电传，表示无条件接受我 5 月 20 日的发盘。问此笔交易是否达成？

外贸经验分享 1-2-2

如何与客户讨价还价

与客户讨价还价，首先要分清客户的动机。

（1）A 类客户，恶意还价者。你开个价格，每次他都说："Hi! Tracy, you give me a crazy price, I know ×× company who produces a similar product, they only give me 30% price as you gave."

听到这种话，我会这样答复："Yes, Sir, I do know they give you low price for similar product, but our product is different to theirs."接着讲一下产品特色、售后服务等优势。然后说很遗憾，我们的产品跟你要求的价格相差太远，不过我们还有些便宜的产品（介绍些特价、库存品给他），看他的答复，如果他还是不要，或者继续砍价就算了。我感觉，外贸业务员一定要晓得自己的目标市场在哪里，你的销售对象不是所有的人，你只要能抓住你的目标市场的一小部分人就足够了。例如，你的市场定位是在 10 美元，你的客户就应该是能接受 8～12 美元产品的人。那些只肯出一美元买便宜产品或者二十美元买奢侈品的人，你就该把他们从客户名单中删除。

（2）B 类客户，善意还价者。例如，每次开价后，他们总是要个 10% discount。这种客户，一般来说，都是想买你的产品的。这种情况下，你需要清楚你的权限有多大，你能接受的折扣是多少。你可以回答"Dear Sir, the price we give almost reaches our bottom line, I tried to get a 2% discount from my boss, hoping this will make you satisfied. Please note, I have try my best."或者说"According to our company's policy, only when annual purchasing amount reaches ××, can we give a 2% discount. I reported your case to our top management and tried to get this discount for you due to our long term relationship..."总之，即使这个价格你能接受，也要显示得比较委屈和勉强。

假如客户一还价你马上就松口，他就知道你还有让价的空间，接下来你的价格就会被越压越低。而且，永远不要在客户面前显示出急躁的心态，你越着急，客户就越会砍价。有时，关于价格的谈判，未必要当天回复，可以等一两天。客户打电话给你的时候，要显得这个问题很难处理，表示先要请示一下，才能答复。把你自己想成是买家，多揣测买家的心态，换位思考，会有意想不到的结果。

资料来源：福步外贸论坛，http://bbs.fobshanghai.com/thread-294811-1-1.html.

外贸经验分享 1-2-3

如何面对客户的拒绝

作为一个业务员，最难过的就是客户对你说："Sorry, we can not give you this order."

这种情况下，千万不要放弃，不能放弃，不可放弃。你必须要厚着脸皮，问客户被拒绝的原因是什么。当然，你绝对不能对客户的决定发表长篇大论，对他的结论指手画脚。

我一般会告诉他："Dear sir, I understand your situation and thanks for all your efforts done for us. But could you kindly let me know the reason? Price, delivery or..."

有的客户会很诚恳，告诉你原因，是因为预算不够、发货期不对、价格过高或怎么怎么的。针对不同的情况，当然也要做不同的解释。

假如是预算不够：你可以跟他讲，我们这个订单的量不是很大，金额也不高。你为这个单子也很费工夫，工厂也花了不少成本和精力，是不是可以再争取一下。如果全部接受有难度，是不是接受其中的一部分，其他的留到明年 1 月（千万不要说到以后，要讲得清楚点，不然人家会把你完全忘记的）。

发货期不对：你可以问他们预计的发货期，跟工厂再争取下提前。

价格太高：你问他是否可接受类似但价格低的特价品，还有，强调产品特色。

总之，不到最后一刻，千万不要放弃；即使是放弃，也还是要很客气地跟客户说再见，期待下次合作。平时也保持联系，不要人家不给你单子，就一脚把人家踹了。

资料来源：福步外贸论坛，http://bbs.fobshanghai.com/thread-294811-1-1.html.

 外贸经验分享 1-2-4

如何处理国外客户寄样品

因为看到很多朋友在与海外客户接触的过程中，出现寄样品或者被骗等问题，在此，希望能和各位一起分享如何处理国外客户寄样品的要求。

分享 A

国际贸易中这样的情况很正常：有些客人在未得到你的样品前，会经常催你寄样；等收到样品后会有很长一段时间不理你。大致有以下几种情况。

1. 对于贸易商他不是最终用户，他要提供给他的客户，此样品是寄给最终客户试用或作展览用的，所以他也在等客户的回复。此种情况会有一定的希望，要定期跟催客户。

2. 他在收到样品之后感到不满意，如质量、款式等，这也会使他不再理你。

3. 此点是看你的样品属于哪一类。如纺织品，可能有测试或成分检查等；电器则有相关的认证等，这也需要一定的过程；如果此类情况属实，则也会有希望。

4. 此客户仅是想收集样品，已经找到了更好的替代品或将你的样品放入他们的档案做收集资料，故会找借口来搪塞你，无任何希望。

5. 可能你的样品是比较满意的，但相关的交易条件令人不满意，有些客户不会说。因他要样品也不只你一家。

总之，碰到这样的事要有耐心，能有订单最好，若没有也很正常。但你要努力去跟催客户，以求得到最好的效果。如果本次不成功，但并不意味着没有希望，经常保持与客户的联系和沟通，可能他在以后的接触中会另外选择你。要做好潜在客户资料档案。

分享 B

寄样问题的确是个比较棘手的问题，不寄怕失去潜在客户，寄又怕样品一去无回，并且有些公司的样品价值不菲，或对方要量较大时更是难下决定。我也曾遇到过很多类似的问题，我的处理原则：

第一，要求对方承担运费，特别是快件！

第二，要求对方提供传真或 E-mail，而不仅仅是一个电话，以便有据可查。

第三，价值不菲或数量较大时，要求对方付一半样品费。当然，如果是长期客户就算了。

第四，在发样后定期与其联系，以便确认对方对样品质量或外观或结构的不同要求，这才真正达到发样品的目的。

资料来源：外销员考试网，http://www.examda.com/wxy/xinde/20060630/085520833.html.

（四）接受

接受（acceptance），是交易的一方完全同意对方发盘中提出的各项交易条件，并愿意按此条件成交的意思表示。发盘和接受是达成交易的两个不可缺少的环节，一方的发盘经另一方接受，交易即告达成，合同关系即告成立，双方即应分别履行其所承担的义务。

接受可由我方作出，也可由对方作出。如交易条件简单，接受中无须复述全部条件；如双方多次互相还盘，条件变化较大，则在接受时宜复述全部条件，以免疏漏和误解。

 应用举例 1-2-4

你 18 日电我接受。200 公吨中国松香 AA 级铁桶装每公吨 185 美元 CIF 安特卫普，8 月份装运不可撤销即期信用证付款。

Your cables 18th we accept. Chinese rosin AA grade iron drum 200 M/T USD 185 per M/T CIF Antwerp August shipment irrevocable sight L/C.

1. 构成有效接受的条件

按照《公约》规定，一项有效的接受应符合下列条件。

（1）接受必须由受盘人作出。由第三者作出接受，只能视作一项新的发盘。

（2）接受必须表示出来。受盘人表示接受的方式有：

① 用声明表示，即受盘人用口头或书面形式向发盘人同意发盘；

② 用行为表示，通常指由卖方发运货物或由买方支付价款来表示。

（3）接受必须与发盘相符。

（4）接受必须在发盘规定的有效期内作出。

2. 接受的生效、撤回和修改

（1）接受生效的时间。

接受在什么时候生效，不同的法律体系有不同的解释：英美法系采用"投邮生效"的原则，即接受通知一经投递，则接受立即生效；大陆法系采用"到达生效"的原则，即接受通知必须送达发盘人时才能生效。《公约》采用了"到达生效"的原则，明确规定"接受送达发盘人时生效"。

（2）接受的撤回和修改。

在接受送达发盘人之前，受盘人将撤回或修改接受的通知送达发盘人，或两者同时送达，则接受可以撤回或修改。以行为表示接受时，不涉及接受的撤回问题；采用传真、EDI、电子邮件等形式订立合同，发盘和接受都不可能撤回。

接受一旦生效，合同即告成立，所以不存在撤销问题。

 案例讨论 1-2-3

（1）某外贸土产进出口公司，拟向外商出口一批土特产品。双方就出口商品的各项交易条件进行磋商，3月份基本达成协议。唯有价格一项，中方坚持单价不得低于每公吨 1 500 元人民币，并要求外商"在两个月内答复"。下半年，国际市场上该土特产品价格猛涨，外商才复电可按中方 1 500 元/公吨的价格成交，中方未予理睬。外商于数日后未接到中方答复，便指责中方违约，并要求中方承担违约责任。问：中方是否要承担违约责任？为什么？

（2）2 月 1 日，巴西大豆出口商向我国某外贸公司报价，并表示："用编织袋包装运输。"在发盘有效期内，我方复电表示接受并要求："用最新编织袋包装运输。"巴西方收到上述复电后未表示反对，并随即着手备货，准备在双方约定的 7 月份装船。不料 3 月份大豆价格从每吨 420 美元暴跌至 350 美元左右。我方向对方去电称："我方对包装条件作了变更，你方未确认，合同并未成立。"而巴西出口商则坚持认为合同已经成立，双方为此发生了争执。讨论：合同是否成立？简述你的理由。

（3）11 月 4 日顺达公司应瑞典 TG 公司的请求，报价棉花 500 吨，每吨 340 欧元 CIF 斯德哥尔摩，即期装运，发盘有效期至 11 月 24 日。TG 公司接收到报价后，请求顺达公司："降低价格、增加数量、延长发盘有效期。"顺达公司遂将价格每吨减至 320 欧元，数量增至 800 吨，延长发盘有效期至 12 月 10 日。TG 公司于 12 月 6 日来电接受该发盘。

顺达公司在接到 TG 公司的承诺电报时，发现因受灾严重影响棉花产量，国际市场价格暴涨。顺达公司不愿意成交，复电称："由于世界市场价格变化，在接到承诺电报前已将货物售出，不能提供货物。"讨论：顺达公司的做法合适吗？TG 公司能同意吗？

（4）我于 6 月 8 日向香港 A 商发盘并限 6 月 15 日复到有效。12 日我方收到美国 B 商按我方发盘条件开来的信用证，同时收到香港 A 商的来电："你 8 日发盘已转美国 B 商。"经查该商品的国际市场价格猛涨，于是我方将信用证退回开证银行，再按新价直接向美商 B 发盘，而美商 B 以信用证于发盘有效期内到达为由，拒绝接受新价并要求我方按原价发货，否则将追究我方的责任。讨论：对方的要求是否合理？为什么？

（5）6 月 5 日我国 A 公司向美国 B 公司寄去订货单一份，限 6 月 20 日前复到我方。B 公司 6 月 20 日以航空特快专递发出接受通知。事后 B 公司催促 A 公司尽早开立信用证，A

公司否认与 B 公司有合同关系。讨论：按《公约》规定，A 公司的主张是否成立？

三、业务实例——赵丹进行的交易磋商

（一）客户询盘

赵丹的开发函发出不久，便收到了来自法国 LUCERNA TRADING CO.，LTD 的询盘。

发件人：lucerna<markburton@ lucerna. com>

收件人：orient <zhaodan@ orientelectric. com>

日　期：2017-10-28　08：31：20

主　题：ENQUIRY

Dear Miss Zhao,

　　We are very glad to receive your letter of Oct. 20. As you know, we are one of the leading importers of home appliances in France, and we need a reliable supplier in China.

　　Your catalogue has been carefully studied and we are interested in your Orient brand electric hair dryer Model No. MT201Y, MT202Y, MT203Y, MT204Y. Can you offer us your favorable price of CIF Marseilles if we order 1,800 PCs for each of the above four model?

　　Your early reply will be highly appreciated.

Best regards.

Truly Yours,

MARK BURTON

LUCERNA TRADING COMPANY

Add：Chung-Ku 75011 Paris France

E-mail：markburton@ lucerna. com

（二）赵丹发盘

收到客户的询盘后，赵丹不敢掉以轻心，首先联系公司生产部门，确定了装箱规格为 12 只/箱，包装箱尺寸为 58 cm×26.5 cm×56.5 cm，共 600 箱，40 英尺货柜整箱装；然后全面收集了有关生产成本、保险费、运费、公司的预期利润率等资料进行价格核算，并在老业务员的指导下，报出了每只 3.20 美元的价格。

除了数量和价格之外，赵丹对其他成交条件考虑如下：先电汇货款的 20% 作为定金，余款以不可撤销的即期信用证支付。信用证必须注明允许转船。装运在收到对方开来的信用证后 45 天进行；保险按 110% 的发票金额向中国人民保险公司投保一切险和战争险。赵丹的发盘如下。

发件人：orient <zhaodan@ orientelectric. com>

收件人：lucerna<markburton@ lucerna. com>

日　期：2017-10-30　09：10：30

主　题：OFFER

Dear Mr. Burton,

Thank you for your inquiry of Oct. 28 for our HAIR DRYER. At your request, we fax back this morning, offering you 1×40′FCL (600 cartons) of Orient brand electric hair dryer Model No. MT201Y, MT202Y, MT203Y, MT204Y, 1,800 PCS for each model. CIF Marseilles USD 3.20/PC, reply reaching here before Nov. 20.

Payment: 20% deposit, balance by irrevocable sight L/C. The L/C must specify that transshipment is allowed.

Delivery Date: Within 45 days after receipt of your L/C.

Insurance: To be covered by the seller for 110% of total invoice value against All Risks and War Risks, as per and subject to the relevant Ocean Marine Cargo Clauses of the People's Insurance Company of China, 1/1/1981.

Best regards.

Yours sincerely,

ZHAO DAN

ORIENT ELECTRIC CO., LTD.

（三）客户还盘

第一次报价 5 天后，赵丹收到了法国客户的回函，还盘每只 2.70 美元。还盘如下。

发件人：lucerna<markburton@ lucerna. com>
收件人：orient <zhaodan@ orientelectric. com>
日　期：2017-11-15　15:20:40
主　题：COUNTER-OFFER

Dear Miss Zhao,

Thank you for your quotation of Oct. 30. Although you believe your price is competitive, we think it's too high for us to accept it. You know there is a very large market in our country, and we are the leading importer in this line. If you would like to cut your price to USD 2.70, we will place our order immediately. All other terms and conditions are unchanged.

Please consider our counter-offer and give us your reply ASAP.

Best regards.

Truly Yours,

MARK BRUTON

LUCERNA TRADING COMPANY

（四）接受成交

面对法国客户的还价，赵丹首先核算了自己的利润率，发现实在太低不能接受，但法国市场确实是一个非常巨大的新兴市场，为了以后双方能够长期合作，赵丹认为公司应当作一些适当的让步，以赢得客户的好感和信任。在向公司领导请示后，赵丹重新报出了每只 2.90 美元的价格。

赵丹的第二次报价得到了客户的接受，赵丹非常高兴，这意味着前面的交易磋商有了结果——双方正式成交了。接受函如下：

发件人：lucerna<markburton@ lucerna. com>
收件人：orient <zhaodan@ orientelectric. com>
日　期：2017-11-18　10:15:20
主　题：ACCEPTANCE

Dear Miss Zhao,

We have received your E-mail of Nov. 15, 2017. After consideration, we have pleasure in confirming the following offer and accepting it.

1. Commodity：Orient brand electric hair dryer

2. Specification：MT201Y, MT202Y, MT203Y, MT204Y

3. Packing：1 PC per polybag and inner box, 12 PCS/CTN, total 600 cartons, standard export carton must be strong, shipped by 1×40′container.

4. Quantity：1,800 pieces for each model, total 7,200 pieces

5. Unit Price：USD 2.90/PC CIF Marseilles

6. Total Amount：USD 20,880.00

7. Shipment：To be effected by seller from China to Marseilles, France within 45 days after receipt of L/C.

Other terms and conditions remain the same as we agreed in our previous mails.

Please send us a contract and thank you for your cooperation.

Best regards.

Truly Yours,

MARK BURTON

LUCERNA TRADING COMPANY

同 步 训 练

一、专业知识训练

（一）单项选择

1. 根据《公约》的规定，接受于_____生效。

A. 合理时间内　　　　　　　　　　B. 向发盘人发出时

C. 送达发盘人时　　　　　　　　　D. 发盘人收到后以电报确认时

2. 按照《公约》的解释，发盘于_____生效。

A. 向特定的人发出时　　　　　　　B. 合理时间内

C. 送达受盘人时　　　　　　　　　D. 受盘人收到并确认时

3. 按照《公约》，对于逾期接受的正确认识是_____。

A. 逾期接受一律无效

B. 逾期接受是一个新的发盘

C. 逾期接受完全有效

D. 逾期接受是否有效取决于发盘人的意愿

4. 按照《公约》的解释，有效的接受必须_____。

A. 以口头或书面声明方式表示出来　　　　B. 以某种行为方式表示出来

C. 以上二者均可　　　　　　　　　　　　D. 以上二者须同时具备

5. 交易磋商的法律步骤必须包括_____。

A. 询盘　　　　　B. 发盘　　　　　C. 还盘　　　　　D. 验货

6. "你 10 日电我方接受，即开证，希尽早装运"这一电文属于_____。

A. 询盘　　　　　B. 发盘　　　　　C. 还盘　　　　　D. 接受

7. "你 10 日电我方接受，但支付条件由 L/C 改为 D/P"，该电文是_____。

A. 询盘　　　　　B. 还盘　　　　　C. 有效的接受　　　D. 有条件的接受

8. 英美法系认为，以书信或电报表示的接受发出后，作出接受的人_____。

A. 在任何情况下都可以撤回　　　　　　　B. 已失去了撤回的可能性

C. 只要撤回的通知早于接受到达就可撤回　D. 可以撤回也可以不撤回

9. 某公司对外发盘时规定了有效期，根据《公约》规定，这项发盘_____。

A. 在任何时候都可以撤销

B. 撤销的通知先于发盘到达对方即可撤销

C. 可随意撤销

D. 在对方表示接受前可以撤销

10. 我国甲公司于 11 月 15 日向美国乙公司发出要约，规定 11 月 20 日前复到有效。11 月 18 日，甲公司同时接到乙公司的接受和撤回接受的通知。根据《公约》的规定，在此情况下_____。

A. 该合同成立　　　　　B. 须甲公司同意乙公司撤回，该合同才不成立

C. 该合同不成立　　　　D. 须甲公司不同意乙公司撤回，该合同才成立

（二）判断正误

1. （　　）先于发盘或与发盘同时到达的取消通知构成发盘的撤回。

2. （　　）我公司向国外 A 公司发盘，在有效期内，A 公司没有做出反应，而 B 公司却针对该发盘向我公司发出了接受的通知，B 公司的接受有效。

3. （　　）根据《公约》规定，受盘人在发盘的有效期内，可以用开立信用证这一行为表示接受。

4. （　　）交易磋商中的接受，应以声明或行动表示，缄默或不行动本身不等于接受。

5. （　　）一项有效的发盘，一旦被受盘人无条件地全部接受，双方的合同关系即告成立。

6. （　　）通常，对于通过电子邮件发出的发盘，仍然可以撤回。

7. （　　）根据《公约》规定，任何变更了原发盘条件的接受均无效。

8. （　　）从法律意义上讲，交易双方建立合同关系，可无须经过询盘和还盘。

9. （　　）还盘是对发盘的拒绝，还盘一经作出，原发盘即失去效力，发盘人不再受其约束。

10. （　　） 根据《公约》，一方发盘另一方表示接受，但同时要求提供产地证，这仍构成接受。

11. （　　） 为邀请对方向自己订货而发出的报价单、商品目录及一般商业广告也是发盘。

12. （　　） 卖方发盘限买方6月10日前复到。8日下午，卖方收到买方复电，要求减价并修改交货期。卖方正在研究如何答复时，次日上午又收到买方来电，表示接受10日发盘。卖方对此未做任何表示。此时，合同按卖方发盘条件达成。

13. （　　） 中国某公司于2017年2月16日向欧洲某公司发盘，出售水果一批，该发盘载明在2017年5月装船，2月19日复到有效。2月18日，对方来电称，2月16日电接受，希望尽量在2017年5月装船。于是合同成立。

14. （　　） 某公司对英国A商报价："货号1005柳筐500打，每打CIF伦敦4英镑，每5打一纸箱，11/12月装船，信用证支付，限8月10日复到。"按照《公约》这是一项有效的发盘。

15. （　　） 我某公司10月2日向美商发盘，以每打84.50美元CIF纽约的价格提供全棉男衬衫500打，限10月15日复到有效，该盘于10月7日到达美商。我方10月8日向美商传真要求撤销该发盘，该发盘得以撤销。

（三）简答题

1. 简述交易磋商的内容。

2. 简述构成有效发盘的基本条件。

3. 简述构成有效接受的基本条件。

二、操作技能训练

（一）函电翻译

1. Please offer Peking royal jelly CIF Rotterdam March shipment.

2. We can supply Peking royal jelly March shipment cable if interested.

3. Thank you for your enquiry of July 8 for raincoats. For the price you mentioned we are pleased to quote as follows...

4. We have received your letter of July 12, 2017. After the consideration, we have pleasure in confirming the following offer and accepting it.

（二）情景模拟训练

青岛利华进出口公司（Qingdao Lihua import & export Co., Ltd.）业务员李丽向阿联酋客户Tim Co., Ltd. 发出开发函后，于2017年9月3日收到对方的询盘，内容如下：

Dear Miss Li,

　　Thank you for your letter of Aug. 12, 2017 and your latest catalogue.

　　We are impressed by your men's shirts Art No. 44 (black), Art No. 66 (yellow), Art No. 77 (red), Art No. 88 (blue), Art No. 99 (green), and would appreciate you sending some detailed information about the best price on CIF Dubai, payment by L/C.

　　Awaiting your early offer.

Yours faithfully,

Jan

业务员李丽经过仔细核算后，提出了如下交易条件，限 2017 年 9 月 15 日前复到有效。

1. 价格：

Art No.	Color	Unit Price（CIF Dubai）
44	black	USD 7.50
66	yellow	USD 7.80
77	red	USD 5.50
88	blue	USD 6.50
99	green	USD 7.90

2. 包装：每件塑料袋装，每 20 件装一箱；

3. 支付：凭卖方为受益人的不可撤销的即期信用证进行支付；

4. 交货期：交货时间不迟于 2017 年 11 月 20 日。

请你根据以上资料，替业务员李丽起草一份发盘函。

项目二

合同订立

 项目背景

　　赵丹与具有进口意向的法国莱塞纳公司（LUCERNA TRADING CO.，LTD）进行交易磋商后，双方就各项主要交易条件达成了一致意见，并据此签订了书面合同。该合同是一个条款完备、内容全面的正式合同，包含了货物的品质、数量、包装、价格、装运、保险、支付、商品检验、异议与索赔、不可抗力、仲裁等的各项条款。

 任务分解

　　要签订这样一个正式完备的销售合同，就必须了解有关的公约、惯例与规则，掌握与各项条款相关的基本知识，明确各项条款的主要内容，从而具备合同条款拟定的基本能力。根据以上分析，按合同条款的顺序，将本项目的相关知识分解为七个典型的学习任务。

任务一　书面合同
　　一、书面合同的签订
　　二、合同的主要条款
　　三、业务实例——赵丹起草的出口合同
任务二　品质、数量与包装条款
　　一、品质条款
　　二、数量条款
　　三、包装条款
　　四、业务实例——赵丹拟定的品质、数量与包装条款
任务三　价格条款
　　一、贸易术语及惯例
　　二、Incoterms® 2010 贸易术语使用说明
　　三、价格核算及价格条款的拟定
　　四、业务实例——赵丹拟定的价格条款
任务四　装运条款
　　一、海洋运输
　　二、航空、铁路、集装箱与国际多式联运
　　三、装运条款的拟定
　　四、业务实例——赵丹拟定的装运条款

任务一　书面合同

知识目标：明确书面合同的意义、形式与内容，掌握书面合同主要条款。
能力目标：能够分辨约首、正文和约尾，掌握合同中应包含的条款。

买卖双方经过磋商，一方的发盘被另一方有效接受，交易即告达成，合同即告成立。但在实际业务中，买卖双方达成协议后，通常还要制作书面合同将各自权利与义务用书面方式加以明确，这就是合同的签订。

一、书面合同的签订

（一）书面合同的意义

1. 是合同成立的证据

根据法律的要求，凡是合同必须能得到证明、提供证据，包括人证和物证。口头合同成立后，如不用一定的书面形式加以确定，那么它将由于不能被证明而不能得到法律的保障，甚至在法律上成为无效。

2. 是合同生效的条件

一般情况下，合同的成立是以接受的生效为条件的。但在有些情况下，签订书面合同却成为合同生效的条件。《中华人民共和国合同法》第十条规定："法律、行政法规规定采用书面形式的，应当采用书面形式。当事人约定采用书面形式的，应当采用书面形式。"

3. 是合同履行的依据

国际货物买卖合同的履行会涉及很多部门，如以分散的函电为依据，将给履行合同造成很多不便。所以，买卖双方不论通过口头、电传还是邮件磋商，在达成交易后都应将谈定的交易条件全面清楚地列明在一个书面文件上，这对进一步明确双方的权利和义务，以及合同的履行都具有重要意义。

（二）书面合同的形式

根据国际贸易习惯，如果交易双方通过口头或函电磋商，就主要交易条件达成协议之后，就要签订合同或成交确认书，以书面形式把双方的权利和义务固定下来，作为约束双方的法律文件。书面合同的形式主要有以下几种。

1. 合同（contract）

合同或称正式合同，一般适用于大宗商品或成交金额大的交易，其内容比较全面详细，对双方的权利和义务以及发生争议后如何处理等，均有详细的规定。合同中除了包括交易的主要条件如品名、规格、数量、包装、价格、装运、支付外，还包括保险、商检、异议索赔、仲裁和不可抗力等条款。这种合同可分为销售合同（sales contract）和购货合同（purchase contract）两种。

2. 成交确认书（confirmation）

这是合同的简化形式，只包括主要交易条件。一般适用于成交金额不大、批数较多的轻工产品或土特产品，或者已订有代理、包销等长期协议的交易。成交确认书也可分为售货确认书（sales confirmation）和购货确认书（purchase confirmation）两种。

以上两种形式的书面合同，虽在格式、条款项目和内容的简繁上有所不同，但在法律上具有同等的效力，对买卖双方均有约束力。外贸业务中，合同或确认书通常一式两份，由双方合法代表分别签字后各执一份，作为合同订立的证据和合同履行的依据。

（三）书面合同的内容

书面合同一般包括三个部分。

1. 约首

约首是合同的首部，包括合同的名称、合同号码（订约日期、订约地点）、买卖双方的名称和地址、序言等内容。序言主要是写明双方订立合同的意义和执行合同的保证，对双方都有约束力等。双方的名称应用全称，不能用简称，地址要详细列明，因涉及法律管辖权问题，所以不能随便填写。在我国出口业务中，除在国外签订的合同外，一般都是以我国出口公司所在地为签约地址。

2. 本文

这是合同的主体部分，规定了双方的权利和义务，包括合同的各项交易条款，如商品名称、品质规格、数量包装、单价和总值、交货期限、支付条款、保险、检验、索赔、不可抗力和仲裁条款等，以及根据不同商品和不同的交易情况加列的其他条款，如保值条款、溢短装条款和合同适用的法律等。

3. 约尾

约尾是合同的尾部，包括合同文字的效力、份数、订约的时间和地点及生效的时间、附件的效力及双方签字等，这也是合同不可缺少的重要组成部分。合同的订约地点往往要涉及合同依据法的问题，因此要慎重对待。我国的出口合同的订约地点一般都写在我国。有的合同将订约的时间和地点在约首订明。

（四）书面合同的签订

1. 合同起草

国际贸易中，买卖双方达成交易后，交易一方即要根据磋商情况起草书面合同或确认书。合同起草应注意以下事项。

（1）合同条款要完整、准确和严谨。合同条款一定要完整，防止错列和漏列主要事项；合同文字一定要准确严谨，切忌模棱两可或含糊不清。如"大约""可能"等词句不要使用。

（2）合同条款要前后一致。如单价与总价的货币名称要一致；价格条件的口岸与目的港要一致，价格条款与保险条款要一致；合同多次出现的货名要一致等。

（3）合同内容要符合法律规范。合同必须符合我国的法律规范，否则将视为无效合同，得不到法律的承认和保护；合同必须遵守有关的国际公约和惯例，如《联合国国际货物销售合同公约》《2010 年国际贸易术语解释通则》《跟单信用证统一惯例》《托收统一规则》等。

2. 合同会签

合同做好后，应及时寄给对方让其签署。寄合同时，一般要附上一封简短的签约函。签约函的内容一般包括：

① 对成交表示高兴，希望合同顺利进行；

② 告知对方合同已寄出，希望其予以会签；

③ 催促对方尽早开立信用证。

 应用举例 2-1-1

We are pleased to have concluded business with you in the captioned goods. We are sending you our Sales Confirmation No. 765401 in duplicate. Please sign and return one copy for our file. It is understood that a letter of credit in our favour covering the above-mentioned goods will be established promptly.

二、合同的主要条款

国际贸易合同包括以下条款，条款内容简述如下。

1. 货物的品质规格条款

货物的品质规格是指商品所具有的内在质量与外观形态。品质条款的主要内容是品名和规格。合同中规定品质规格的方法有两种：凭样品成交和凭文字说明成交。在凭样品确定商品品质的合同中，卖方要承担货物品质必须同样品完全一致的责任。为避免发生争议，合同中应注明"品质与样品大致相同"。凭样品成交适用于从外观上即可确定商品品质的交易。凭文字说明成交的买卖包括凭规格、等级或标准的买卖、凭说明书的买卖以及凭商标、牌号或产地的买卖。对于附有图样、说明书的合同要注明图样、说明书的法律效力。

2. 货物的数量条款

数量条款的主要内容是交货数量、计量单位与计量方法。制定数量条款时应注意明确计量单位和度量衡制度。在数量方面，合同通常规定有"溢短装条款"，明确规定溢短装幅度，如"东北大米 500 公吨，溢短装 3%"，同时规定溢短装的选择权以及作价方法。

3. 货物的包装条款

包装是指为了有效地保护商品的数量完整和质量要求，把货物装进适当的容器。包装条款的主要内容有包装方式、规格、包装材料、费用和运输标志。订立包装条款要明确包装的材料、造型和规格，不应使用"适合海运包装""标准出口包装"等含义不清的词句。

4. 货物的价格条款

价格条款的主要内容有计量单位、单位金额、计价货币、贸易术语及佣金折扣等。为防止商品价格受汇率波动的影响，在合同中还可以增订外汇保值条款，明确规定在计价货币币值发生变动时，价格应作相应调整。

5. 货物的装运条款

装运条款的主要内容是：装运时间、运输方式、装运地与目的地、可否分批装运及转船、装运方式及装运通知。根据不同的贸易术语，装运的要求是不一样的，所以应该依照贸易术语来确定装运条款。如果合同中有选择港，则应订明增加的运费、附加费用应由谁承担。

6. 货物的支付条款

支付条款的主要内容包括支付工具、支付方式、支付时间和地点。支付工具以汇票为主，汇票可分为即期汇票与远期汇票。支付方式有三种：汇付、托收和信用证，其中，汇付和托收属于商业信用，信用证属于银行信用。支付时间通常按交货与付款的先后，分为预付款、即期付款与延期付款等。支付地点即为付款人或其指定银行所在地。

7. 货物的保险条款

国际货物买卖中的保险是指进出口商按照一定险别向保险公司投保并交纳保险费，以便货物在运输过程中受到损失时，从保险公司得到经济上的补偿。保险条款的主要内容包括确定投保人及支付保险费、投保险别和所采用的保险条款。在国际货物买卖中，保险责任与费用的分担由当事人选择的贸易术语决定，因此投保何种险别以及双方对于保险有何特殊要求都应在合同中订明。此外，双方应在合同中订明所采用的保险条款名称，如是采用中国人民保险公司海洋货物保险条款，还是伦敦保险业协会的协会货物险条款以及其制定或修改日期、投保险别、保险费率等。

8. 货物的检验条款

商品检验指由商品检验机关对进出口商品的品质、数量、重量、包装、标记、产地、残损等进行查验分析与公证鉴定，并出具检验证明。检验条款主要内容包括检验机构、检验权与复验权、检验与复验的时间与地点及检验证书等。在国际贸易中，检验机构主要有：官方检验机构；产品的生产或使用部门设立的检验机构；由私人或同业协会开设的公证、鉴定行。检验权与复验权的归属，以及检验与复验的时间与地点，在国际货物买卖中，通常由当事人在合同中约定。检验证书是检验机构出具的证明商品品质数量等是否符合合同要求的书面文件，是买卖双方交接货物、议付货款并据以进行索赔的重要法律文件。应按照合同的具体约定出具符合合同要求或某些国家特殊法律规定的检验证书。

9. 不可抗力条款

不可抗力条款是指合同订立以后发生的当事人订立合同时不能预见的、不能避免的、人力不可控制的意外事件，导致合同不能履行或不能按期履行，遭受不可抗力一方可由此免除责任，而对方无权要求赔偿。一般来说，不可抗力来自两个方面：自然条件和社会条件。前者如水灾、旱灾、地震、海啸、泥石流等，后者如战争、暴动、罢工、政府禁令等。不可抗力是一个有确切含义的法律概念，并不是所有的意外事件都可构成不可抗力。有时当事人在合同中改变了不可抗力概念通常的含义，因此需要在合同中订明双方公认的不可抗力事件。

10. 仲裁条款

仲裁条款是双方当事人自愿将其争议提交第三者进行裁决的意思表示。仲裁条款的主要内容有仲裁机构、仲裁地点、仲裁程序规则及裁决效力。在国际贸易实践中，仲裁机构、仲裁地点都由双方约定产生，仲裁程序规则一般由选择的仲裁机构决定，裁决效力一般是一次性的、终局的，对双方都有约束力。凡订有仲裁协议的双方，不得向法院提起诉讼。

11. 法律适用条款

国际货物买卖合同是在营业地分处不同国家的当事人之间订立的，由于各国政治、经济、法律制度不同，就产生了法律冲突和法律适用问题。当事人应当在合同中明确宣布合同适用哪国的法律。

三、业务实例——赵丹起草的出口合同

销 售 合 同
SALES CONTRACT

S/C No.：OE171120

Date：7th April, 2017

卖方：东方电器有限公司

THE SELLER：ORIENT ELECTRIC CO., LTD

No. 666 Fenjin Road Qingdao, Shandong, China

买方：莱塞纳公司

THE BUYER：LUCERNA TRADING CO., LTD

Chung-Ku 75011 Paris, France

买卖双方经协商同意按下列条款成交：

The undersigned Seller and Buyer have agreed to close the following transactions according to the terms and conditions set forth as below：

型 号 Model No.	货 物 描 述 Specification and Description	数量 QTY （PCS）	单 价 Unit Price	金 额 Amount
			CIF Marseilles	
MT201Y	Orient brand	1,800	USD2. 90/PC	USD5, 220. 00
MT202Y	electric hair dryer	1,800	USD2. 90/PC	USD5, 220. 00
MT203Y	Voltage：220~240V	1,800	USD2. 90/PC	USD5, 220. 00
MT204Y	Power：2,000W	1,800	USD2. 90/PC	USD5, 220. 00
Total		7,200	USD2. 90/PC	USD20, 880. 00

Total value：SAY US DOLLARS TWENTY THOUSAND EIGHT HUNDRED AND EIGHTY ONLY.

1. 溢短装：数量和总值均有 5% 的增减，凭卖方决定。

MORE OR LESS：5% more or less in quantity and amount will be allowed at the Seller's option.

2. 包装：每盒一只，内套塑料袋，每箱 12 只，共 600 箱，1×40′ 集装箱装运。

PACKING：1 PC per polybag and inner box, 12 PCS/CTN, total 600 cartons, shipped by 1×40′ container.

3. 唛头（正唛和侧唛）：正唛和侧唛必须印刷在每个出口包装箱上。正唛用黑色字体印刷在箱子两侧，内容包括 LUCERNA、合同号、目的港和箱号；侧唛用黑色字体印刷在箱子的另外两侧，内容包括毛重、净重、包装箱尺寸和货物产地。

MARKS（MAIN & SIDE）：The main and side marks have to be printed on each export carton containing the goods that you are going to ship. Main marks printed in black ink must be fixed on two sides, including LUCERNA, S/C No., destination and Carton No.. Side marks printed in black ink must be fixed on other two sides, including G. W. , N. W. , carton size and original of goods.

4. 装运条件：

TERMS OF SHIPMENT：

装运期限：收到信用证 45 天内装运，允许转船。

TIME OF SHIPMENT：Within 45 days after receipt of L/C allowing transshipment.

装运港：中国青岛

LOADING PORT：Qingdao, China

目的港：法国马赛

DESTINATION PORT：Marseilles, France

5. 付款条件：2017 年 11 月 25 日前电汇货款的 20% 作为定金，余额以不可撤销的即期信用证支付，该信用证须于 2017 年 12 月 10 日前开到卖方，于装运日后 15 天内在中国议付有效。信用证必须注明允许转船。

TERMS OF PAYMENT：20% deposit remitted before 25th Nov., 2017, balance by irrevocable sight L/C to reach the Seller before 10th Oec. , 2017, and to remain valid for negotiation in China until 15 days after the time of shipment. The L/C must specify that transshipment is allowed.

买方未在规定的时间内开出信用证，卖方有权不行通知取消本合同，并对因此遭受的损失提出索赔。

The Buyer shall establish the relevant L/C before the above-stipulated time, failing which, the Seller reserves the right to cancel this Sales Contract without further notice and to claim from the Buyer for losses resulting therefrom.

6. 保险：由卖方负责按发票金额的 110 % 投保一切险加战争险，以中国人民保险公司 1981 年 1 月 1 日的有关海洋运输货物保险条款为准。

INSURANCE：

☐ To be covered by the buyer.

☑ To be covered by the Seller for 110% of total invoice value against All Risks and War Risk, as per and subject to the relevant ocean marine cargo clauses of the People's Insurance Company of China dated 1/1/1981.

7. 检验、异议与索赔：双方同意以权威第三方机构出具的 CE 证书和 ROHS 证书作为信用证项下议付单据的一部分。买方有权对货物的品质、数量进行复验。如发现品质或数量与合同规定不符，买方有权向卖方索赔，并提交经卖方同意的公证机构出具的检验报告。

INSPECTION, DISCREPANCY AND CLAIM：It is mutually agreed that the CE certificate and ROHS certificate issued by public recognized surveyor shall be part of the documents to be presented for negotiation under the relevant L/C. The Buyer shall have the right to reinspect the quality and quantity of the cargo. Should the quality and quantity be found not in conformity with the contract, the Buyer is entitled to lodge with the Seller a claim which should be supported by survey reports issued by a recognized surveyor approved by the Seller.

品质异议须于货到目的口岸之日起 30 天内提出，数量异议须于货到目的口岸之日起 15 天内提出。属于保险公司、船公司或其他运输机构/邮递机构责任范围的，卖方概不负责。

In case of quality discrepancy, claim should be filed by the Buyer within 30 days after the arrival of the goods at port of destination, while for quantity discrepancy, claim should be filed by the Buyer within 15 days after the arrival of the goods at the port of destination. It is understood that the Seller shall not be liable for any discrepancy of the goods shipped due to causes for which the Insurance company, shipping company, other transportation organization or post office are liable.

8. 不可抗力：任何一方由于自然灾害、战争或其他不可抗力事件导致的不能履约或延迟履约，该方不负责任。但是，受不可抗力事件影响的一方须尽快通知另一方，并在事发后 15 天内将有关机构出具的证明寄交对方。

FORCE MAJEURE：Either party shall not be held responsible for failure or delay to perform all or any part of this Sales Contract due to natural disasters, war or any other events of force majeure. However, the party affected by the events of force majeure shall inform the other party of its occurrence as soon as possible and thereafter send a certificate of the event issued by the relevant authorities to the other party within 15 days after its occurrence.

9. 仲裁：履约过程中如产生争议应通过友好协商解决。协商不成，则应提交中国国际经济贸易仲裁委员会上海分会，根据该会仲裁规则和程序进行仲裁。该会的裁决是终局的，对双方均有约束力。仲裁费用由败诉方负担，合同另有规定的除外。

ARBITRATION：All disputes arising from the execution of this Sales Contract shall be settled through friendly negotiation. In case no settlement can be reached, the dispute shall then be submitted to China International Economic and Trade Arbitration Commission, Shanghai Commission for arbitration in accordance with its rules and procedure. The arbitral award is final and binding upon both parties. Arbitration fees shall be borne by the losing party, unless otherwise awarded.

10. 买方须于 2017 年 11 月 30 日之前以电传方式回签本合同。如有异议应于收到该合同后 5 个工作日内提出，否则即被认为已同意接受本合同所规定的各项条款。

Please sign and return the Sales Contract to us by Fax before 30th Nov., 2017. Objection, if any, should be raised by the buyer within 5 working days. Otherwise, it is understood that the buyer has accepted the terms and conditions of this contract.

11. 本合同为中英文两种文本，两种文本具有同等效力。本合同一式两份。自双方签字（盖章）之日起生效。

This Contract is executed in two counterparts each in Chinese and English. Each of which shall be deemed equally authentic. This Contract is in double copies effective since being signed/sealed by both parties.

卖方：东方电器有限公司　　　　　　　买方：莱塞纳公司
THE SELLER：ORIENT ELECTRIC CO., LTD　　THE BUYER：LUCERNA TRADING CO., LTD

样本 2-1-1 销售确认书

<table>
<tr><td colspan="8" align="center">GRAND WESTERN FOODS CORP.</td></tr>
<tr><td colspan="8" align="center">Room 2501, Jiafa Mansion, Beijing West road, Nanjing 210005, P.R. China</td></tr>
<tr><td colspan="8" align="center"><u>SALES CONFIRMATION</u></td></tr>
<tr>
<td>Messrs:</td>
<td colspan="5">Carters Trading Company, LLC
P.O.Box8935, New Terminal, Lata. Vista, Ottawa, Canada</td>
<td>No.</td>
<td>Contract01</td>
</tr>
<tr>
<td></td><td colspan="5"></td>
<td>Date:</td>
<td>2017-08-19</td>
</tr>
<tr>
<td colspan="8">Dear Sirs,
  We are pleased to confirm our sale of the following goods on the terms and conditions set forth below.</td>
</tr>
<tr>
<td>Choice</td>
<td>Product No.</td>
<td>Description</td>
<td>Quantity</td>
<td>Unit</td>
<td>Unit Price</td>
<td colspan="2">Amount</td>
</tr>
<tr>
<td></td><td></td><td></td><td></td><td></td><td colspan="3">[CIF] [Toronto]</td>
</tr>
<tr>
<td>○</td>
<td>01005</td>
<td>CANNED SWEET CORN
3060G×6 TINS/CTN</td>
<td>800</td>
<td>CARTON</td>
<td>USD 14</td>
<td colspan="2">USD 11,200</td>
</tr>
<tr>
<td colspan="8" align="right">[添加] [修改] [删除]</td>
</tr>
<tr>
<td colspan="3" align="right">Total:</td>
<td>800</td>
<td>CARTON</td>
<td></td>
<td colspan="2">[USD] [11,200]</td>
</tr>
<tr>
<td>Say Total:</td>
<td colspan="7">U.S.DOLLARS ELEVEN THOUSAND TWO HUNDRED ONLY</td>
</tr>
<tr>
<td>Payment:</td>
<td colspan="7">L/C ▼   [By 100% irrevocable sight letter of credit in our favor.]</td>
</tr>
<tr>
<td>packing:</td>
<td colspan="7">3060G×6TINS/CTN
Each of the Carton should be indicated with Item No., Name of the Table, G.W., and C/No.</td>
</tr>
<tr>
<td>Port of Shipment:</td>
<td colspan="7">Nanjing</td>
</tr>
<tr>
<td>Port of Destination:</td>
<td colspan="7">Toronto</td>
</tr>
<tr>
<td>Shipment:</td>
<td colspan="7">All of the goods will be shipped on or before Sep. 20, 2017 subject to L/C reaching the SELLER by the end of August, 2017. Partial shipments and transhipment are not allowed.</td>
</tr>
<tr>
<td>Shipping Mark:</td>
<td colspan="7">CANNED SWEET CORN
CANADA
C/NO.1-800
MADE IN CHINA</td>
</tr>
<tr>
<td>Quality:</td>
<td colspan="7">As per sample submitted by seller.</td>
</tr>
<tr>
<td>Insurance:</td>
<td colspan="7">The SELLER shall arrange marine insurance covering ICC(A) plus institute War Risks for 110% of CIF value and provide of claim, if any, payable in Canada, with U.S. currency.</td>
</tr>
<tr>
<td>Remarks:</td>
<td colspan="7">The Buyers are requested to sign and return one copy of this Sales Confirmation immediately after receipt of the same.</td>
</tr>
<tr>
<td colspan="4" align="center">BUYERS</td>
<td colspan="4" align="center">SELLERS</td>
</tr>
<tr>
<td colspan="4" align="center">Carters Trading Company, LLC</td>
<td colspan="4" align="center">GRAND WESTERN FOODS CORP.</td>
</tr>
<tr>
<td colspan="4" align="center">Carter</td>
<td colspan="4" align="center">Minghua Liu</td>
</tr>
<tr>
<td colspan="4" align="center">(Manager Signature)</td>
<td colspan="4" align="center">(Manager Signature)</td>
</tr>
</table>

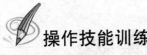**操作技能训练**

阅读以下资料，指出订单中对货物的名称、数量、颜色、包装及装运条件的要求。

INTERNATIONAL TEXTILES
ORDER SHEET

ORDER NO. 170930   DATE：Sep. 30, 2017

TO：TAISHUN CO.

ART. NO.	GOODS	QUANTITY（DZ）	COLOR
ART. NO. bs-12	Bed-sheet	600	WHITE/RED
ART. NO. bs-14	Bed-sheet	600	NAVY/ORANGE
ART. NO. pc-12	pillowcase	1, 200	YELLOW
ART. NO. pc-14	pillowcase	1, 200	RED

Packing：

ART. NO. bs-12& bs-14 to be packed in cartons of 12 dozens each totally 100 cartons;

ART. NO. pc-12& pc-14 to be packed in cartons of 24 dozens each totally 100 cartons;

200 cartons in one 20' FCL container.

Shipment：

Must be made before Nov. 20th, 2017.

任务二　品质、数量与包装条款

知识目标：掌握品质、数量、包装的基本知识，明确合同条款应包含的内容。

能力目标：能够根据业务需要选择合理的品质表示方法、包装方式、设计制作运输标志、拟定合同中的品质数量与包装条款。

交易磋商过程中，买卖双方首先要确定的是交易对象，即符合某种品质、数量及包装要求的货物。因此，货物的品质、数量和包装条款，是贸易合同中首先要涉及的内容，也是合同中的核心条款之一。作为一个外贸业务员，必须要掌握品质、数量与包装的基本知识，熟悉品质、数量的表示方法及包装要求，在此基础上，才能正确拟定品质、数量与包装条款。

一、品质条款

商品的品质条款是出口合同的基本条款。卖方应按合同规定的品质条款交货，否则买方有权提出索赔或拒绝收货，甚至撤销合同。合同中的品质条款也是进行品质检验、仲裁和解决品质纠纷案件的重要依据。因此，进出口双方在交易磋商时，必须首先确定货物的品质。

（一）品名的表示

贸易合同中，品名（name of commodity）一般与品质要求结合在一起，共同构成品质条款的内容。品名即货物的名称，是使某货物区别于其他货物的一种称呼，它在一定程度上体现了货物的自然属性、用途和性能特征。品名一般包括货物的自然名称和品牌（或产地）两部分。如海尔空调、长虹电视、龙口粉丝、潍坊萝卜等。

品名的表示应注意以下事项。

（1）尽可能使用国际上通用的名称。若使用地方性名称，交易双方应事先取得共识。

（2）对于新商品的命名，应力求准确，并符合国际上的习惯称呼。

（3）对某些商品还应注意选用合适的品名，以利降低关税，方便进出口和节省运费开支。例如，苹果酒和苹果汁并无太大差别，但如果是 apple wine（苹果酒），不但税率高，而且在伊斯兰国家禁止进口，如果写成 cider（苹果汁）就不存在这些问题了。

（二）品质的表示

品质（quality of goods），是货物内在质量和外观形态的综合反映。其中，内在质量是指货物的机械性能、化学成分、生物特征、技术指标等；外观形态是指其花色、款式、色泽、造型等。贸易合同中品质的表示，取决于货物的性质、特点以及国际贸易中长期形成的习惯做法。常用的品质表示方法有凭样品成交和用文字说明两种。

1. 凭样品成交

凡以实物样品表示货物品质并以此作为交货依据的，称为凭样品成交。凭样品成交通常适用于那些难以用文字描述货物品质的交易，如工艺品、玩具等。按照样品提供者的不同，凭样品成交可分为以下两种情况。

（1）凭卖方样品成交（sale by seller's sample）。是由卖方提供样品并经买方确认后作为交货的品质依据。凭卖方样品成交应注意以下三个方面。

① 取样应具有代表性，不可将成交样品品质定得过高或过低。

② 成交样品应留存"复样"（duplicate sample），以备将来组织生产、交货或处理质量纠纷时作核对之用。

③ 仅以介绍商品为目的的样品，最好标明"仅供参考"（for reference only）字样，以免与成交样品混淆。

（2）凭买方样品成交（sale by buyer's sample）。是由买方提供样品，卖方根据来样进行复制并经买方确认后作为交货的品质依据。复制的样品称为"回样"（return sample），经买方确认的样品称为"确认样品"（confirmed sample）或"对等样品"（counter sample）。为防止被卷入法律纠纷，在合同中应明确规定"如由于买方来样发生侵犯第三者权利时，由买方承担一切经济和法律责任。"

2. 用文字说明

国际贸易中，大部分货物都可以用文字说明来表示其品质。具体可分为以下几种。

（1）凭规格买卖（sale by specification）。是指用若干主要指标来表示货物的品质。如成分、含量、纯度、尺寸等。这种方法准确、具体又方便，适用于一些品质稳定的工业品或初级产品，在国际贸易中应用得十分广泛。

（2）凭等级买卖（sale by grade）。是指将同类货物按规格差异分为不同等级，并按等级论价。为了便于履行合同和避免争议，在列明等级的同时，最好规定每一等级的具体规格。

（3）凭标准买卖（sale by standard）。是指以政府机构或国际组织统一制定的产品标准作为交货的品质依据。其中，影响较大的国际标准有国际标准化组织（ISO）标准、国际电工委员会（IEC）标准、国际电信联盟（ITU）标准等。国际贸易业务中，应尽量争取采用国际通用标准或我国标准。标准常常随着生产技术的发展而不断地修改和变动，采用时应当注明标准的版本年份，以免引起争议。

（4）凭说明书和图样买卖（sale by descriptions and illustrations）。是指对于机电、仪表等技术密集型产品，可以用说明书和图样来详细说明其品质。它通常用说明书来介绍产品的构造、原材料、性能、使用方法等，同时附以图样、图片、设计图纸、性能分析表等来完整说明其品质特征。

（5）凭品牌或商标买卖（sale by brand or trade mark）。是指对于那些在国际市场上有一定知名度的产品，可以只凭品牌或商标进行买卖，无须对品质提出详细要求，因为品牌或商标本身就是一种品质象征。如耐克、阿迪达斯、捷安特等。其中，品牌是产品的商业名称，企业为自己的产品冠以名称，以便与同类产品相区别；商标是一个法律名词，品牌或品牌的一部分经注册后就成为商标，注册商标受法律保护。

（6）凭产地名称买卖（sale by name of origin）。是指对于那些因独特工艺或产地因素在国际上享有盛誉的产品，可以采用产地名称来表示其独特品质。如四川榨菜、黄岩蜜橘等。

应用举例 2-2-1

（1）圣诞熊，货号 S312，16 厘米，带帽子和围巾。根据 3 月 20 日卖方寄送的样品。

S312 16 cm Christmas Bear with caps and scarf, details as per the samples dispatched by the seller on Mar. 20.

（2）素绸缎 100% 真丝，幅宽 55/56 英寸，匹长 38/42 码，重量 16.5 姆米。

Plain Satin Silk 100% silk, width 55/56 inches, length 38/42 yds, weight 16.5 m/m.

（3）中国花生仁，水分 13%(max)，碎粒 5%(max)，含油量 44%(min)。

Chinese Peanut, the moisture content is not higher than 13%, the broken particle is not higher than 5%, and oil content is not lower than 44%.

（4）红皮鸡蛋，表面清洁，大小均匀。A 级每只 61～65 克，B 级每只 56～60 克，C 级每只 51～55 克。

Fresh Hen Eggs, shell light red and clean, even in size.

Grade A: 61-65 g per egg

Grade B: 56-60 g per egg

Grade C: 51-55 g per egg

（5）利福平，英国药典 1993 年版。

Rifampicin B. P. 1993.

（6）1515A 型多梭箱织机，详细规格见所附文字说明与图样。

Multi-shuttle Box Loom Model 1515A, detail specifications as per attached descriptions and illustrations.

 知识拓展 2-2-1

FAQ 与 GMQ

FAQ（fair average quality），即"良好平均品质"。国际贸易中，有些农副产品有时采用 FAQ 来表示其品质，在我国习惯上叫"大路货"或"统货"，其品质一般是以我国某种商品产区当年的中等品质为准。GMQ（good merchantable quality），即"上好可销品质"。国际贸易中，有些木材和冰冻产品采用 GMQ 表示其品质。用 FAQ 或 GMQ 作为品质标准很不确切，容易引起争议。因此在表明 FAQ 或 FAQ 的同时，还需要约定具体规格。例如，中国大米，2017 年良好平均品质，碎粒最高 20%，杂质最高 0.2%，水分最高 10%。Chinese rice, FAQ 2017, broken grains (max) 20%, admixture (max) 0.2%, moisture (max) 10%.

（三）拟定品质条款应注意的事项

1. 应准确具体，避免含混不清

品质的规定要简单、具体、明确，切忌使用"大约""左右""合理误差"等含糊的字眼。如凭样品成交时，除了列明商品的名称外，还要列明样品的编号、寄送样品的日期；在凭文字说明成交时，要明确商品的名称、牌号、规格、等级、标准、产地等内容；以说明书或图样表示商品质量时，还应在合同中列明说明书或图样的名称、份数等内容。

2. 应切合实际，合理选择成交标准

品质的规定要从生产实际出发，避免将品质要求订得过高、过低、过繁或过死，同时要根据产品特性合理选定成交标准。例如，对于一些农产品、初级产品等，凡可用一种标准成交的，就不要用两种标准，以免给自己造成交货困难和不必要的麻烦。因为按照《联合国国际货物销售合同公约》，凡凭文字说明成交的，交货品质必须与合同规定的文字说明相符；如凭样品成交的，交货品质必须与样品一致；对于既凭文字说明又凭样品买卖的交易，则卖方所交货物既要和文字说明相符，又要和样品一致，其中任何一种不一致，都构成违约。

3. 合理运用品质弹性条款

品质条款的拟定要科学、严密和准确。但是对于那些品质、规格不易做到完全统一的货物，拟定品质条款就要有一定的弹性，给自己留有余地。

（1）品质机动幅度（quality latitude）。是指由于某些初级产品的品质难以用某一准确数值表示，必须规定一定的机动幅度，该幅度就称为品质机动幅度。主要表示方法有以下三种。

① 规定极限。即规定品质指标的最大值或最小值。

② 规定范围。即规定品质指标上下波动的数量范围。

③ 规定上下差异。即规定品质指标上下波动的百分比。如含绒量为90%，允许±1%。

（2）品质公差（quality tolerance）。一般用于制成品的交易，指因科学技术水平、生产水平及加工能力所限而产生的公认误差。卖方交货在品质公认误差范围内的，也可以认为符合合同，买方无权拒收，也不得要求调整价格。例如，手表允许每48小时误差1秒，棉布每匹可有0.1 m的误差等。

（3）弹性语言（flexible language）。在凭样品成交时，可在合同中注明"品质与货样大致相同"（quality to be considered as being equal to the sample）字样，以避免因货样不能完全一致而产生纠纷。

 案例讨论 2-2-1

（1）某出口企业出口供加工发网用的原料——人发，合同规定长度为8英寸。装运时因8英寸人发货源短缺，出口方遂以价格较高的9英寸人发替代，并表示价格不变。不料进口方收到货物后随即向出口方提出索赔，理由是：9英寸的人发过长，不能适应加工要求，需切成8英寸后才能加工，以致造成人工和时间上的损失。讨论：进口方的做法合理吗？你从这个案例中得到什么启示？

（2）我国外贸公司向德国出口黄麻一批，合同规定水分最高15%，杂质不超过3%。但在成交前，我方曾向对方寄送过样品，合同订立后我方又电告对方"成交货物与样品相似"。货到德国后，买方出具了货物品质比样品低 7% 的检验证明，并要求赔偿 600 英镑的损失。讨论：该案例中我方的失误。

（3）A 公司从国外进口一批青霉素油剂，合同规定该商品品质"以英国药局 1953 年标准为准"。但货到目的港后，发现商品有异样，于是请商检部门进行检验。经反复查明，在英国药局 1953 年版本内没有青霉素油剂的规格标准，结果商检人员无法检验，从而使 A 公司对外索赔失去了根据。讨论：该案例给我们的启示。

二、数量条款

商品数量条款是合同中不可缺少的主要条件。《联合国国际货物销售合同公约》规定：按约定数量交货是卖方的一项基本义务。如卖方交货数量大于约定的数量，买方可以拒收多交的部分，也可收取多交部分中的一部分或全部，但应按实际收取数量付款。如卖方交货数量少于约定的数量，卖方应在规定的交货期届满之前补交，并且不得使买方遭受不合理的损失，买方可保留要求赔偿的权利。因而，正确订立合同中的数量条款，对买卖双方都是十分重要的。

（一）数量的计量

货物的数量需要用一定的单位来计量，如公吨、米、件等，计量方法也各不相同，如按重量、长度、个数计量等。贸易合同中究竟采用何种计量单位和方法，主要取决于货物的种类、特点、各国的商业习惯及双方的约定。同时还应注意，不同的度量衡制度下计量单位也是不同的。常用的计量方法与单位见表 2-2-1。

表 2-2-1　常用的计量方法与单位

计量方法	计量单位	适用范围
（1）按重量计量（weight）	公吨（metric ton, M/T）、长吨（long ton, L/T）、短吨（short ton , S/T）、千克（kilogram, kg）、克（gram, g）、公担（quintal, q）、磅（pound）、盎司（ounce）等	农副产品、矿产品、部分工业制成品等
（2）按长度计量（length）	米（meter, m）、厘米（centimeter, cm）、码（yard, yd）、英尺（foot, ft）、英寸（inch）等	纺织品、绳索、胶管、电缆、电线等
（3）按面积计量（area）	平方米（square meter, m^2）、平方码（square yard）、平方英尺（square foot）、平方英寸（square inch）等	玻璃板、木板、地毯、皮革等
（4）按体积计量（volume）	立方米（cubic meter, m^3）、立方码（cubic yard）、立方英尺（cubic foot）、立方英寸（cubic inch）等	木材、天然气、化学气体等
（5）按容积计量（capacity）	公升（liter, l）、加仑（gallon, gal）、蒲式耳（bushel, bu）1 加仑＝4.546 升（美）、1 加仑＝3.785 升（英）	汽油等流体货物
（6）按个数计量（number）	只（piece, pc）、件（package, pkg）、打（dozen, doz）、套（set）、双（pair）、箱（case）、桶（drum）、袋（bag）、辆（unit）、卷（roll）、包（bale）等	工业制成品、土特产、杂货等

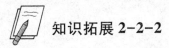

知识拓展 2-2-2

国际贸易中的度量衡制度

国际贸易中常用的度量衡制度（measuring system）有英制、美制、公制及国际单位制。

（1）英制（the british system），为英联邦国家所采用，基本单位为磅和码。英制的进制相当烦杂，换算很不方便，使用范围逐渐减小。英国因加入欧盟，在一体化进程中已宣布放弃英制，采用公制。

（2）美制（the U. S. system），以英制为基础，基本单位和英制相同，为磅和码，但有个别派生单位不一致，主要体现在重量单位和容积单位中。

（3）公制（the metric system），又称为米制，基本单位为千克和米。它以十进位制为基础，换算比较方便，为欧洲大陆及世界大多数国家所采用。

（4）国际单位制（the international system of units），是国际标准计量组织在公制基础上制定公布的，其基本单位包括千克、米、秒、摩尔、坎德拉、安培和开尔文等七种。国际单位制是目前我国的法定计量制度。

（二）重量的计算

在国际贸易中，按重量计量的商品很多。根据一般的商业习惯，计算重量的方法主要有以下几种。

1. 按毛重计算

毛重（gross weight），是货物本身的重量加包装物的重量，即净重与皮重之和。国际贸易中，一些价值不高的大宗货物，如粮食、食糖、饲料、化肥等，通常以毛重作为计价的基础，习惯上称之为"以毛作净"（gross for net）。

2. 按净重计算

净重（net weight），是货物的实际重量，即毛重减去皮重后的重量。国际贸易中，大部分商品都是按净重计算的。其中，皮重的计算，可由双方事先约定。常见的计算方法有以下四种。

（1）按实际皮重（real tare，actual tare），即将该批货物所有包装物的实际重量加总。

（2）按平均皮重（average tare），即抽样计算平均皮重，再以此为基础计算总皮重。

（3）按约定皮重（computed tare），即以双方事先约定的包装重量为准计算皮重。

（4）按习惯皮重（customary tare），有些标准化的包装，按市场上已公认的重量，即习惯皮重计量。

3. 按公量计算

公量（conditioned weight），是指先用科学的方法除去货物的水分，得出货物的"干量"，然后加入标准含水量而计算出的货物的重量。这种方法主要用于羊毛、生丝、棉纱、棉花等易吸潮湿、重量不太稳定而经济价值又较高的产品。

4. 按理论重量计算

理论重量（theoretical weight），是指对于那些规格尺寸固定、材质均匀、每件重量大致相等的货物，可按件计量。如马口铁、钢板等。

（三）拟定数量条款应注意的事项

贸易合同中的数量条款，主要包括成交货物的数量和计量单位。按重量成交的商品，还需规定计算重量的方法。

1. 明确交易的数量和单位

合同中的交易数量和单位应具体明确，尽量不要使用"约""大约""左右"等字样。特别是在非信用证结算的情况下，"约"（about）量没有统一解释，为防止产生歧义引起纠纷，合同中尽量不用"约"量条款。

 知识拓展 2-2-3

《UCP 600》有关"约"量的规定

在信用证结算方式下，《UCP 600》有关"约"量的规定如下。

第三十条 a. "约"或"大约"用于信用证金额或信用证规定的数量或单价时，应解释为允许有关金额或数量或单价有不超过 10% 的增减幅度。

第三十条 b. 在信用证未以包装单位件数或货物自身件数的方式规定货物数量时，货物数量允许有 5% 的增减幅度，只要总支取金额不超过信用证金额。

2. 明确重量的计算方法

重量的计算方法要根据货物的性质及商业习惯确定。对于按重量计价的商品，一定要明确规定按毛重还是按净重计算，如合同未规定计算方法，按惯例应为按净重计算。

3. 灵活运用溢短装条款

在实际业务中，对于大宗散装商品如农副产品和工矿产品，由于商品特点和运输装载的缘故，难以严格控制装船数量。此外，某些商品由于货源变化、加工条件限制等，往往在最后出货时，实际数量与合同规定数量有所差别。对于这类交易，为了便于卖方履行合同，通常可在合同中规定溢短装条款（more or less clause），即规定交货数量可在一定幅度内增减。溢短装条款的主要内容如下。

（1）溢短装的百分比。溢短装的百分比界定了溢短装的数量范围，如 3% 或 5% 不等，在这个范围内交货均不算违约。其具体数量应视商品特点、备货数量、运输工具等情况确定。

（2）溢短装的选择权。溢短装的选择权一般由卖方掌握（at seller's option），也可由承运人决定（at carrier's option）。如果由买方决定（at buyer's option）则对卖方极为不利。如果合同中未规定溢短装选择权时，按照国际惯例，应由卖方选择。

（3）溢短装部分的计价。对在机动幅度内多交或少交的数量，一般可按合同价格结算。如果双方考虑到交货时市场价格可能有较大变化，则可事先在合同中规定。如规定按装船时的市价计算。

应用举例 2-2-2

（1）中国大米 1 000 公吨，以毛作净。Chinese rice 1,000 M/T, gross for net.

（2）动力煤 1 000 公吨。为适应舱容需要，卖方有权多装或少装 5%，超过或不足部分按合同价格计算。

Steam coal 1,000 M/T. The seller have the option to load 5% more or less than the quantity contracted if it is necessary for the purpose to meet the shipping space and each different shall be settled at the contract price.

 案例讨论 2-2-2

（1）我国向日本出口驴肉一批，合同规定：每箱净重 16.6 千克，共 1 500 箱，合计 24.9 公吨，而且在所有单据上也都注明了 24.9 公吨。但货抵日本海关后，经查验每箱实际净重为 20 千克，合计为 30 公吨。由于单据上的净重与货物实际净重不符，日本海关对进口商进行了严格的盘查，并认为我方少报重量有帮助客户逃税的嫌疑。后经我方反复解释才未予深究，但多装的 5.1 公吨驴肉不再退还，也不补付货款。讨论：谈一谈你对本案例的看法。

（2）合同中数量条款规定"10,000 M/T，5% more or less at the seller's option"。卖方正待交货时，该货物国际市场价格大幅度下跌，讨论：① 如果你是卖方，你准备交货多少？② 如果你是买方，应如何避免溢短装部分的价格风险？

三、包装条款

进出口的货物，除少数直接装入运输工具的散装货（bulk cargo），以及自成件数、无须包装或略加捆扎即可成件的裸装货（nude cargo）外，绝大多数都需要适当包装。包装是保护商品在运输过程中品质完好和数量完整的重要条件。按照《联合国国际货物销售合同公约》，如果一方违反了所约定的包装条件，另一方有权提出索赔，甚至可以拒收货物。可见，包装条件是买卖合同中的重要交易条件。

（一）包装的种类
货物的包装根据其作用及要求不同，可分为销售包装、运输包装和中性包装三种类型。

1. 销售包装

销售包装（selling packing），又称小包装或内包装，是进入零售市场直接与消费者见面的一种包装。销售包装的主要作用是美化宣传、促进销售。销售包装的设计要求如下。

① 包装的造型与装潢设计要有利于促销。

② 包装的设计要有利于再利用、再循环和最终处理，使用绿色包装标志。

③ 标签的使用不能违反进口国标签管理条例的规定。

④ 包装上要有条形码标志。

 知识拓展 2-2-4

条 形 码

条形码（bar code）是一种产品代码，它代表商品生产的国别或地区、生产厂家、品种规格和销售价格等信息。目前国际通用的条形码有两种：EAN 码和 UPC 码。EAN 码由欧盟的国际物品编码协会编制，UPC 码由美国的统一编码委员会编制。我国于 1991 年 4 月正式加入国际物品编码协会，该会分配给我国的国别号码为 690～695（不包括港澳台地区）。凡条形码的前三位数是 690～695 的商品，即表示是中国出产的商品。

2. 运输包装

运输包装（shipping packing），习惯上称为大包装或外包装。其主要作用在于保护商品，防止运输过程中的货损货差。因此，运输包装既要坚固耐用、便于运输和装卸，又要方便计数、节省运费。实际业务中，运输包装分为单件运输包装和集合运输包装两类。

（1）单件运输包装。是指在运输过程中作为一个计件单位的包装。常见的单件运输包装有以下四种。

① 箱（case）。主要用于价值较高和易损货物的包装，如家电、家具、服装等。

② 包（bale）。常用于抗压性较强货物的包装，如布匹、棉花、羊毛等。

③ 桶（drum）。多用于液体、粉状货物的包装，如油料、油漆、化工原料等。

④ 袋（bag）。可用于粉状、颗粒状、块状货物的包装，如粮食、化肥等。

（2）集合运输包装。是指将若干单件运输包装集合到一起组成一个运输单位。有些国家为了提高装卸速度和码头的使用效率，常常要求进口货物必须使用集合包装，否则不准卸货。常见的集合运输包装有以下三种。

① 集装箱（container）。俗称货柜或货箱，是使用钢板等材料制成的长方形容器，是货物运输的一种辅助设备。根据 ISO 的规定，集装箱共分为 13 个规格，装载量为 5～40 吨不等。常用规格是 20 英尺和 40 英尺两种，以 20 英尺集装箱为"标准箱"。目前，集装箱运输已经成为国际上普遍采用的运输方法。

② 集装包（袋）（flexible container）。是一种用合成纤维编织成的圆形大包，可容1～4 公吨货物，最多可达 13 公吨，适用于已经装袋的粉粒状货物，如化肥、矿砂、面粉、水泥等。

③ 托盘（pallet）。是按一定规格制成的单层或双层平板载货工具。托盘包装是将若干单件包装码放在托盘上组合加固起来，组成一个运输单位，以便于在运输过程中使用机械进行装卸、搬运和堆放。托盘货物一般重 1～1.5 公吨。

3. 中性包装

中性包装（neutral packing）。是指不注明生产国别或牌号的包装。主要是为了规避进口国的贸易壁垒或海关监管，或根据客户的特殊要求进行中性包装。目前，中性包装已成为国际贸易中的普遍做法。中性包装有两种形式。

（1）无牌中性包装。是指既无生产国别，也不注明生产厂家和牌号的包装。在有些原材料、半成品或低值产品交易中，出口商为了节省费用，往往采用无牌中性包装。

（2）定牌中性包装。是指使用买方指定的商标，但不出现国别信息的包装。定牌也叫贴牌，一般用于加工贸易，主要是为了打破某些进口国的贸易壁垒，以及适应转口贸易等需要。在接受定牌业务时，应在合同中规定由商标或品牌引起的知识产权纠纷与我方无关。

 应用举例 2-2-3

出口方接受委托加工产品，如涉及产权纠纷，概由委托方负责，我方不承担任何责任。

As to the trade marks designated by the buyer, if the seller is charged with the infringe by any third party, the buyer shall take up the matter and it has nothing to do with the seller. Any losses thus sustained shall be compensated by the buyer.

（二）包装标志

运输包装上一般都要印刷特定的标志，其作用是方便货物的交接、运输、装卸和储存。运输包装上的标志按其用途可分为运输标志、指示性标志和警告性标志。

1. 运输标志

运输标志（shipping mark），又称唛头。通常由一个简单的几何图形和一些字母、数字等组成，其作用是使货物在运输过程中容易识别，以防错发错运。运输标志通常印刷在外包装的明显部位。此外，主要的出口单据如发票、提单、保险单上，都必须显示出运输标志。运输标志常有正唛与侧唛之分。见图 2-2-1。

注意：正唛、侧唛各打印两张
侧唛用英文一定要有：
ITEM NO（货号），QTY（装箱数）

图 2-2-1 唛头

（1）正唛（main mark，front mark）。也叫主唛，一般印刷在包装箱的两个正面。标准的唛头一般包括四项基本内容：收货人简称、参考号码、目的地、件数批号。

应用举例 2-2-4

ABC
SC-200505
NEW YORK
CTN/NOS. 1-1500

（2）侧唛（side mark）。也叫边唛，印刷在包装箱的两侧，显示包装标准。侧唛通常包括品名（货号）、数量、毛重、净重、体积（规格）。

应用举例 2-2-5

Safety Boots	安全靴
Art No.：JL608TS	货号：JL608TS
QTY.：12 PRS	数量：12 双
G. W.：27 KGS	毛重：27 千克
N. W.：21.6 KGS	净重：21.6 千克
MST.：50 cm×35 cm×78 cm	体积：50 厘米×35 厘米×78 厘米
Made in China	中国制造

2. 指示性标志

指示性标志（indicative mark），是一种操作提示标志。按商品的特点，对于易碎、需防湿、防颠倒等商品，在包装上用醒目图形或文字，标明"小心轻放""防潮""此端向上"等。

3. 警告性标志

警告性标志（warning mark），又称危险品标志。对于危险物品，如易燃品、有毒品或易爆炸物品等，在外包装上必须醒目标明，以示警告。

（三）拟定包装条款应注意的事项

交易合同中的包装条款主要包括包装材料、包装方式、包装规格、包装标志，有时也包括包装费用等内容。订立合同的包装条款需注意以下几点。

1. 关于包装要求

包装要求应明确具体，要明确规定包装材料、包装方式和包装规格等内容，不宜采用"海运包装""习惯包装""标准出口包装"之类的模糊、笼统的表述；同时出口商要主动了解进口国海关在包装方面的相关要求，避免产生因包装不符海关要求产生退货的问题。

2. 关于运输标志

按国际贸易习惯，运输标志一般是由卖方设计确定，也可由买方决定。运输标志如由买方决定，则应规定运输标志到达卖方的时间及逾期不到时买方应负的责任。

3. 关于包装费用

包装费用一般都包括在货价内，不另计价。但如买方提出需用特殊包装，卖方可另计包装费用，并应由买方负担。如果包装材料由买方供应，则条款中应明确包装材料到达时间，以及逾期到达时买方应负的责任。

 应用举例 2-2-6

每件纸包并套塑料袋，每打装一坚固新木箱，共 500 箱。耐远洋运输、防湿、防潮、防震、防锈，耐粗暴搬运。

Each to be wrapped with paper, then to a poly bag, every dozen to a new strong wooden case. Total 500 cases only. Suitable for long voyage and well protected against dampness, moisture, shock, rust and rough handling.

四、业务实例——赵丹拟定的品质、数量与包装条款

型 号 Model No.	货物描述 Specification and Description	数量 QTY （PCS）	单价 Unit Price	金额 Amount
			CIF Marseilles	
MT201Y	Orient brand	1,800	USD 2.90/PC	USD 5,220.00
MT202Y	electric hair dryer	1,800	USD 2.90/PC	USD 5,220.00
MT203Y	Voltage：220-240 V	1,800	USD 2.90/PC	USD 5,220.00
MT204Y	Power：2,000 W	1,800	USD 2.90/PC	USD 5,220.00
Total		7,200	USD 2.90/PC	USD 20,880.00

1. 溢短装：数量和总值均有 5 % 的增减，凭卖方决定。
MORE OR LESS：5% more or less in quantity and amount will be allowed at the Seller's option.

2. 包装：每盒 1 只，内套塑料袋，每箱 12 只，共 600 箱，1×40′集装箱装运。

PACKING：1 PC per polybag and inner box，12 PCS/CTN，total 600 cartons，shipped by 1×40′container.

3. 唛头（正唛和侧唛）：正唛和侧唛必须印刷在每个出口包装箱上。正唛用黑色字体印刷在箱子两侧，内容包括 LUCERNA、合同号、目的港和箱号。侧唛用黑色字体印刷在箱子

的另外两侧，内容包括毛重、净重、包装箱尺寸和货物产地。

MARKS（MAIN & SIDE）：The main and side marks have to be printed on each export carton containing the goods that you are going to ship. Main marks printed in black ink must be fixed on two sides, including LUCERNA, S/C No., destination and Carton No.. Side marks printed in black ink must be fixed on other two sides, including G. W., N. W., carton size and original of goods.

 案例讨论 2-2-3

（1）某笔交易合同订明由卖方提供双层旧麻袋包装。装船时，卖方因这种麻袋缺乏就自行换成了单层新麻袋，也未要求对方额外支付费用。但买方认为卖方的包装不符合合同约定，因此提出索赔。讨论：买方的要求是否合理？

（2）国内某厂向国外出口一批灯具。合同中规定每筐30只，共100筐。我方工作人员为方便起见，改为每筐50只，共60筐，灯具总数不变。讨论：这种处理方式是否构成违约？

（3）某年我出口公司出口到加拿大一批货物，计值人民币128万元。合同规定用塑料袋包装，每件要使用英、法两种文字的唛头。但我出口公司实际交货时改用其他包装代替，并使用只有英文的唛头。加拿大商人为了适应当地市场的销售要求，不得不雇人重新更换包装和唛头，后向我出口公司提出索赔，我出口公司理亏只好认赔。讨论：该案例给我们的启示。

同步训练

一、专业知识训练

（一）单项选择

1. 合同中订有品质与数量条款，比较恰当的表达应是_____。

A. 白糯米：碎粒25%，水分15%，1 000公吨±2%

B. 白糯米：碎粒（最高）25%，水分（最高）15%，1 000公吨±2%

C. 白糯米：碎粒（最高）25%，水分（最高）15%，约1 000公吨

D. 白糯米：碎粒（最高）25%，水分15%，约1 000公吨

2. 根据《UCP 600》规定，凡"约""大约""左右"等类似的词语用于信用证金额、数量或单价时，应理解为以上三项内容的增减幅度不超过_____。

　A. 9%　　　　　　B. 10%　　　　　　C. 13%　　　　　　D. 5%

3. 根据《联合国国际货物销售合同公约》规定，卖方多交货物后，买方若收取了超出部分，则要按_____支付。

　A. 合同价格　　　　　　　　　　B. 装船时的市场价格

　C. 双方议定的价格　　　　　　　D. 仲裁裁定的价格

4. 在国际贸易中，酒类、汽油等流体商品习惯采用_____单位计量。

　A. 重量　　　　　B. 面积　　　　　C. 体积　　　　　D. 容积

5. 某公司出口电扇 1 000 台纸箱装，可溢短装 5%。装船时有 40 台包装破裂、风罩变形，不能出口。根据合同，发货人可以装运_____台。

A. 960   B. 950   C. 1 000   D. 940

6. 按照国际惯例，如果合同中没有相关规定，则运输标志一般由_____提供。

A. 开证行   B. 卖方   C. 买方   D. 船方

7. "小心轻放"是_____。

A. 指示性标志   B. 警告性标志   C. 运输标志   D. 危险品标志

8. 定牌包装是指商品包装上采用_____。

A. 卖方指定的商标   B. 买方指定的商标

C. 卖方自己的商标   D. 买方自己的商标

9. "有毒物品"是_____。

A. 指示性标志   B. 警告性标志   C. 运输标志   D. 操作标志

10. 在凭卖方样品交易时，卖方为防止日后出现有关品质的异议，通常备份一些样品，以作为品质评定的依据。这些样品被称作_____。

A. 对等样品   B. 参考样品   C. 留存复样   D. 回样

11. 出口羊毛计算重量，通常采用的计量方法是_____。

A. 毛重   B. 净重   C. 公量   D. 以毛作净

12. 按照国际惯例，如果合同中没有相关规定，数量机动幅度的选择权归_____。

A. 卖方   B. 船方   C. 买方   D. 保险公司

13. 品质机动幅度条款一般用于某些_____。

A. 工艺品交易   B. 机电产品交易   C. 初级产品交易   D. 仪表产品交易

14. 包装上仅有买方指定的商标或牌号，但不显示国别的包装方法是_____。

A. 无牌中性包装   B. 定牌中性包装   C. 卖方习惯包装   D. 惯常方法包装

15. 我方出口葡萄酒一批，合同中规定酒精含量为 16%±0.5%。这里的 ±0.5% 是_____。

A. 溢短装条款   B. 合理温差   C. 品质公差   D. 品质机动幅度

（二）判断正误

1. （   ）出口贸易中，为了将品质表达得更精确，最好采用既凭样品又凭规格买卖的方法。

2. （   ）在凭样品成交业务中，为了争取国外客户，出口企业应尽量选择质量最好的样品。

3. （   ）合同规定水分最高 10%，杂质最高 1%，不完善粒最高 2%，这属于凭标准买卖。

4. （   ）印刷在运输包装上的所有标志都是运输标志，即唛头，包括正唛和侧唛。

5. （   ）在约定的品质机动幅度内的品质差异，除非另有规定，一般不另行计价。

6. （   ）"习惯包装""适合海运包装"等是常用的包装条款，也是一种比较好的规定方法。

7. （   ）国际贸易中，以商标或牌号表示商品的品质时，一般不需要对品质提出详细的要求。

8. （　　）品质公差是被国际同行所公认的产品品质误差，卖方交货品质在公差范围内，就可以认为符合合同要求，买方不得提出任何异议。

9. （　　）如果卖方交货数量超过买卖合同规定的数量，买方可以收取也可以拒收全部货物。

10. （　　）我方出口大豆，在合同中明确规定水分为 14%，含油量 18%，杂质 1%，不完善粒 7%。这样的规定既准确又具体，比较合理。

11. （　　）我方出口商品一批，合同规定可溢短装 5%，凭卖方决定，但未约定溢短装部分的计价方法。装船时我方多装 5%，并要求多装部分按装船时的价格计算，对方不得拒绝。

12. （　　）溢短装条款中如果未规定溢短装的选择权，按惯例应由卖方选择。

13. （　　）出口货物采用何种包装方式和包装材料，应该由卖方决定，买方不得提出特殊要求。

14. （　　）一般来说，品质机动幅度和溢短装条款都是由船方决定。

15. （　　）回样经买方确认后，可以作为卖方进行加工生产和交货的依据。

（三）名词解释

1. 凭样品成交　2. 品质机动幅度　3. 溢短装条款　4. 中性包装　5. 运输标志

（四）简答题

1. 简述凭样品成交的几种做法。

2. 简述以文字说明表示商品品质的几种方法。

3. 简述品质弹性条款的运用。

4. 简述溢短装条款的主要内容。

二、操作技能训练

（一）合同条款翻译

1. Quality is to be similar to the sample submitted by the seller on May 13, 2011.

2. Chinese Rice 10,000 metric tons, 5% more or less at the carrier's option.

3. In iron drums of 185～190 kgs net each.

4. In cartons of 48 pairs each and size assorted.

5. Goods are in neutral packing and buyer's labels must reach the seller 45 days before the date of shipment.

（二）情景模拟训练

青岛利华进出口公司业务员李丽与阿联酋客户经过交易磋商，双方就品质、数量、包装、价格等交易条件达成了一致。请你以青岛利华进出口公司业务员李丽的身份，根据下面资料用英语填制销售合同中的相关项目。业务资料如下。

男式衬衫，Art No. 44（black）3 000 件，7.00 美元/件 CIF 迪拜，Art No. 88（blue）3 000 件，6.50 美元/件 CIF 迪拜。每件装一塑料袋，每 20 件装一纸箱。合同号码：LHSC170930，订立合同日期：2017 年 9 月 30 日。

青岛利华进出口公司

QINGDAO LIHUA IMPORT & EXPORT CO., LTD.

NO. 1 RENMIN RD., QINGDAO, SHANDONG, CHINA

TEL: 0532-8578868

FAX: 0532-8578869

销 售 合 同
SALES CONTRACT

S/C NO.: LHSC/170930

DATE: Sep. 30, 2017

To Messrs: Tim Co., Ltd.

兹确认售予你方下列货物，其成交条款如下：

We hereby confirm having sold to you the following goods on terms and conditions as specified below:

唛头 SHIPPING MARKS	货物描述及包装 SPECIFICATIONS OF GOODS, PACKING	数 量 QUANTITY	单 价 UNIT PRICE	金 额 AMOUNT
总 值 TOTAL VALUE:				

任务三　价格条款

知识目标：熟悉《2010 年通则》，掌握 6 个常用贸易术语的使用要求，掌握出口价格核算的方法，明确价格条款应包含的内容。

能力目标：能够根据业务需要选用合理的贸易术语、进行出口价格的核算、拟定合同中的价格条款。

价格条款是贸易合同中关于价格条件的规定，是合同中的核心条款之一。在价格条款中，贸易术语是必不可少的一部分。因此，作为一名外贸业务员，必须要熟悉与贸易术语有关的国际贸易惯例，明确各个贸易术语下买卖双方的基本义务，掌握价格构成与核算的基本方法，在此基础上，才能根据业务需要选用合理的贸易术语，正确拟定合同中的价格条款。

一、贸易术语及惯例

（一）贸易术语的含义及作用

国际买卖合同中会涉及许多问题，如由哪方办理运输、保险及进出口通关手续，由哪方支付运费、保险费、关税及其他杂项费用，由哪方承担货物在运输途中可能发生的损坏和灭失的风险等。如果每笔交易都要求买卖双方对上述手续、费用和风险逐项反复磋商，将耗费大量的时间和费用。为了减少磋商事项、简化合同内容，商人们发明了代表不同交易条件的贸易术语。

1. 贸易术语的含义

贸易术语（trade terms），又称价格术语，是用英文字母来表示价格构成，区分买卖双方的责任、费用和风险划分的专门术语。贸易术语是进出口商品价格的重要组成部分。其中：

"责任"是指因交货而产生的租船订舱、装货卸货、保险办理、通关手续等有关义务；

"费用"是指因货物的移动而产生的运杂费、保险费、仓储费、装卸费及码头作业费等；

"风险"是指由于各种原因导致的货物受损、灭失等危险。

2. 贸易术语的作用

贸易术语的产生，极大地便利和促进了国际贸易的发展。贸易术语的作用可概括为：

① 可以表示价格构成，有利于买卖双方的成本与费用核算；

② 可以明确界定买卖双方的责任、义务、费用和风险，减少法律纠纷；

③ 可以简化交易磋商与合同的内容、缩短成交时间、节省交易成本。

（二）与贸易术语有关的国际贸易惯例

国际贸易惯例（international trade custom），是指在国际贸易长期实践中形成的习惯性做法，这些习惯性做法由某些国际组织规范成文，成为国际贸易活动中当事人的行为准则。

必须明确的是，惯例本身不是法律，对贸易双方不具有法律强制性。但当双方在贸易合同中明确约定采用某一惯例时，这一惯例便对双方具有了法律约束力。与贸易术语有关的国际贸易惯例有以下三个。

1. 1932 年华沙-牛津规则

它是国际法协会专门为解释 CIF 合同而制定的。该惯例共 21 条，主要说明了 CIF 买卖合同的性质，并具体规定了买卖双方的风险、责任和费用划分。该惯例沿用至今。

2. 1941 年美国对外贸易定义修订本

该惯例由美国九大商业团体制定，在北美国家有较大影响，是地区性较强的惯例。该惯例主要对 6 个贸易术语作出了解释，分别是：EX Point of Origin（产地交货）、FAS（装运港船边交货）、C&F（成本加运费）、CIF（成本、保险费加运费）、EX Dock（目的港码头交货）和 FOB（运输工具上交货）。该惯例对 FOB 术语有 6 种解释，其中只有第 5 种"装运港船上交货"的解释与国际贸易术语解释通则近似，但在使用上仍有差别，因此在与北美客户交易时应特别注意。例如，成交条件为 FOB 旧金山，引用该惯例时的表述方法为"FOB Vessel San Francisco"，引用 Incoterms® 2010 时就可以去掉"Vessel"一词。

3. 国际贸易术语解释通则

国际贸易术语解释通则（International Rules for the Interpretation of Trade Terms，Incoterms），是国际商会于 1936 年制定的，并先后进行过多次修订和补充。国际贸易术语解释通则是目前影响最大、包含术语最多的惯例，为世界上绝大多数国家所采用惯例。

（三）Incoterms® 2010 与 Incoterms 2000 的区别

1. Incoterms 2000 简介

Incoterms 2000 是国际商会于 2000 年 1 月 1 日正式颁布实施的，在当前的国际贸易实践中仍有大量应用。该通则归纳了当时国际贸易实践中 13 个常用的贸易术语，按卖方义务由小到大的顺序排列，分为 E、F、C、D 四组。见表 2-3-1。

表 2-3-1　Incoterms 2000 贸易术语一览表

组别	国际代码	英文含义	中文含义
E 组	EXW	Ex Works	工厂交货
F 组	FCA	Free Carrier	货交承运人
	FAS	Free Alongside Ship	船边交货
	FOB	Free On Board	船上交货
C 组	CFR	Cost and Freight	成本加运费
	CIF	Cost Insurance and Freight	成本、保险费加运费
	CPT	Carriage Paid To	运费付至
	CIP	Carriage and Insurance Paid To	运费、保险费付至
D 组	DAF	Delivered At Frontier	边境交货
	DES	Delivered Ex Ship	目的港船上交货
	DEQ	Delivered Ex Quay	目的港码头交货
	DDU	Delivered Duty Unpaid	未完税交货
	DDP	Delivered Duty Paid	完税后交货

2. Incoterms® 2010 简介

Incoterms® 2010 是国际商会根据近 10 年来国际贸易的新变化，对 Incoterms 2000 进行的重新修订，于 2011 年 1 月 1 日正式颁布实施。见表 2-3-2。

表 2-3-2　Incoterms® 2010 贸易术语一览表

类　别	国际代码	英文含义	中文含义
一、any mode of transport（适用于任何运输方式）	EXW	Ex Works	工厂交货
	FCA	Free Carrier	货交承运人
	CPT	Carriage Paid To	运费付至目的地
	CIP	Carriage and Insurance Paid To	运费、保险费付至目的地
	DAT	Delivered At Terminal	运输终端交货
	DAP	Delivered At Place	目的地交货
	DDP	Delivered Duty Paid	完税后交货
二、sea and inland waterway transport only（适用于海运及内河水运）	FAS	Free Alongside Ship	装运港船边交货
	FOB	Free On Board	装运港船上交货
	CFR	Cost And Freight	成本加运费
	CIF	Cost, Insurance and Freight	成本、保险费加运费

3. Incoterms® 2010 的新变化

相对于 Incoterms 2000，Incoterms® 2010 的主要变化有以下几点。

（1）关于术语分类的调整。贸易术语由原来的 E、F、C、D 四组，分为适用于任何运输方式和适用于海运及内河水运两类。

（2）关于术语数量的变化。贸易术语由原来的 13 个变为 11 个，删去了 Incoterms 2000 中的 4 个术语——DAF、DES、DEQ 和 DDU，新增了 2 个术语——DAT 和 DAP，且扩展至适用于一切运输方式。

（3）关于风险划分。在 FOB、CFR 和 CIF 三个装运港交货术语中，Incoterms 2000 强调买卖双方风险转移以"船舷为界"。修订后的 Incoterms® 2010 取消了"船舷为界"的概念，改为"交到船上"，即货物灭失或损坏的风险在货物交到船上时转移，卖方承担货物装上船为止的一切风险，买方承担货物自装运港装上船开始起的一切风险。

（4）关于贸易术语的准确表述。Incoterms® 2010 强调了贸易术语的准确表述，要求所选用的贸易术语，包括写明地点、表明国际贸易术语解释通则® 2010（Incoterms® 2010），并要求对港口或地点的描述要尽可能具体确切。

准确表述的范例如下："FCA 38 Cours Albertler, Paris France Incoterms® 2010"。

（5）关于贸易术语的变形。Incoterms 2000 中 FOB、CFR 和 CIF 三个贸易术语都可以变形，并涉及装船和卸货费用的划分问题。Incoterms® 2010 认为装船和卸货费用应由运费方承担，通常不需要变形。Incoterms® 2010 不禁止此类变形，但提醒这样做是有风险的。如果买卖双方都希望变形，则需要在合同中非常清晰地明确他们希望修改术语达到的效果。

（6）关于连环贸易下的交货义务。大宗货物买卖中，货物常在一笔连环贸易下的运输期间被多次买卖，即"String Sales"（连环贸易）。Incoterms® 2010 对此连环贸易模式下卖方的交付义务做了细分，在相关术语中规定了卖方以"取得运输中货物"的方式完成交货义务，弥补了以前版本中的不足。

（7）关于电子文件的效力。Incoterms® 2010 规定，只要各方当事人达成一致，电子文件可取代纸张文件，二者具有完全等同的功效。

（8）关于注册商标。国际商会还将 Incoterms 注册成商标，并提出了使用该商标的要求。

（9）扩大到了国内贸易。考虑到一些大的区域贸易集团内部贸易的特点，Incoterms® 2010 规定，贸易术语不仅适用于国际销售合同，也适用于国内销售合同，这是它与以往通则的明确区别。本书中我们将主要学习 Incoterms® 2010 在国际贸易中的应用。

需要说明的是，并非 Incoterms® 2010 实施之后，Incoterms 2000 就自动作废。因为国际贸易惯例在适用的时间效力上并不存在"新法取代旧法"的说法。即 Incoterms® 2010 实施之后，当事人在订立贸易合同时仍然可以选用 Incoterms 2000，甚至 Incoterms 1990。

二、Incoterms® 2010 贸易术语使用说明

Incoterms® 2010 把各种贸易术语下买卖双方的基本义务归纳为相互对应的 10 项，见表 2-3-3。但是，各种术语在交货地点、风险转移、运输办理、保险义务等方面都有不同的要求。为此，我们将在充分了解买卖双方基本义务的基础上，进一步分析每个术语的使用要求。

（一）买卖双方的基本义务

表 2-3-3　各种贸易术语下买卖双方基本义务对照表

卖方（seller）	买方（buyer）
A1 卖方的一般义务	B1 买方的一般义务
A2 许可证、授权、安全通关和其他手续	B2 许可证、授权、安全通关和其他手续
A3 运输与保险合同	B3 运输与保险合同
A4 交货	B4 收货
A5 风险转移	B5 风险转移
A6 费用划分	B6 费用划分
A7 通知买方	B7 通知卖方
A8 交货证明	B8 交货证明
A9 核对—包装—标记	B9 货物检验
A10 信息协助及相关费用	B10 信息协助及相关费用

1. 买卖双方的一般义务

卖方必须提供符合买卖合同约定的货物和商业发票，以及合同要求的其他相关证据。

买方必须按照买卖合同约定支付价款。

2. 许可证、授权、安全通关和其他手续

卖方必须自担风险和费用，取得所需的出口许可或其他官方授权，办理货物出口的一切海关手续（EXW 术语下该项义务由买方承担）。

买方自担风险和费用，取得进口许可证或其他官方授权，办理货物进口和从他国过境运输所需的一切海关手续（DDP 术语下该项义务由卖方承担）。

3. 运输与保险合同

运输合同：在 CPT、CIP、CFR、CIF 术语下，卖方有对买方订立运输合同的义务；在

EXW、FCA、FAS、FOB 术语下，由买方自付费用签订运输合同；在 DAT、DAP、DDP 术语下，由卖方自付费用签订运输合同。

保险合同：在 CIP、CIF 术语下，卖方有对买方订立保险合同的义务；其他术语下，双方均无为对方订立保险合同的义务。

4. 交货与收货

卖方必须在约定的时间和地点，按照规定的方式交货。

当卖方按约定完成交货义务时，买方必须收取货物。见图 2-3-1。

5. 风险转移

风险在完成交货时转移。卖方承担完成交货前货物灭失或损坏的一切风险。

买方承担自完成交货时起货物灭失或损坏的一切风险。见图 2-3-1。

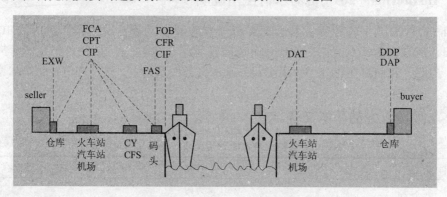

图 2-3-1　Incoterms® 2010 中 11 种贸易术语交货点（风险点）示意图

6. 费用划分

卖方必须支付：完成交货前与货物相关的一切费用，货物出口应缴纳的一切关税及费用（EXW 术语下该项费用由买方承担），相关的运输及保险费用。

买方必须支付：自完成交货时起与货物相关的一切费用，货物进口应缴纳的一切关税及费用（DDP 术语下该项费用由卖方承担），由于其未履行相关义务而产生的额外费用及对卖方提供协助的费用补偿。

7. 相互通知

为了顺利完成交货，买卖双方必须承担起相互通知的义务，并承担因未按规定通知而发生的任何额外费用。

8. 交货证明

卖方必须向买方提供运输凭证或已交货的通常证据，以确保买方能够收取货物。

如果运输凭证或交货凭证与合同相符，则买方必须接受。

9. 核对—包装—标记与货物检验

卖方必须支付为交货所需要的核对费用，必须自付费用包装货物，包装应作适当的标记。

买方必须支付任何装运前必需的检验费用（DDP 术语下该项费用由卖方承担）。

10. 信息协助及相关费用

卖方必须及时向买方提供或协助其取得相关货物的任何单证和信息，包括安全相关信息，偿付买方信息协助所发生的相关费用。

买方必须及时向卖方提供或协助取得货物运输和出口及从他国过境运输所需的任何单证和信息，包括安全相关信息，偿付卖方信息协助所发生的相关费用。

（二）适用于任何运输方式的贸易术语

Incoterms® 2010 中的第一类术语共 7 个（EXW、FCA、CPT、CIP、DAT、DAP 和DDP），这类术语可适用于任何一种运输方式，也可适用于多种运输方式的联合运输。

1. EXW

术语全文是 Ex Works（... named place of delivery）Incoterms® 2010，即工厂交货（……指定交货地点），是指当卖方在其所在地或其他指定地点（如工厂、车间或仓库）将货物交给买方处置时，即完成交货。货物灭失或损坏的风险在交给买方处置时转移。

1）买卖双方的义务

① 卖方义务包括：按合同规定备好货物，并在约定的时间和地点内将货物交给买方处置。卖方不需要将货物装上任何前来接收的运输工具。

② 买方义务包括：自行安排运输工具到交货地点接受货物，自行办理进、出口清关的一切手续，承担一切风险、责任和费用，并将货物从交货地点运到目的地。

2）使用 EXW 术语应注意的问题

在 Incoterms® 2010 中，EXW 术语是唯一一个由买方负责办理出口清关手续的术语，也是卖方责任最小、买方责任最大的术语，在性质上类似国内贸易。因此，如果买方不能直接或间接地完成出口清关手续时，则不应该使用 EXW，而应使用 FCA。

2. FCA

术语全文是 Free Carrier（... named place of delivery）Incoterms® 2010，即货交承运人（……指定交货地点），是指卖方在其所在地或其他指定地点，将货物交给买方指定的承运人，即完成交货。货物灭失或损坏的风险在货交承运人时转移。

1）买卖双方的义务

① 卖方义务包括：办理出口清关手续并承担相关税费；在指定地点和装运期内将货物交付给买方指定的承运人，并就交货情况给予买方充分的通知；承担货物交付给承运人之前的一切费用和风险；向买方提供已交货的通常凭证。

② 买方义务包括：自付费用签订自指定的交货地点起运货物的运输合同，并及时向卖方发出交货通知；承担自货物交付给承运人之后货物灭失与损坏的一切风险；按合同规定领受卖方提供的交货凭证并支付货款；办理进口清关手续并承担相关税费。

2）使用 FCA 术语应注意的问题

（1）关于交货。以下情况完成交货：若指定地点是卖方所在地，则当货物被装上买方提供的运输工具时；在其他任何情况下，则当货物在卖方的运输工具上可供卸载，并可由承运人或买方指定的其他人处置时。

（2）关于风险划分。卖方只需承担货物交给承运人控制之前的风险。在多式联运情况下，卖方只承担货物交给第一承运人之前的风险。在 FCA、CPT 和 CIP 三个货交承运人术语中，风险划分的原则是相同的。

（3）关于车货衔接。以 FCA 条件成交的合同，买方负责订立运输合同，卖方负责把货物交给买方指定的承运人。为了保证车货衔接，买方必须将承运人名称、交货时间、运输方式及具体交货点及时通知卖方，并承担因未及时指定承运人、指定的承运人未及时接管货物或买方未能给予卖方相应的通知而发生的任何额外费用；卖方必须就其已经交货或承运人未在约定时间内收取货物的情况给予买方充分的通知。这一点和后面的 FAS、FOB 情况相同。

（4）关于运输合同。卖方对买方无订立运输合同的义务。但若买方要求，并由买方承担风险和费用，卖方可按通常条件签订运输合同；如予拒绝，卖方应立即通知买方。

这一点和后面将要述及的 FAS、FOB 情况相同，此处不再解释。

 案例讨论 2-3-1

A 公司向 B 公司出口谷物，按 FCA 广州条件成交，由 B 公司在签约后 30 天内预付 30% 的定金，余款在收到货物后汇款给 A 公司。合同签署后 B 公司如约支付了定金，A 公司也按期将货物交给上海某货代公司（B 公司的指定承运人）。但由于货代公司疏忽，致使谷物受大雨浸泡损坏，B 公司以未收到合格货物为由拒付余款。讨论：B 公司拒付是否符合 Incoterms® 2010？

3. CPT

术语全文是 Carriage Paid To （... named place of destination） Incoterms® 2010，即运费付至目的地（……指定目的地），是指卖方自付费用订立将货物运至指定目的地的运输合同，在约定的时间和地点内将货物交给承运人即完成交货。货物灭失或损坏的风险在货交承运人时转移。

1）买卖双方的义务

① 卖方义务包括：办理出口清关手续并承担相关税费；自费订立运输合同，如期将货物交给承运人，并向买方发出装运通知（已交货通知）；承担货物自装运地至目的地的通常费用；承担货交承运人之前的一切费用和货物灭失与损坏的一切风险；向买方提供运输凭证。

② 买方义务包括：承担自货物交付给承运人之后货物灭失与损坏的一切风险；在指定目的地自承运人处收取货物，接受运输凭证并支付货款；办理进口清关手续并承担相关税费。

2）使用 CPT 术语应注意的问题

① 关于风险划分。CPT 术语虽然要求卖方办理运输并支付运费，但并不要求卖方承担运输途中的风险，卖方只需承担货物交给承运人控制之前的风险。在多式联运情况下，卖方只承担货物交给第一承运人之前的风险。

② 关于交货地点与指定目的地。CPT 术语中，交货地点在出口国，代表了风险转移点；指定目的地在进口国，代表了费用转移点。这一点和后面的 CIP 情况相同，不再解释。

③ 关于装运通知。按 CPT 条件成交的贸易合同，要求买方承担货交承运人之后的风险。为了避免双方脱节，卖方在交货后必须向买方发出装运通知，以便买方办理保险。这一点和后面的 CFR 情况相同。

4. CIP

术语全文是 Carriage and Insurance paid To（… named place of destination）Incoterms® 2010，即运费、保险费付至目的地（……指定目的地），是指卖方自付费用订立将货物运至指定目的地的运输合同和保险合同，在约定的时间和地点内将货物交给承运人即完成交货。货物灭失与损坏的风险在货交承运人时转移。

1）买卖双方的义务

① 卖方义务包括：办理出口清关手续并承担相关税费；自费订立运输和保险合同，如期将货物交给承运人，并向买方发出已交货的通知；承担货物自装运地至目的地的通常费用；承担货交承运人之前的一切费用和货物灭失与损坏的一切风险；向买方提供运输凭证。

② 买方义务包括：承担自货物交付给承运人之后货物灭失与损坏的一切风险；在指定目的地自承运人处收取货物，接受运输凭证并支付货款；办理进口清关手续并承担相关税费。

2）使用 CIP 术语应注意的问题

① 关于风险划分。CIP 术语虽然要求卖方办理运输和保险，但并不要求卖方承担运输途中的风险，卖方只需承担货物交给承运人控制之前的风险。在多式联运情况下，卖方只承担货物交给第一承运人之前的风险。

② 关于运输保险。以 CIP 条件成交时，卖方要办理货物运输保险并支付保险费。根据 Incoterms® 2010，如买卖双方未约定具体投保险别，该保险需至少符合《协会货物条款》"条款（C）"或类似条款的最低险别，最低保险金额为合同规定价格另加 10%，并采用合同货币。这一点和后面的 CIF 情况相同。

5. DAT

术语全文是 Delivered At Terminal（… named terminal at port or place of destination）Incoterms® 2010，即运输终端交货（……指定目的港或目的地的运输终端），是指卖方自负风险和费用，在指定目的港或目的地的运输终端，将货物从运输工具上卸下交给买方处置时完成交货。运输终端意味着任何地点，而不论该地点是否有遮盖，如码头、仓库、集装箱堆场或公路、铁路、空运货站等。货物灭失与损坏的风险在交给买方处置时转移。

1）买卖双方的义务

① 卖方义务包括：办理出口清关手续并承担相关税费；向买方发出到货通知并提供运输凭证；在指定时间和地点向买方交货，承担将货物运送至运输终端并其将卸下期间的一切风险和费用。

② 买方义务包括：领受货物；承担交货时起货物灭失与损坏的一切风险；接受运输凭证并支付货款；办理进口清关手续并承担相关税费。

2）使用 DAT 术语应注意的问题

如果双方希望由卖方承担将货物由运输终端运至另一地点的风险和费用，则应当使用 DAT 术语。

 案例讨论 2-3-2

出口商 A 公司与俄罗斯进口商 B 公司签订矿产品销售合同，采用 DAT 满洲里价格术语，可分批装运，交货期在当年 6 月底前。A 公司在 6 月底前将全部商品通过铁路运输分批发运。B 公司在满洲里接收了货物，但发现部分货物在当年 7 月才到达满洲里。B 公司认为 A 公司违反交货期，提出索赔。但 A 公司以铁路承运人出具的运输单据所注明的日期是在 6 月底前证明其已经履行交货义务。讨论：你认为哪一方有道理？

6. DAP

术语全文是 Delivered At Place（… named place of destination）Incoterms® 2010，即目的地交货（……指定目的地），是指当卖方在指定目的地将仍处于抵达的运输工具上可供卸载的货物交由买方处置时完成交货。货物灭失或损坏的风险在交给买方处置时转移。

1）买卖双方的义务

① 卖方义务包括：办理出口清关手续并承担相关税费；向买方发出到货通知并提供运输凭证；在指定时间和地点向买方交货，承担将货物运送到指定地点前的一切风险和费用（进口清关的风险及税费除外）。

② 买方义务包括：领受货物并承担卸货费用；承担交货时起货物灭失与损坏的一切风险；接受运输凭证并支付货款；办理进口清关手续并承担相关税费。

2）使用 DAP 术语应注意的问题

如果双方希望由卖方办理进口清关的所有手续并支付进口税费，则应当使用 DDP 术语。

7. DDP

术语全文是 Delivered Duty Paid（… named place of destination）Incoterms® 2010，即完税后交货（……指定目的地），是指卖方承担将货物运至目的地的一切风险和费用，在指定目的地将仍处于抵达的运输工具上、但已完成进口清关且可供卸载的货物交由买方处置时完成交货。货物灭失与损坏的风险在交给买方处置时转移。

1）买卖双方的义务

① 卖方义务包括：办理进、出口清关手续并承担相关税费；向买方发出到货通知并提供运输凭证；在指定时间和地点向买方交货，承担将货物运送到指定地点前的一切风险和费用。

② 买方义务包括：领受货物并承担卸货费用；承担交货时起货物灭失与损坏的一切风险；接受运输凭证并支付货款。

2）使用 DDP 术语应注意的问题

在 Incoterms® 2010 中，DDP 术语代表了卖方的最大责任。卖方承担将货物运至目的地的一切风险和费用，并且有义务完成货物进口清关、支付所有进口关税并办理所有海关手续。如果卖方不能直接或间接地完成进口清关，则不建议使用 DDP，应使用 DAP。

 案例讨论 2-3-3

（1）我某公司以 DDP 条件进口一批药材，该公司已按合同约定日期做好收取货物的准备，但由于海上风暴太大导致轮船无法按时到达，直至合同约定交货期的七天后才收到货物。因此，该公司向国外卖方提出索赔。讨论：公司的行为是否合理？为什么？

（2）意大利出口商向德国出口家用电器，合同约定采用 DDP，交货地点在汉堡，交货时间是当年 5 月 10 日。出口商于 5 月 10 日将货物运抵汉堡交货地点。在卸货费用上，进口商认为应由出口商承担，出口商不同意，双方发生争议。讨论：应该由谁承担卸货费用？

（三）适用于海运及内河水运的贸易术语

Incoterms® 2010 中的第二类术语共四个（FAS、FOB、CFR 和 CIF），其交货地点和运达地点都是港口，因此被划分为"适用于海运及内河水运的术语"。其中 FOB、CFR 和 CIF 三个术语均以将货物置于"船上"构成交货。

1. FAS

术语全文是 Free Alongside Ship（... named port of shipment）Incoterms® 2010，即装运港船边交货（……指定装运港），是指当卖方在指定装运港将货物交到买方指定的船边（如置于码头或驳船上），或以取得已经在船边交付的货物的方式交货。货物灭失与损坏的风险在装运港船边转移。

1）买卖双方的义务

① 卖方义务包括：办理出口清关手续并承担相关税费；在指定装运港和装运期内将货物交到买方指定的船边，并就交货情况给予买方充分的通知；承担完成交货前的一切费用和风险；向买方提供已交货的通常凭证。

② 买方义务包括：自付费用签订自指定装运港起运货物的运输合同，并及时向卖方发出派船通知；承担完成交货之后货物灭失与损坏的一切风险和费用；按合同规定收取货物，接受运输凭证并支付货款；办理进口清关手续并承担相关税费。

2）使用 FAS 术语应注意的问题

①"取得"一词适用于商品贸易中发生了连环贸易的情况，后面将要述及的 FOB、CFR、CIF 情况相同，不再解释。

② 关于船货衔接。与后面的 FOB 情况完全相同，见后面的解释。

③ 关于术语的不适用情况。当使用集装箱运输时，卖方通常将货物在集装箱码头移交给承运人，而非在船边交货。这时 FAS 不合适，而应当使用 FCA 术语。

2. FOB

术语全文是 Free On Board（... named port of shipment）Incoterms® 2010，即装运港船上交货（……指定装运港），是指卖方以在指定装运港将货物交到买方指定的船上或通过取得已交付至船上货物的方式交货。货物灭失与损坏的风险在装运港船上转移。

1）买卖双方的义务

① 卖方义务包括：办理出口清关手续并承担相关税费；在指定装运港和装运期内将货物交到买方指定的船上，并就装船情况给予买方充分的通知；承担完成交货前的一切费用和风险；向买方提供已交货的通常凭证。

② 买方义务包括：自付费用签订自指定装运港起运货物的运输合同，并及时向卖方发出派船通知；承担完成交货之后货物灭失与损坏的一切风险和费用；按合同规定收取货物，接受运输凭证并支付货款；办理进口清关手续并承担相关税费。

2）使用 FOB 术语应注意的问题

（1）关于风险划分。卖方承担货物装上船为止的一切风险，买方承担货物自装运港装上船开始起的一切风险。在 FOB、CFR 和 CIF 三个装运港交货术语中，风险划分的原则相同。

（2）关于船货衔接。以 FOB 条件成交的合同，买方负责租船订舱，卖方负责货物装船。为了保证船货衔接，买方必须就船舶名称、装船点及具体交货时间向卖方发出充分的通知，并承担因未能给予卖方相应的通知，买方指定的船舶未准时到达、不能装载货物或早于通知的时间停止装货等原因而发生的任何额外费用；卖方必须就其已经交货或船舶未在约定时间内收取货物给予买方充分的通知。

（3）关于术语的不适用情况。FOB 不适合于货物在上船前已经交给承运人的情况，如用集装箱运输的货物通常是在集装箱码头交货。在此类情况下，应当使用 FCA 术语。

 案例讨论 2-3-4

（1）西安 A 公司于 3 月份向韩国出口甘草膏 30 公吨，共 1 200 箱，每公吨 1 800 美元 FOB 天津新港，装运期为 3 月 25 日前，货物必须用集装箱装运。A 公司在 3 月上旬便将货物运到天津，并开始订箱装船。不料货物在天津存仓后的第三天午夜着火，1 200 箱货物全部被焚。讨论：该货物损失应由哪方承担？采用何种贸易术语可避免卖方的损失？

（2）A 公司向美国出口小麦，合同中规定的交货时间为 2010 年 3—4 月份，贸易术语为 FOB 上海，可直到 5 月 2 日，买方指派的船只才到达上海港。讨论：由此而产生的额外存仓费用由谁负担？

（3）A 公司向国外 B 公司出口卡车 100 辆。合同约定 FOB 价格，货物装于舱面。A 公司按期装船并议付了货款。不料船行途中遭遇恶劣天气，60 辆卡车被冲进海中，于是 B 公司向 A 公司提出索赔，A 公司以货物已装船、风险已转移为由拒赔。讨论：你认为哪方应承担货物损失的风险？

3. CFR

术语全文是 Cost And Freight（... named port of destination）Incoterms® 2010，即成本加运费（……指定目的港），是指卖方以在装运港船上交货或通过取得已交付至船上货物的方式交货。货物灭失或损坏的风险在装运港船上转移。卖方必须签订将货物运至指定目的港的运输合同，并支付必要的运费。

1）买卖双方的义务

① 卖方义务包括：办理出口清关手续并承担相关税费；租船订舱并支付运费；在约定时间内装船并及时向买方发出装船通知；承担完成交货前的一切费用和风险；向买方提供运输凭证。

② 买方义务包括：承担完成交货之后货物灭失与损坏的一切风险和费用；在指定目的港地自承运人处收取货物，接受运输凭证并支付货款；办理进口清关手续并承担相关税费。

2）使用 CFR 术语应注意的问题

① 关于风险划分。CFR 术语虽然要求卖方办理运输并支付运费，但并不要求卖方承担运输途中的风险，卖方只需承担完成交货前的风险。

② 关于交货地点与指定目的地。交货地点在装运港船上，代表了风险转移点；指定目的港则在进口国，代表了费用转移点。在这一点上，CFR 与 CIF 情况相同，不再解释。

③ 关于装船通知。按 CFR 条件成交的贸易合同，要求买方承担装船后的风险。为了避免双方脱节，卖方在交货后必须向买方发出装船通知，以便买方办理保险。

④ 关于术语的不适用情况。CFR 不适合于货物在上船前已经交给承运人的情况。例如，

用集装箱运输的货物通常是在集装箱码头交货。在此类情况下，应当使用 CPT 术语。

4. CIF

术语全文是 Cost, Insurance and Freight（... named port of destination）Incoterms® 2010，即成本、保险费加运费（……指定目的港），是指卖方以在装运港船上交货或通过取得已交付至船上货物的方式交货。货物灭失与损坏的风险在装运港船上转移。卖方必须签订将货物运至指定目的港的运输合同和保险合同，并支付所需运费和保险费。

1）买卖双方的义务

① 卖方义务包括：办理出口清关手续并承担相关税费；租船订舱、办理保险并支付运费和保险费；在约定时间内装船，承担完成交货前的一切费用和风险；向买方提供运输凭证。

② 买方义务包括：承担完成交货之后货物灭失与损坏的一切风险和费用；在指定目的港地自承运人处收取货物，接受运输凭证并支付货款；办理进口清关手续并承担相关税费。

2）使用 CIF 术语应注意的问题

① 关于风险划分。CIF 术语虽然要求卖方办理运输和保险，但并不要求卖方承担运输途中的风险，卖方只需承担完成交货前的风险。

② 关于运输保险。与 CIP 要求一致。投保险别需至少符合《协会货物条款》"条款（C）"或类似条款的最低险别，最低保险金额为合同规定价格另加 10%，并采用合同货币。

③ 关于象征性交货。象征性交货是指卖方只要按期在约定地点完成装运，并向买方提交包括物权凭证在内的有关单证，就算完成了交货义务，而无须保证到货。这意味着，只要卖方提交了符合合同规定的单据，即使货物在运输途中损坏或灭失，买方也必须付款；否则，即使货物完好无损地到达了目的地，买方也有权拒付货款。CIF 就是一种典型的象征性交货术语，CIP、CFR、CPT 术语也具有此类性质。

与象征性交货所对应的是实际交货。实际交货是指卖方必须按期将货物实际交付给买方，买方才有责任付款，不能以交单代替交货。DAT 等其他术语属于实际交货。

④ 关于术语的不适用情况。CIF 不适合于货物在上船前已经交给承运人的情况，如用集装箱运输的货物通常是在集装箱码头交货。在此类情况下，应当使用 CIP 术语。

 案例讨论 2-3-5

（1）出口商 A 公司与 B 公司签订出口合同，采用 CIF 术语。A 公司按合同规定装船并投保后，取得了包括提单在内的全套装运单据。但是，载货轮船在启航后第二天就触礁沉没，B 公司闻讯后提出拒收单据，拒付货款。讨论：B 公司的做法是否恰当？为什么？

（2）我国 A 公司采用 CIF London 术语向英国 B 公司出口一批圣诞节礼品。双方在合同中规定：B 公司须于 8 月底前通过其银行开出信用证，A 公司保证运货轮船只不得迟于 11 月 5 日驶抵目的港。如货轮迟于 11 月 5 日驶抵目的港，B 公司有权取消合同。如货款已收，卖方须将货款退还买方。讨论：该合同上述内容是否符合 Incoterms® 2010？

（四）贸易术语的比较与选择

国际贸易中，使用频率较高的贸易术语有两组：一组是传统的装运港交货术语（FOB、CFR、CIF），另一组是货交承运人术语（FCA、CPT、CIP）。货交承运人术语的产生，是近几十年来集装箱运输和国际多式联运迅速发展的产物，可以认为，装运港交货术语在改变了交货地点和运输方式后，就变成了货交承运人术语。

1. 两组术语的联系与区别

1）两组术语的联系

从卖方责任、费用及价格构成上看，两组贸易术语具有一致性。

① FOB 与 FCA 一致。卖方只负交货责任，承担交货前费用，价格依据为交货时成本价。

② CFR 与 CPT 一致。卖方承担交货责任加运输责任，承担交货前费用与出口运费，价格构成为成本加运费。

③ CIF 与 CIP 一致。卖方承担交货责任、运输责任加保险责任，承担交货前费用、出口运费与保险费，价格构成为成本、保险费加运费。

2）两组术语的区别

① 运输方式不同。装运港交货术语适用于海运及内河水运，货交承运人术语适用于任何运输方式及各种运输方式组成的多式联运。

② 交货地点不同。装运港交货术语的交货地点为装运港船上，货交承运人术语的交货地点为出口国内某约定地点。

③ 风险转移点不同。装运港交货术语下货物灭失与损坏的风险在装运港船上转移，货交承运人术语下货物灭失与损坏的风险在货交承运人时转移。

2. 贸易术语的合理选择

不同的贸易术语下，买卖双方的责任、费用和风险是不同的。实际业务中到底选用何种贸易术语，还要根据具体情况而定。

（1）要考虑货源位置及运输方式。如卖方方便装船，可在装运港交货术语中进行选择；如货源离港口较远，则可在货交承运人术语中进行选择。目前，随着集装箱、滚装船及多式联运的迅速发展，使得广泛采用 FCA、CPT、CIP 等新型术语成为可能；相反，仅仅适用于海运及内河水运的 FOB、CFR、CIF 等传统术语，将会面临着越来越多的条件限制。

（2）要便于控制在途货物。进出口业务中，应尽量选用自办运输和保险的贸易术语，以便于控制在途货物，规避货运风险。例如，出口业务使用 CIF 术语，由出口商自办运输和保险，既有利于船货衔接，又可有效避免从出口商仓库到装运港之间的"保险盲区"；进口业务使用 FOB 术语，由进口商自办运输和保险，可有效防止出口商与不良货代勾结的诈骗行为。另外，保险单在手，在途货物一旦出险也方便赔偿。

（3）要根据贸易伙伴的业务实际。选择贸易术语，还要根据贸易伙伴的业务实际灵活掌握。如出口大宗货物时，对方为了在运价和保险费上获得优惠，往往要求使用 FOB 术语，在进口方资信较好的情况下，出口商应该同意。另外，还要根据自身的实力、地理因素、运输条件、运费因素、运输途中风险等情况，权衡利弊，综合考虑。

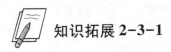

知识拓展 2-3-1

如何选择合适的贸易术语

针对两大类共 11 种不同贸易术语，如何选择适合自己的贸易术语是进出口商需要研究和学习的内容。虽然 Incoterms® 2010 对商业界来说不是一次根本性变革，但它的实施可以让贸易双方更好地适应国际贸易实践领域的新变化，保持交易文件更新换代。当然，提单、货物保单及其他各种文件可以继续参考使用旧版的通则，也可以继续采用即将淘汰的 DAF、DES、DEQ 和 DDU 术语，但是建议企业对新通则采取积极的态度，利用好电子通信改善现状的机会。贸易术语的选择需从以下思路考虑选择。

（1）多式联运带来的变化

由于集装箱在国际物流中越发充当主流角色，很多货物即便使用海洋运输方式也往往在集装箱堆场进行交接，甚至进行"门到门"的交接。因此，Incoterms® 2010 删除了 DEQ、DES，而增加了 DAT 和 DAP。对于进出口商来说，尤其是欧盟成员国之间的进出口货物贸易，可多采用 D 组的术语以便更加明晰风险和费用，毕竟在 C 组的术语中始终存在两个临界点，即风险和费用的临界点分别在装运地和目的地。国际商会也多次强调 FOB、CFR 和 CIF 术语越发不如 FCA、CPT 和 CIP 等术语更加实用，尤其是在集装箱带来的多式联运条件下，后三种术语更加方便当事人对货物的交接。我国很多进出口企业，无论是沿海地区，还是内陆地区，长期固有的习惯使用 FOB、CFR 及 CIF 三种传统的贸易术语，而对 FCA、CPT、CIP 等术语不习惯采用，随着运输业技术的不断革新，特别是集装箱运输和国际多式联运的迅速发展，传统贸易术语 FOB、CFR 和 CIF 的弊端显现，特别是我国一些内地省份外贸也非常发达，如采用 FOB、CFR、CIF 等，直接导致卖方交货的风险扩大，费用负担增加，影响收汇时间，增大了收汇风险。

（2）D 组术语带来的风险

从我国的外贸实践看，D 组术语的条件实际业务中很少使用。这是因为对于出口方来说，D 组术语的费用、风险、责任最大，业务环节最多，贸易情况最为复杂，交货时间难以掌控，存在许多可预测及不可预测的因素。例如，进口方的不合作及货物失去控制的可能，进口方的信誉不良或支付能力不强，承运人的信誉不佳，不同的国际贸易惯例和贸易做法所带来的潜在风险，个别商人滥用国际贸易惯例，合同或信用证存在软条款等。因此，如果要选用 D 组术语，就必须充分了解这组术语的风险，并采取相应的措施将风险降低到最低的限度。比如买卖双方在签订国际货物买卖合同时，最好在合同中明确规定货物到达目的地或目的港后的卸货费用由谁承担，这样会避免买卖双方产生争议和纠纷。

（3）适用于各种运输方式的贸易术语的使用

随着国际贸易运输方式的发展变化，即集装箱、滚装船和多式联运运输的广泛发展，以及很多处于内陆的国家或地区、省份对外贸易的增多，外贸企业应有意识地使用 FCA、CPT 和 CIP。不恰当地使用 FOB、CFR、CIF，会增大卖方的责任、风险、费用，为日后合同的履行埋下隐患。

三、价格核算及价格条款的拟定

国际贸易中，价格条款是合同中的核心条款，价格条件是交易磋商的主要条件，也是买卖双方最为关注的内容，它直接关系到进出口双方的利益分配。因此，只有掌握了出口价格的构成和核算的方法，才能保证对外报价的合理与准确。

（一）出口价格核算

价格一般由成本、费用和利润三部分构成。出口价格中的成本指实际采购成本，费用包括国内费用、出口运费、保险费，有时还含有佣金和折扣，它们共同构成了出口价格的基本构成要素。下面以 FOB、CFR 和 CIF 术语为例，来说明出口价格的基本构成。

 重要公式 2-3-1

$$价格 = 成本 + 费用 + 预期利润$$
$$FOB\ 价 = 实际采购成本 + 国内费用 + 佣金 + 预期利润$$
$$CFR\ 价 = 实际采购成本 + 国内费用 + 佣金 + 预期利润 + 出口运费$$
$$CIF\ 价 = 实际采购成本 + 国内费用 + 佣金 + 预期利润 + 出口运费 + 保险费$$

1. 实际采购成本

出口商从国内市场采购时的成本为含税成本（含增值税），在出口退税的情况下，应将退税金额予以扣除，从而得出商品的实际采购成本。

 重要公式 2-3-2

$$实际采购成本 = 含税成本 - 出口退税额$$
$$出口退税额 = (含税成本 \times 出口退税率) / (1 + 增值税率)$$

 应用举例 2-3-1

某公司出口陶瓷茶杯，每套进货成本 90 元（包括 17% 的增值税），退税率为 8%，核算每套茶杯的出口退税额和实际采购成本。核算如下：
$$出口退税额 = (90 \times 8\%) / (1 + 17\%) = 6.15\ （元/套）$$
$$实际采购成本 = 90 - 6.15 = 83.85\ （元/套）$$

2. 国内费用与预期利润

（1）国内费用。这是货物在装运港交货前发生的各项费用。国内费用在报价时大部分尚未发生，因此该费用的核算实际上是一种估算。费用估算的常用方法如下。

① 经验估算法。将装运前的各项费用根据以往经验进行估算并累加。

② 定额费率法。一般规定为成交额或购货成本的 3%～10%。该费率由贸易公司按照实际情况自行确定。

（2）预期利润。利润是价格的重要组成部分，也是出口商应得的收入。价格中所包含的利润水平一般根据商品、行业、市场需求及企业的价格策略来确定。因此，利润并没有一定标准，往往由出口商自行决定。实践中，出口商往往根据以往的经验，按某一固定百分比作为自己的预期利润率，一般为成交额或购货成本的10%～30%。

知识拓展 2-3-2

常见的国内费用

（1）包装费。通常包括在进货成本中，如有特殊要求，则须另加。

（2）仓储费。提前采购或另外存仓的费用。

（3）国内运输费。货物装运前的内陆运输费用，如卡车、内河运输费、路桥费、过境费及装卸费等。

（4）认证费。办理出口许可、配额、产地证及其他证明所支付的费用。

（5）港区港杂费。货物装运前在港区码头支付的费用。

（6）报关报检费。出口通关及出口商检机构检验货物的费用。

（7）捐税。国家对出口商品征收、代收或退还的有关税费，如出口关税、增值税等。

（8）垫款利息。出口商买进卖出期间垫付资金支付的利息。

（9）业务费用。出口商经营过程中发生的有关费用，也称经营管理费，如通信费、交通费、交际费等。也可确定一个定额费用。定额费用＝进货价×定额费用率。定额费用率为5%～15%不等。

（10）银行费用。出口商委托银行向外商收取货款、进行资信调查等支出的费用。

3. 出口运费与保险费

（1）出口运费。是出口商支付的海运、陆运、空运及多式联运的费用。在海运方式下，出口运费是指从装运港到目的港的运输费用。

（2）保险费。是出口商购买从装运港到目的港的货运保险支付的费用。

重要公式 2-3-3

$$出口运费＝基本运费＋附加运费$$
$$保险费＝保险金额×保险费率$$
$$保险金额＝CIF（CIP）价×（1＋投保加成率）$$
$$CIF＝CFR（CPT）价／[1－（1＋投保加成率）×保险费率]$$

4. 佣金和折扣

（1）佣金（commission）。是出口商（或进口商）支付给中间商的报酬。包含佣金的价格称为含佣价，不含佣金的价格则称为净价。

（2）折扣（discount）。是卖方在原价基础上给予买方一定比例的价格减让。

佣金表示，如："每公吨500美元CIF纽约含佣金2%"（USD 500 per M/T CIF C2

N. Y.）。折扣表示，如："每公吨 300 美元 FOB 上海折扣 2%"（USD 300 per M/T FOB shanghai less 2 discount）。佣金的计算方法与折扣完全一致，在此以佣金为例加以说明。

 重要公式 2-3-4

$$佣金 = 含佣价 \times 佣金率$$
$$含佣价 = 净价 / (1 - 佣金率)$$
$$净价 = 含佣价 - 佣金 = 含佣价 \times (1 - 佣金率)$$

 应用举例 2-3-2

（1）某公司向香港客户出口水果罐头 200 箱，每箱 132.6 港元 CIF 香港。客户要求改报 CFR C 5% 香港，设保险率为 2%，在保持原报价格水平不变的情况下，核算：CFR C 5% 香港报价，出口 200 箱应付给客户的佣金。核算如下：

$$CFR\ C\ 5\%\ 香港 = CFR\ 净价 / (1 - 佣金率) = (CIF\ 价 - 保险费) / (1 - 佣金率)$$
$$= 132.6 \times (1 - 1.1 \times 2\%) / (1 - 5\%)$$
$$= 136.5\ (港元/箱)$$
$$佣金 = 含佣价 \times 佣金率 = 136.8 \times 5\% \times 200 = 1\ 368\ (港元)$$

（2）吉信贸易公司收到爱尔兰公司求购 6 000 双高腰军靴（1×40′整箱装）的询盘，设人民币与美元的比价为 6.85∶1，试根据以下资料核算每双军靴 FOB、CFR、CIF 的含佣价。

① 含税成本：每双军靴人民币 90 元（含增值税 17%），出口军靴的退税率为 14%。

② 国内费用：出口包装费每双 3 元，国内运杂费共计 12 000 元，出口商检费 350 元，报关费 150 元，港区港杂费 900 元，其他各种费用共计 1 500 元。

③ 海运费：大连—都柏林，1×40′集装箱的包箱费率是 3 800 美元。

④ 保险费：客户要求按成交额的 110% 投保，保险费率为 0.85%。

⑤ 佣金：成交额的 3%。

⑥ 预期利润：成交额的 10%。

价格要素核算如下：

① 实际采购成本 $= 90 - (90 \times 14\%) / (1 + 17\%) = 79.23$（元/双）

② 国内费用 $=$（包装费+运杂费+商检费+报关费+港区港杂费+其他费用）/成交数量 $= (3 \times 6\ 000 + 12\ 000 + 350 + 150 + 900 + 1\ 500) / 6\ 000 = 5.48$（元/双）

③ 出口运费 $= 3\ 800 \times 6.85 / 6\ 000 = 4.34$（元/双）

④ 保险费 $=$ 报价 $\times 110\% \times 0.85\%$

⑤ 佣金 $=$ 报价 $\times 3\%$

⑥ 预期利润 $=$ 报价 $\times 10\%$

三种价格术语的含佣价核算如下：

① FOB C 3% = 实际采购成本+国内费用+佣金+预期利润
　　　　　　= 79.23+5.48+FOB C 3%×3%+FOB C 3%×10% = 97.37（元/双）

折成美元：FOB C 3% = 97.37/6.85 = 14.21（美元/双）

② CFR C 3% = 97.37+出口运费 = 97.37+4.34 = 101.71（元/双）

折成美元：CFR C 3% = 101.71/6.85 = 14.85（美元/双）

③ CIF C 3% = 101.71+保险费 = 101.71+CIF C 3%×110%×0.85% = 102.67（元/双）

折成美元：CIF C 3% = 102.67/6.85 = 14.99（美元/双）

（二）出口盈亏核算

外贸企业在对外报价时，必须进行出口盈亏核算。出口盈亏核算主要有以下几个指标。

（1）出口总成本。是指实际采购成本加上出口前的一切费用，用人民币表示。

（2）出口销售外汇净收入。是指出口商品按 FOB 价出售所得外汇净收入，用美元表示。

（3）出口盈亏额。即出口销售人民币净收入与出口总成本的差额，前者大于后者为盈利，反之为亏损。

（4）出口商品盈亏率。是出口盈亏额与出口总成本的比率，用百分比表示。

（5）出口换汇成本。是指出口商品净收入一美元所需的人民币成本。凡换汇成本高于银行外汇牌价的，为出口亏损；反之则为盈利。

 重要公式 2-3-5

$$出口总成本 = 实际采购成本+国内费用$$
$$出口销售外汇净收入 = FOB 价格 = CIF 价格-海运费-保险费$$
$$出口盈亏额 = 出口销售人民币净收入-出口总成本$$
$$出口盈亏率 = （出口盈亏额/出口总成本）×100\%$$
$$出口换汇成本 = 出口总成本（元）/出口销售外汇净收入（美元）$$

 应用举例 2-3-3

（1）我某公司出口商品 10 万吨，国内收购价格为 1.1 元/公斤，另加其他费用 10%，外销价为每吨 200 美元 FOB 上海，含佣金 2%，银行买入价为 1∶6.30。试核算该商品的出口换汇成本。核算如下：

① 出口总成本 = 1.1×1 000×（1+10%）= 1 210（元/吨）

② 出口外汇净收入 = 200×（1-2%）= 196（美元/吨）

③ 出口换汇成本 = 出口总成本/出口外汇净收入 = 1 210/196 = 6.17（元/美元）

结论：出口换汇成本低于外汇牌价，盈利。

（2）出口麻底鞋 36 000 双，出口价每双 0.80 美元 CIF 格丁尼亚（波兰），CIF 总价 28 800 美元，其中海运费 3 400 美元，保险费用 160 美元。进货成本每双人民币 4 元，共计人民币 144 000 元（含 17% 增值税），出口退税 14%，费用定额率为进货成本的 12%。银行买入价为 1 : 6.27。核算麻底鞋的有关盈亏指标。核算如下：

① 出口总成本 = 实际采购成本 + 国内费用

　　　　　　= 含税成本 - 含税成本 × 出口退税率/（1 + 增值税率） + 含税成本 × 12%

　　　　　　= 144 000 - 144 000 × 14%/（1 + 17%） + 144 000 × 12%

　　　　　　= 144 049.23（元）

② 出口销售外汇净收入 = CIF 价格 - 海运费 - 保险费

　　　　　　　　= 28 800 - 3 400 - 160 = 25 240（美元）

③ 出口盈亏额 = 出口销售人民币净收入 - 出口总成本

　　　　　　= 25 240 × 6.27 - 144 049.23 = 14 205.57（元）

④ 出口商品盈亏率 =（出口盈亏额/出口总成本）× 100%

　　　　　　　=（14 205.57/144 049.23）× 100% = 9.86%

⑤ 出口换汇成本 = 出口总成本（人民币元）/出口销售外汇净收入（美元）

　　　　　　= 144 049.23/25 240 = 5.71（元/美元）

结论：麻底鞋换汇成本低于外汇牌价，盈利。

（三）价格条款的拟定

1. 价格条款的主要内容

价格是国际货物买卖双方共同关心的核心问题之一，合同中价格条款反映了交易双方的利益关系。合同中的价格条款是由单价和总值构成的，单价包括四个部分：计量单位、单位金额、计价货币和贸易术语。总值是单价和数量的乘积。

 应用举例 2-3-4

（1）USD 213 per M/T CIF C 5% Dubai Incoterms® 2010, total amount USD 21,300. The commission shall be payable only after receiving the full amount of all payment.（每公吨 213 美元 CIF C 5% 迪拜 Incoterms® 2010，总值 21 300 美元。收到全部货款后支付佣金。）

（2）USD 300 per M/T FOB Shanghai Incoterms® 2010, gross for net. Exchange risks and advance in freight at time of shipment , if any, shall be for buyer's account.（每公吨 300 美元 FOB 上海 Incoterms® 2010，以毛作净。任何汇率风险及装运期间运费的提价均由买方承担。）

2. 拟定价格条款应注意的事项

（1）合理地确定商品的单价，防止偏高或偏低。

（2）根据船源、货源等实际情况，选择适当的贸易术语。

（3）单价中的计量单位和计价货币必须正确规范，贸易术语要写明地点、表明 Incoterms® 2010，要尽可能地对地点和港口作出详细说明。

（4）争取选择有利的计价货币，必要时可加订保值条款。

（5）灵活运用不同的作价方法，避免价格变动的风险。如价格调整条款。

（6）参照国际贸易的习惯做法，注意佣金和折扣的合理运用。

（7）如交货品质、交货数量有机动幅度或包装费用另行计价时，应一并订明机动部分作价和包装费计价的具体办法。

四、业务实例——赵丹拟定的价格条款

型 号 Model No.	货物描述 Specification and Description	数量 QTY （PCS）	单价 Unit Price	金额 Amount
			CIF Marseilles	
MT201Y	Orient brand	1,800	USD 2.90/PC	USD 5,220.00
MT202Y	electric hair dryer	1,800	USD 2.90/PC	USD 5,220.00
MT203Y	Voltage：220–240 V	1,800	USD 2.90/PC	USD 5,220.00
MT204Y	Power：2,000 W	1,800	USD 2.90/PC	USD 5,220.00
Total		7,200	USD 2.90/PC	USD 20,880.00
Total value：SAY US DOLLARS TWENTY THOUSAND EIGHT HUNDRED AND EIGHTY ONLY.				
1. 溢短装：数量和总值均有 5% 的增减，凭卖方决定。 MORE OR LESS：5% more or less in quantity and amount will be allowed at the Seller's option.				

同 步 训 练

一、专业知识训练

（一）单项选择

1. 在 FOB 术语后面要插入_____的名称，在 CFR 术语后面要插入_____的名称。

  A. 装运港，装运港　　　　　　　　B. 装运港，目的港

  C. 目的港，目的港　　　　　　　　D. 目的港，装运港

2. 济南某公司向德国出口核桃，集装箱运输，经青岛港出运，买方办理运输和保险，按 Incoterms® 2010 应尽量选用_____术语。

  A. CIP 济南　　　　B. CIF 青岛　　　　C. FCA 济南　　　　D. FOB 青岛

3. 按照 Incoterms® 2010，以 DAT 成交，则买卖双方风险划分界限的是_____。

  A. 货交承运人　　　　　　　　　　B. 装运港船上

  C. 目的港码头　　　　　　　　　　D. 运输终端卸货后

4. 出口清关责任由买方承担的贸易术语是 _____。

    A. EXW   B. FOB   C. CIF   D. DDP

5. 代表卖方最大责任的贸易术语是 _____。

    A. DAT   B. DAP   C. CIF   D. DDP

6. 上海出口设备海运至香港，集装箱运输，买方办理运输和保险。按以上交易条件，适用的贸易术语为 _____。

    A. CIP 香港   B. CIF 香港   C. FOB 上海   D. FCA 上海

7. 卖方必须保证按期将货物实际交付给买方的贸易术语是 _____。

    A. CIF   B. FCA   C. CPT   D. DAT

8. 如果双方希望由卖方承担将货物由运输终端运输或搬运至另一地点的风险和费用，则应当使用_____术语。

    A. DAT   B. DAP   C. CIF   D. CIP

9. 就卖方承担的费用而言，下列描述中正确的是 _____。

    A. FOB>CFR>CIF   B. CIF>CFR>FOB

    C. FOB>CIF>CFR   D. CIF>FOB>CFR

10. 在 CIF 条件下交货，_____。

    A. 装运时间先于交货时间   B. 装运时间迟于交货时间

    C. 装运时间与交货时间一致   D. 其先后次序视运输方式而定

11. 依据 Incoterms® 2010，与 CPT 相比，CIP 条件下卖方需多提交的有 _____。

    A. 运输单据   B. 有关商业发票及电子单证

    C. 保险单据   D. 出口许可证

12. 按照 Incoterms® 2010，采用 FOB 条件成交，买卖双方风险划分的界限是 _____。

    A. 运输工具上   B. 装运港船边   C. 装运港船舷   D. 装运港船上

13. 根据 Incoterms® 2010，采用 CFR 术语成交，卖方无义务 _____。

    A. 提交货运单据   B. 租船订舱

    C. 办理货运保险   D. 取得出口许可证

14. 按照 Incoterms® 2010，采用 CIF 条件成交，货物装船时从吊钩脱落的风险由 _____。

    A. 卖方负担   B. 买方负担

    C. 承运人负担   D. 买卖双方共同负责

15. 卖方只要按期在约定地点完成装运，并向买方提交合同或信用证规定的有关单证，就算完成了交货义务，而无须保证到货，这种交货方式是 _____。

    A. 装运港交货   B. 目的港交货   C. 实际交货   D. 象征性交货

（二）判断正误

1. （　　　）如果买卖双方在合同中作出与国际惯例完全相反的约定，只要这些约定是合法的，将得到有关国家法律的承认和保护，并不因与惯例相抵触而失效。

2. （　　　）Incoterms® 2010 实施之后 Incoterms® 2000 就自动作废。

3. （　　　）Incoterms® 2010 不仅适用于国际贸易合同，也适用于国内贸易合同。

4. （　　　）卖方必须提供符合买卖合同约定的货物和商业发票，买方必须按照买卖合同约定支付价款，这是买卖双方的基本义务。

5. （   ）风险在交货时转移。卖方承担完成交货前货物灭失或损坏的一切风险，买方承担交货时起货物灭失或损坏的一切风险。

6. （   ）EXW 术语下卖方无出口清关义务。当卖方方便出口清关时，FCA 术语更为合适。

7. （   ）FCA、CPT、CIP 术语下，卖方均要将货物交给买方指定的承运人。

8. （   ）CIP、CIF 术语下，卖方必须自付费用取得货物保险，保险险别至少应该满足最低险别，保险金额最低为合同价格的 110%。

9. （   ）DDP 术语下，货物进口应缴纳的一切关税及费用应由买方承担。

10. （   ）在 CPT、CIP、CFR、CIF 术语下，卖方均有对买方订立运输合同和保险合同的义务。

11. （   ）按照 CIF 条件成交的合同，双方风险与费用的划分点均在装运港船上。

12. （   ）以 CIF 条件成交的合同，即使货物在运输途中受损或灭失，卖方也有权凭符合合同规定的全套单据向买方索取货款。

13. （   ）按 FOB、CFR、CIF 术语成交，货物在装运港船上交货后，风险即告转移。因此，当货物到港后，买方即使发现到货的品质数量与合同规定不符，也不能追究卖方的责任。

14. （   ）一个完整的外贸单价，必须包含计量单位、单位金额、计价货币和贸易术语四项内容，有时也可包括佣金或折扣。

15. （   ）佣金是卖方给予中间商的报酬，而折扣则是卖方给予买方的价格减让。

（三）名词解释

1. 贸易术语   2. 国际贸易惯例   3. 象征性交货   4. 出口换汇成本

（四）简答论述题

1. 简要介绍贸易术语的作用。

2. 简单介绍与贸易术语有关的国际贸易惯例。

3. 简述象征性交货与实际交货的区别。

4. 比较装运港交货术语与货交承运人术语的联系与区别。

二、操作技能训练

（一）合同条款翻译

1. Your commission 3% on FOB has been included in the above price.

2. USD 20. 00 per yard FOB Dalian Incoterms® 2010 less 2% discount.

3. EUR 46. 00 per set CFR Hamburg Incoterms® 2010, total amount Eur 92, 000.

4. GBP 2. 50 per doz CIF C5% London Incoterms® 2010.

（二）出口报价核算

1. 我某公司对外报价每公吨 1 000 美元 CIF 新加坡，外商来电要求改报 FOB 青岛价。已知保险费率为 0.85%，按发票金额的 110% 投保，出口运费每公吨 75 美元，在保持原报价水平不变的情况下，我方应如何报价？

2. 我方出口商品一批，CIF 价格条件 23 500 英镑。其中保险金额按 CIF 发票金额的 110% 计算，保险险别为一切险和战争险，两者费率合计为 0.7%。现客户要求改为 CFR 价，核算在保持原报价水平的前提下，正确的 CFR 价格应为多少？

3. 佳丽进出口公司向孟加拉国 Soul Brown Co. 出口货号为 AQL186 的高级海藻香皂。根据下面资料进行核算：（1）退税金额；（2）实际采购成本；（3）国内费用；（4）出口换汇成本。有关资料如下。

采购成本：人民币 8.30 元/块，其中包括 17%增值税，退税率 9%。

进货数量：450 箱，每箱 72 块。

价格条件：USD 1.50/块 CFR 吉大港。

国内费用：为进货成本的 16%。

海运费：2 800 美元。

美元对人民币汇率：1∶6.80。

任务四 装运条款

知识目标：了解各种运输方式，掌握海洋货物运输的类型特点、海运提单的作用、种类及运费构成，明确装运条款应包含的内容。

能力目标：能根据业务需要选择合理的运输方式，能拟定合同中的装运条款。

国际货物运输是国际贸易中必不可少的一个环节，是实现货物转移的必要手段。装运条款是贸易合同中关于运输方式、装运时间、装运地与目的地等条件的规定，是合同中的核心条款之一。因此，作为一名外贸业务员，必须要了解各种运输方式，重点掌握海洋货物运输的类型特点、海运提单的作用种类及运费构成，在此基础上，才能根据业务需要选择合理的运输方式，正确拟定合同中的装运条款。

一、海洋运输

目前，国际货物运输可以通过海洋、航空、铁路、公路、邮递及多式联运等多种途径来完成。其中，海洋运输是国际贸易中最主要的运输方式，占国际贸易总运量中的 2/3 以上，我国绝大部分进出口货物，都是通过海洋运输方式进行的。按照船舶的经营方式，海洋运输可分为班轮运输和租船运输。

（一）班轮运输

班轮运输（liner shipping），又称定期船运输，是指按照固定的航行时间表，在固定的航线和港口之间往返运载货物的运输方式。海洋运输中，班轮运输是利用频率很高的运输方式，多数货物的运输是通过班轮进行的。

1. 班轮运输的特点

（1）"四固定"。即班轮运输有固定的船期、航线、停靠港口和相对固定的运费率。

（2）"一负责"。即班轮公司负责装卸，装卸费包含在运费中，不单独计算。

（3）以提单代替运输合同。承运双方的权利、义务和责任豁免，以船方签发的提单为依据，并受统一的国际公约的制约。

 知识拓展 2-4-1

海洋运输

海洋运输（ocean transport），是指利用海轮在各国港口之间，通过一定的航区和航线运送货物的一种方式。海运具有以下三大优点。

（1）运载量大。海洋运输多用万吨巨轮，其运载能力远远大于铁路和航空运输。一般杂货轮船可载重 1 万~2 万吨，集装箱轮船可载重 6 万~7 万吨，巨型油轮可载重 50 万吨以上。一艘 55 万吨级油轮的运载量相当于 12 500 个火车罐车的运载量。

（2）运费低廉。由于海洋运输可以利用四通八达的天然航道，并且运程远、运载能力大，分摊到每件货物上的运输成本较低。海运运费约为铁路运费的 1/5、公路运费的 1/10、航空运费的 1/30。

（3）适应性强。班轮运输特别适合于一般件杂货和集装箱货物的运输。班轮运输在装运时间、数量和卸货港等方面均十分灵活，对于成交数量少，批次多，交货港口分散的杂货是比较适宜的。20 世纪 60 年代后，随着集装箱运输的发展，集装箱班轮已逐渐取代杂货班轮成为主流。

海运的缺点主要是：速度慢、风险较大、易受自然条件和气候等因素影响。因此，对于急需的货物和易受气候条件影响的货物，不宜采用海洋运输。

2. 班轮运费

班轮运费由班轮运价表规定，包括基本运费和附加运费。

1）基本运费

基本运费分为两类：一类是传统的杂货运费，另一类是集装箱运费。

（1）杂货运费。杂货班轮的基本运费包括货物从装运港至目的港的海上运费以及货物的装卸费，是按照班轮运价表的规定计算的，一般将承运货物分成若干个等级，采用等级费率。

基本运费一般按运费吨（freight ton）作计费单位。其中：按毛重计费时，运费吨为公吨，称为重量吨（weight ton），在运价表中以"W"表示；按体积计费时，运费吨为立方米，称为尺码吨（measurement ton），以"M"表示；运价以"W/M"表示时，即按毛重（公吨数）或体积（立方米数）从高计费。班轮杂货运费的计费标准见表 2-4-1。

表 2-4-1　班轮杂货运费的计算标准

计算标准	适用范围
（1）按毛重计费	运价表内用"W"表示。适用于价值不高、体积较小、重量较大的货物
（2）按体积计费	运价表中用"M"表示。适用于价值不高、重量较轻、体积较大的货物
（3）按毛重或体积，从高计费	运价表中以"W/M"表示。这是最常见的一种选择性计价标准，由船公司按重量吨或尺码吨从高计收
（4）按价值计费	运价表内用"A.V."表示，又称为从价运费。以货物价值作为计收标准，适用于价值较高的贵重物品
（5）按毛重、体积或价值，从高计费	在货物重量、尺码或价值三者中选择最高的一种计收
（6）按件数计费	如汽车按"每辆"，活牲畜按"每头"等
（7）临时议定价格	运价表中注有"open"字样，适用于大宗低值货物

（2）集装箱运费。集装箱运费的计收，分为两种情况。

① 对于整箱货（FCL），一般采用包箱费率的形式，只需要根据具体航线、货物等级以及箱型、尺寸所规定的费率乘以箱数即可。

② 对于拼箱货（LCL），其运费计算与杂货运费基本相同，一般按货物等级及不同的计费标准计算运费。

2）附加运费

附加运费是指针对一些特殊情况或需特殊处理的货物，在基本运费之外加收的费用。班轮运费中的附加费名目繁多，常见的附加运费类型见表2-4-2。

表2-4-2　常见的附加运费类型

分类标准	常见类型
（1）因货物因素加收	超长附加费：因货物单件长度超过运价表中的规定而加收的费用 超重附加费：因货物单件重量超过运价表中的规定而加收的费用 超大附加费：因货物单件体积超过运价表中的规定而加收的费用
（2）因市场因素加收	燃油附加费：因燃油价格上涨、船舶开支增加而加收的费用 货币贬值附加费：因运价表中规定的计价货币贬值而加收的费用
（3）因港口因素加收	港口附加费：因港口装卸条件差、装卸效率低或港口费用高等原因加收的费用 选港附加费：因进口方选择卸货港而加收的费用 变更卸货港附加费：在变更原定卸货港的情况下，向船方补交的费用 港口拥挤附加费：因港口拥挤导致停泊时间延长给船方增加了成本而加收的费用
（4）因航道因素加收	直航附加费：运往非基本港口的货物因安排直航而加收的费用 绕行附加费：因正常航道受阻需绕航时加收的费用 转船附加费：当货物需要在某个港口转船换装时加收的费用

重要公式 2-4-1

运费总额＝基本运费＋附加运费

运费总额＝总运量×基本运费率×（1＋附加运费率）

应用举例 2-4-1

（1）某企业出口一批蛋制品，毛重10公吨，体积为11立方米，计费标准为W/M。从上海港装运，直航至英国普利茅斯港。其中，基本费率为116美元/运费吨，燃油附加费35%，直航附加费18美元/运费吨，核算全部运费。核算如下：

W＝10运费吨，M＝11运费吨。因M>W，所以按M计费。

运费总额＝基本运费＋附加运费＝11×116×（1＋35%）＋11×18＝1 920.60（美元）

（2）从我国大连运往国外某港口货物一批，计收运费标准为W/M，共200箱，每箱毛重25千克，每箱体积为49厘米×32厘米×19厘米，基本运费率为每运费吨60美元，特别燃油附加费率5%，港口拥挤费率10%，核算运费总额。核算如下：

W＝25千克＝0.025运费吨，M＝0.49×0.32×0.19＝0.029 8运费吨。

因M>W，故按M计费。

运费总额＝总运量×基本运费率×（1＋附加运费率）

＝200×0.029 8×60×（1＋5%＋10%）＝411.24（美元）

（3）出口手工工具 1 800 箱，总毛重 150 000 千克，总体积 255 立方米，共装 10 个集装箱，目的港悉尼。中远班轮至悉尼港的 20 英尺集装箱包箱费率为 1 800 美元，核算该批货物的集装箱运费。核算如下：

$$集装箱运费 = 1\,800 \times 10 = 18\,000（美元）$$

（二）租船运输

租船运输（charter transport），是指包租整船或部分舱位进行运输。其特点是无固定航线、固定装卸港口和固定航行船期，租船费用较班轮低廉，且可选择直达航线，故大宗货物一般采用租船运输。租船运输中，租船双方的权利和义务，由租船合同规定。

1. 租船运输的方式

（1）定程租船（voyage charter）。又称程租，是以航程为基础的租船方式。定程租船中，船方必须按租船合同规定的航程完成货物运输任务，并负责船舶的运营管理及在航行中的各项费用开支。定程租船有单程、来回程、连续航次、包运合同等形式。

（2）定期租船（time charter）。又称期租，是按一定期限租赁船舶的方式。在租期内，船方负担船员薪金、伙食等费用，并负责保持船舶在租赁期间的适航状态以及因此而产生的费用；租船人负责船舶的运营管理及在航行中的各项费用开支。

（3）光船租赁（demise or bareboat charter）。是一种比较特殊的期租方式。光船租赁中，租船人要自行配备船员，并负责船舶的运营管理和航行中的各项事宜。在租赁期间，租船人实际上对船舶有着支配权和占有权。

2. 租船运费

租船运费的计算因租船运输的方式的不同而不同。

1）期租租金的计算

期租租金一般规定以船舶的每载重吨每月若干金额计算。租金一经约定即固定不变。如船载重为 25 000 吨，每 30 天的租率为 8 美元，则每日租金为 25 000×8/30 = 6 666.7 美元。

2）程租运费的计算

程租船的运费一般按货物装运数量计算，也有的规定整船包价，运价受租船市场供需情况的影响较大。程租合同应明确船方是否负担货物在港口的装卸费用。如果船方不负担装卸，则应规定装卸时间或装卸率，以及与之相应的滞期费和速遣费。

（1）装卸费用。一般有四种规定方法。

① 船方负担装卸费（gross terms），一般用于装卸包装货或木材，而不适用于散装货。

② 船方管装不管卸（free out，F. O.），即船方负责装货费，租船人负担卸货费。

③ 船方管卸不管装（free in，F. I.），即租船人负责装货费，船方负担卸货费。

④ 船方不管装卸（free in and out，F. I. O.），即装卸费用由租船人自行负担。实际业务中，多采取这种方法。

（2）装卸时间（lay time）。是指合同约定的完成装卸任务所需的时间，一般以天数或小时表示。有关装卸时间的规定方法中最合理、目前使用最多的是"连续 24 小时晴天工作日"。

（3）装卸率（load/discharge rate）。是指每日装卸货物的数量，一般应按照港口习惯的正常装卸速度，规定平均每天装卸若干吨。

（4）滞期费（demurrage）。租船人如未能在合同规定的期限内完成装船或卸船作业，须向船方支付一定的罚款以补偿船方损失，这种罚款称为滞期费。

（5）速遣费（dispatch money）。租船人提前完成装卸作业，船方要向租船人支付一定的奖金，称之为速遣费。速遣费通常规定为滞期费的一半。

 应用举例 2-4-2

我国永发贸易公司从斯里兰卡进口橡胶 1 万公吨，采用 FOB（Incoterms® 2010）价格条件，船方不负责装卸。租船合同规定每天装货 1 500 公吨，滞期费为 3 000 美元/天，速遣费减半。实际装货每天 1 400 公吨。核算本例中是否会发生滞期费。如果有，为多少？由谁支付？核算如下。

因每天的实际装货数量达不到合同的规定数量，会有滞期费发生。

合同规定的装货时间：10 000/1 500＝7（天）；实际装船时间 10 000/1 400＝8（天）。

滞期 1 天，滞期费为 3 000 美元。滞期费应由斯里兰卡出口方负担。

（三）海上货物运输单据

1. 运输单据的类型

海上货物运输单据主要使用海运提单，海运单只在特殊情况下使用。

1）海运提单（bill of lading，B/L）

简称提单，是承运人收到货物后出具的货物收据，也是承运人签署的运输契约证明；提单还代表货物的所有权，是一种具有物权特性的凭证。海运提单具有以下作用。

（1）货物收据。提单是承运人签发给托运人的收据，证明承运人已按提单所列内容收到货物或已将货物装船。

（2）物权凭证。提单也是一种货物所有权凭证，承运人据以交付货物。提单持有人可据以提取货物，也可凭此向银行押汇，还可在载货船舶到达目的港交货之前进行转让。

（3）运输契约证明。提单是托运人与承运人的运输契约证明，是双方当事人处理争议时的主要法律依据。

2）海运单（seaway bill）

是承运人直接签发给托运人或其代理的、表明已收到货物的凭证。海运单的正面内容与提单的基本一致，但是印有"不可转让"的字样。海运单适用于无转卖货物意图的货物运输。海运单的使用范围有：

① 跨国公司的总分公司或相关的子公司间的业务往来；

② 在赊销或以买方付款作为货物所有权转移的前提条件下使用；

③ 往来已久、充分信任、关系密切的贸易伙伴间的业务；

④ 无资金风险的家用私人物品、具有商业价值的样品；

⑤ 在短途海运的情况下，往往是货物先到而提单未到，宜采用海运单。

3）提单与海运单的主要区别

（1）提单是物权凭证；而海运单仅具有货物收据和运输合同性质，不是物权凭证。

（2）提单可以通过背书转让流通；而海运单是一种非流通性单据。

（3）提单的合法持有人凭提单提货；而海运单仅凭提货通知和收货人的身份证明提货。

2. 海运提单的内容

海运提单内容由正面记载事项和背面条款两部分组成。

1）海运提单正面内容

一般记载以下各项。

① 货物的品名、标志、包数或件数、重量或体积以及运输危险货物时对危险性质的说明。

② 承运人的名称和主要营业所。

③ 船舶名称。

④ 托运人的名称。

⑤ 收货人的名称。

⑥ 装货港和在装货港接收货物的日期。

⑦ 卸货港。

⑧ 多式联运提单增列接收货物地点和交付货物地点。

⑨ 提单的签发日期、地点和份数。

⑩ 运费的支付。

⑪ 承运人或者其代表。

海运提单见样本 2-4-1。

样本 2-4-1　海运提单

1. SHIPPER（托运人）		B/L NO.　　　　　　　　　COSCO　　中国远洋运输（集团）总公司　CHINA OCEAN SHIPPING (GROUP) CO.　　ORIGINAL　Combined Transport Bill of Lading		
2. CONSIGNEE（收货人）				
3. NOTIFY PARTY（通知方）				
4. PRE-CARRIAGE BY（前程运输）	5. PLACE OF RECEIPT（收货地）			
6. OCEAN VESSEL VOY. NO.（船名及航次）	7. PORT OF LOADING（装货港）			
8. PORT OF DISCHARGE（卸货港）	9. PLACE OF DELIVERY（交货地）	10. FINAL DESTINATION FOR THE MERCHANT'S REFERENCE（目的地）		
11. MARKS（唛头）	12. NOS. & KINDS OF PKGS（包装种类和数量）	13. DESCRIPTION OF GOODS（货物名称）	14. G. W.（KG）（毛重）	15. MEAS（M³）（体积）

续表

16. TOTAL NUMBER OF CONTAINERS OR PACKAGES（IN WORDS）（总件数）					
17. FREIGHT & CHARGES（运费）	REVENUE TONS（运费吨）	RATE（运费率）	PER（计费单位）	PREPAID（运费预付）	COLLECT（运费到付）
PREPAID AT（预付地点）	PAYABLE AT（到付地点）	18. PLACE AND DATE OF ISSUE（出单地点和时间）			
TOTAL PREPAID（预付总金额）	19. NUMBER OF ORIGINAL B (S) L（正本提单的份数）	SIGNED FOR THE CARRIER（承运人签章）			
20. LOADING ON BOARD THE VESSEL DATE（装船日期）	21. BY（船名）	中国远洋运输（集团）总公司 CHINA OCEAN SHIPPING（GROUP）CO. ×××（签名）			

2）提单背面内容

为船公司事先印就的条款，规定了承运人与托运人之间的权利、义务和责任豁免，是双方当事人处理争议时的主要法律依据。

知识拓展 2-4-2

海运提单中的主要关系人

（1）承运人（carrier）。是负责运输货物的当事人，有时被称为船方。如：中国远洋运输（集团）总公司（COSCO）。

（2）托运人（shipper）。也称为货方，可能是发货人（卖方），或者是收货人（买方）。

（3）收货人（consignee）。通常被称为提单的抬头人，收货人有在目的地港凭提单向承运人要求提货的权利。

（4）通知方（notify party）。是收货人的代理，不是提单的当事人。其作用主要是便于承运人能及时与收货人取得联系，及时办理报检报关、提货手续。

3. 海运提单的种类

海运提单可以按不同的标准进行分类。

1）按货物是否已装船划分

（1）已装船提单（On Board B/L）。是指在货物装上指定的船只后签发的提单。这种提单除载明一般事项外，通常还必须注明装载货物的船舶名称和装船日期。

（2）备运提单（Received for Shipment B/L）。是指货物交给船公司后，在等待装船期间签发的提单。这种提单无装船日期和载货船名。

已装船提单和备运提单的根本区别在于货物是否已装船，这对于进口商来说，存在的风险大不相同。因此在实际业务中，银行和进口商一般要求卖方提供已装船提单。

2）按提单有无不良批注划分

（1）清洁提单（Clean B/L）。是指货物装船时表面状况良好，承运人未加任何有碍结汇的不良批注的提单。如货物破损、包装不良等。

（2）不清洁提单（Unclean B/L）。是指承运人在提单上加了有碍结汇的不良批注的提单。如"有×件破损""有×袋破裂"等批注字样。

清洁提单和不清洁提单反映了不同的货物状况，为了规避风险，银行和进口商只接受清洁提单。国际航运公会于1951年曾认为下列三种内容的批注不能视为不清洁：第一，如只批注旧包装、旧箱、旧桶等，未明确地表示货物或包装不能令人满意；第二，强调承运人对于货物或包装性质所引起的风险不负责任；第三，否认承运人知悉货物的内容、重量、容积、质量或技术规格。这三项内容已被大多数国家和组织所接受。

3）按收货人抬头划分

（1）记名提单（Straight B/L）。是指在提单收货人一栏内填写指定收货人名称的提单。这种提单不能通过背书转让，一般只有在运输贵重物品、援助物资和展览品时才使用。

（2）不记名提单（Open B/L or Blank B/L）。是指提单收货人栏内不填写任何内容，或只填写"to the bearer"的提单。这种提单不用背书即可转让，风险较大，实务中很少使用。

（3）指示提单（Order B/L）。是指在收货人栏内只填写凭指示（to order）或凭某人指示（to order of ...）字样的一种提单。它可以通过指示人的背书进行转让。由于指示提单既有流通性又有安全性，实际业务中一般使用这种提单。

4）按运输方式划分

（1）直达提单（Direct B/L）。是指装载出口货物的船只直接驶往目的港时所签发的提单。

（2）联运提单（Combined Transport B/L）。是指货物从装运港装船后，中途转换另一条船，或中途改换其他运输方式才到达目的港或目的地的提单。

5）根据签发人划分

（1）船东提单（Master B/L）。又称M单，是指班轮公司签发的提单。凭船东提单，任何人都可以在目的港直接向船公司提货。船东提单在承运人签字处显示"as Carrier"字样。

（2）船代提单（Agent B/L）。是指船舶代理签发的提单。船舶代理是指作为船东在港口的代理，处理船舶装卸货等相关业务的公司。船代提单与船东提单具有同样的效力。船代提单在承运人签字处显示"as Agent"字样。

（3）货代提单（House B/L or Forwarder B/L）。又称H单，是指由货运代理签发的提单。货代提单产生于集装箱拼箱，因为船公司只接受整箱货，而拼箱货只有通过货代拼整后才能向船公司订舱。H单不具有提单的法律地位，故不能凭此向承运人提货。船公司一般只接受M单，收货人持H单只能找货代在目的港的指定代理提货。

6）按提单格式划分

（1）全式提单（Long Form B/L）。是指不但有完整的正面内容，而且有详细的背面条款的提单。国际贸易中使用的多为全式提单。

（2）略式提单（Short Form B/L）。是指仅有正面内容而无背面条款的提单。全式提单和略式提单具有同等的法律效力。略式提单常在租船运输中使用。

7）按提单效力划分

（1）正本提单（Original B/L）。是指船公司对外签发的、具有法律效力的提单。正本提单上要有"ORIGINAL"字样，有承运人或其代理的签字盖章，要注明出单日期。正本提单可以用于结汇、提货或进行转让。正本提单一般为一式三份，凭其中任何一份提货后，其余作废。

（2）副本提单（Copy B/L）。是指仅供船公司内部流转使用的提单。副本提单上一般标明"COPY"字样，无承运人的签字盖章和出单日期，无法律效力。

8）其他提单

（1）倒签提单（Anti-Dated B/L）。是指实际装船日已超过了信用证规定的装运期，托运人为了不影响结汇，要求船方签发的、将装运日期提前的提单。倒签提单掩盖了装船的真实日期，是一种带有欺骗性质的非法提单。

（2）预借提单（Advanced B/L）。又称无货提单，是指在信用证规定的装运日期已到而货物却未装船情况下，托运人要求承运人签发的已装船提单。预借提单也是一种非法提单。

（3）舱面提单（On Deck B/L）。又称甲板提单，是指承运人对装在甲板上的货物所签发的提单。舱面提单上会显示"货装舱面"（On Deck）字样。由于货物在甲板上风险较大，所以银行一般不接受舱面提单；但对于集装箱、有毒物品、危险品、体积大或价值低廉的废旧品等不宜装于舱内的货物，舱面提单亦可结汇。

（4）过期提单（Stale B/L）。过期提单是指：① 提单晚于货物到达目的港；② 向银行交单时间超过提单签发日期 21 天；③ 超过信用证规定的交单期限提交的单据，即出口商向银行交单结汇的日期与装船开航的日期距离过久，以致无法于船到目的地以前送达目的港收货人的提单。银行一般不接受这种提单。因此，近洋国家的贸易合同一般都规定"过期提单也可接受"的条款，以免引起争议。

 案例讨论 2-4-1

我国某出口公司与瑞士公司签订出口农产品合同，共计 3 500 长吨，价值 8.275 万英镑，装运期为当年 12 月至次年 1 月。由于原定的装货船舶出现故障，只能改装另一艘外轮，致使货物到 2 月 11 日才装船完毕。在我公司的请求下，外轮代理公司将提单的日期改为 1 月 31 日。货物到达鹿特丹后，买方对装货日期提出异议，要求我公司提供 1 月份装船证明。我公司坚持提单是正常的，无须提供证明。买方随即聘请律师上船查阅了船长的船行日志，证明提单日期是伪造的，并立即凭律师拍摄的证据向当地法院起诉。后经过 4 个月的协商，我公司赔款 2.09 万英镑，买方方肯撤回上诉而结案。讨论：该案例给我们的启示。

 外贸经验分享 2-4-1

过期提单如何处理

过期提单最初的概念是指晚于货物到达目的地的提单。按国际惯例银行对过期提单是不接受的，但发货地与到货地的航程较短的运输，如我国沿海各港装往日本、韩国的货物，航程仅 2～3 天，货运单据无论如何快速处理，也跟不上货物运输速度，因此如按以上过期提单的概念，不但不符情理，而且也缺乏可操作性，目前银行的掌握原则是根据《UCP 600》规定：凡超过装运日期 21 天后提交的单据即为过期提单。

近洋运输中，因运输路线短，提单的传递时间往往超过实际运输时间而造成提单过期。在提单晚于货物到达目的港的情况下，可能造成买方不能如期提货而造成损失（包括滞港费、仓储费、市场行情变化等）的情形。实际业务中，买方往往会以此为由要求在信用证中加列寄单条款，如："受益人应在发货后 3 天内将 1/3 正本提单以特快专递的方式寄开证申请人处，其邮递收据列为随附单据之一并连同 2/3 正本提单一起送交银行议付。"如果出口商接受此类条款，那么出口商自身会承担很大的收汇风险。因为卖方的交货与买方的付款是合同的对流条件，一旦卖方交出正本海运提单，就意味着其自动将货权转移给买方而解除了要求买方必须付款的制约，这时如果买方的资信欠佳，卖方将面临货款两空的风险。

1. 避免提单"过期"的办法

如是由于晚于信用证规定的交单期限而造成的提单过期，可从两方面入手加以避免。

（1）要求将交单期限延长，通常为发货后的 15～21 天，以使卖方有足够的时间备齐全套交单单据。

（2）作为卖方应积极地与船公司合作，发货后尽快地取得合格的提单及其他信用证所要求的全套单据（提单通常是最后取得的一份单据）。

在实际业务中往往是由于发货人与船公司配合不好以致延误了时间。例如，船公司工作效率低，延误签发提单时间，或提单内容出现打印错误，导致需更改单或换单，或提单从船公司签发后传递至发货人手中延迟等。在此情况下，卖方应在发货前备齐所有可能取得的单据，选择信誉及服务较好的船公司，托运时就应将提单应显示的内容明确无误地告知船公司，货物装船后催促船公司尽快出具合格的全套提单。实践中，有的公司甚至派专人在船公司现场核对提单的内容并取回单据，以免去因更改提单或传递过程所带来的时间延误及风险。

2. "过期"难以避免时的处理

如果提单"过期"将难以避免，特别是在近洋运输的情况下，为解决这一问题，目前国际上通常采用的做法有以下几种。但由于每种方式都具有各自的缺点和不便之处，因此在实际执行中还需贸易各方认真考虑，权衡利弊。

（1）在买卖合同或信用证中规定"过期提单也可接受"（Stale B/L is acceptable）。这一做法对出口方有利。

（2）提单随货同行。买卖双方事先约定，待货物装船后，卖方将一份正本提单委托船公司随货带往目的地交开证行或代收行，由进口商向银行付款后领取，然后再凭以向船公司提取货物。这实际上有点类似于托收中的付款交单（D/P），不过还需得到船公司的配合。

（3）担保提货。采用信用证结算方式，进口商在货物抵达目的港时向其开证银行提出凭提单副本提货的申请，开证行审核进口商提供的有关资料，并在进口商提供了银行所要求的保证金后，向船公司出具提货担保证明书，船公司凭该银行担保将有关货物先行交给进口商，然后由开证行负责将正本提单补交给船公司，换回其银行担保证明书。采用这种方式，进口商虽然能提早取得货物，但由于进口商需提交高额保证金（视进口商的资信状况而定，一般银行会要求 100% 的货价保证金），造成资金占压，不利其资金周转。

（4）电放提货。收货人在征得发货人和船公司的同意后，采用电放的方式，要求船公司允许收货人在目的港凭提单复印件和收货人出具给船公司的担保函先行提货，同时收货人承诺在保函规定的时间内将正本提单交回船公司并换回担保函。采用这种做法，船公司会承担一定的连带风险和责任。当买卖双方发生贸易纠纷时，船公司会因此受到牵连并冒着被扣船、被起诉等风险，因此船公司对这种方式一般都采取审慎的态度。

（5）在信用证中附加保护性条款。在信用证规定 1/3 正本提单直接寄收货人的同时，规定收货人只有将全套三份正本提单全部退银行后方能拒付货款。这一做法是目前比较普遍的方式，既可以保证发货人安全收到货款，同时又可以方便收货人及时收到货物。但这种方式也会给收货人合理拒付造成许多不便之处，当发货人故意违约时，收货人因无法及时收回全套正本提单而不能拒付货款，无法保障自己的利益，因此收货人应审慎考虑后再决定是否接受此类条款。

资料来源：无忧考网，http://www.51test.net/show/231883.html.

二、航空、铁路、集装箱与国际多式联运

传统的国际货物运输方式，除海洋运输外，应用较多的是航空运输和铁路运输。近几十年来，新型的运输方式如集装箱运输和国际多式联运也得到了迅猛发展，在国际货物运输行业中占有相当比重的市场份额。

（一）航空运输

航空运输（air transport）是一种现代化的运输方式，它与海洋运输和铁路运输相比，具有运输速度快、货运质量高且不受地面条件的限制等优点。因此，它最适宜运送急需物资、鲜活商品、精密仪器和贵重物品。目前，我国进口采用航空运输的有计算机、精密部件、电子产品等，出口商品中主要有丝绸、纺织品、海产品、水果和蔬菜等。

1. 航空运输方式

（1）班机运输（airliner transport）。是指在固定航线上，按固定时间和站点进行航空货物运输的方式。班机运输一般为客货混载，舱位有限，适合于运送急需物品，如鲜活商品等。

（2）包机运输（chartered carrier transport）。是指一个发货人包租整架飞机或几个发货人合租一架飞机运送货物的方式。包机运输适用于运送数量较多的商品，如果能充分利用来回程舱位，包机费用要比班机费用低得多。

（3）集中托运（consolidation transport）。是指航空代理公司把若干批单独发运的货物，按照到达的同一目的地，组成一整批向航空公司办理托运，用一份总运单将货物发送到同一目的站，由预定的代理人负责收货、报关、分拨货物并交给实际收货人。集中托运可以获得较合理的运价，一般比班机运费低 7%～10%。

（4）航空快递（air express）。是指由专门经营快递业务的公司与航空公司合作，以最快的速度在发货人、机场、收货人之间传送急件的服务方式。该方式比较适合于急需的药品、贵重物品、合同资料及各种票据单证的传递。这是当前国际航空运输中最快捷的运输方式。

2. 航空运费的计算

航空运费的计费标准为 W/M，即按重量或体积从高者计算，体积、重量换算公式为：0.006 立方米＝1 千克。航空运费的计算步骤是：

① 先计算出货物的体积，并折算成体积重量；

② 体积重量与毛重比较，择高作为计费重量；

③ 将计费重量乘以费率得出航空运费。

 应用举例 2-4-3

某出口公司出口货物 100 箱，每箱 25 千克，总体积为 7.0 立方米。从上海空运至东京，运价为 13.58 元/千克（100 克起算）。核算该批货物的空运费。

（1）体积重量 = 7.0÷0.006 = 1 166.67（千克）

（2）毛重 = 100×25 = 2 500（千克），体积重量小于毛重，按毛重计费。

（3）航空运费 = 2 500×13.58 = 33 950（元）

3. 航空运单

航空运单（airway bill），是托运人和承运人之间的运输契约，也是航空承运人或其代理签发的货物收据。航空运单不是物权凭证，不能用以提货和转让流通，货物到达目的地后，收货人凭承运人的到货通知提取货物。但航空运单可作为核收运费的依据和海关查验放行的基本单据，也可凭此向银行办理结汇。

航空运单根据签发人的不同，可分为总运单（master airway bill）和分运单（house airway bill）两种形式。总运单是由航空公司签发给航空货运代理公司（集中托运商）的单据，分运单是由航空货运代理公司签发给托运人的单据，二者在内容上基本相同，并具有同样的法律效力。

（二）铁路运输

在国际货物运输中，铁路运输（rail transport）是仅次于海洋运输的主要运输方式，海洋运输的进出口货物，一般也是通过铁路运输进行货物的集中和分散。

铁路运输有许多优点，一般不受气候条件的影响，可保障全年的正常运输，而且运量较大、速度较快，有高度的连续性。办理铁路运输手续比海洋运输简单，而且收、发货人可以在就近的始发站和目的站办理托运和提货手续。

1. 铁路运输形式

主要包括国际铁路货物联运和对港澳地区的铁路运输两种形式。

1）国际铁路货物联运（international through railway transport）

是指两个或两个以上国家联合起来，利用铁路完成一票货物全程运输的方式。它使用一份联运票据，并以连带责任办理货物的全程运送。在国际铁路货物联运中，货主只需把货物交给始发站，始发站的外运机构代为办理进出口报关手续，国与国之间的铁路交接运送也由铁道部门全程负责，无须收、发货人参加。目前，我国进行国际铁路货物联运的主要通道是欧亚大陆桥。我国国内凡可办理铁路货运的车站，均可接受国际铁路货物联运业务。

2）对港澳地区的铁路运输

与一般的铁路运输不同，它是由内地段铁路运输和港澳段铁路运输组成的两段运输。

（1）对港运输。对港铁路运输由内地段和港九段组成。出口货物到达深圳北站后，由深圳外运公司接货并向海关申报；海关放行后，由香港中国旅行社负责将货物运至九龙站，交给收货人。

（2）对澳运输。出口货物到达广州站后，由广东省外运公司接货并办理中转手续；货到澳门后由澳门南光集团负责接货并交付收货人。

2. 铁路运单

（1）国际铁路联运单（international through railway bill）。是参加国际铁路联运的发送国承运人收到货物后所签发的铁路运输单据。国际铁路联运单既是承运人出具的货物收据，也是承运人与托运人签订的运输契约，但它不是物权凭证，也不能流通转让。

（2）承运货物收据（cargo receipt）。是承运人收到运往港澳的货物后所签发的铁路运输单据。我国内地通过铁路运往港澳地区的出口货物，一般委托中国对外贸易运输公司承办。当出口货物装车发运后，对外贸易运输公司即签发一份承运货物收据给托运人，以作为办理结汇的凭证。承运货物收据不是物权凭证，不能流通转让。

（三）集装箱运输

集装箱运输（container transport），是以集装箱作为运输单位进行货物运输的一种方式。集装箱作为一种成组化的运输工具，广泛适用于海洋运输、铁路运输和国际多式联运。其中，集装箱海运已经成为班轮运输的主要形式。

1. 集装箱运输的优点

（1）有利于提高装卸效率，缩短货运时间。由于集装箱采取专用的装卸设备，实现了货物的装卸、搬运自动化，提高了装卸效率，同时也扩大了港口的吞吐量，加速了船舶周转，缩短了货运时间。

（2）有利于减少货损货差，保障货物安全。由于集装箱的结构坚固，可有效防止货物的挤压和丢失，减少货损货差，保证了货物运输的安全与质量。

（3）有利于组织多式联运。随着集装箱的出现，根据集装箱设计的各种运输工具应运而生，使集装箱的装换衔接非常便利。因此，集装箱的广泛使用促进了多式联运的发展。

（4）有利于节省费用，降低货运成本。表现在：集装箱运输可以简化外包装，节省相应的包装材料和包装费用；集装箱运输的运费比非集装箱运输的运费低约10%；集装箱运输的保险费比非集装箱运输的保险费低约10%；集装箱运输可减少中间环节的杂项费用，如货物中途的免检费等。

2. 集装箱货物的托运方式

（1）整箱托运（full container load，FCL）。在海关的监督之下，由货主在自己的工厂或仓库将货物装入集装箱，加铅封后直接运至集装箱堆场等待装运。货到目的地后，收货人可直接到目的地集装箱堆场提货。

（2）拼箱托运（less container load，LCL）。货物数量较少时，由承运人在集装箱货运站将不同发货人的货物拼箱。货到目的地后，由承运人拆箱分发给各收货人。

3. 集装箱货物的交接地点

（1）门（door）。即双方约定的地点，一般是在发货人（或收货人）的工厂或仓库。

（2）集装箱货运站（container freight station，CFS）。是拼箱货装箱、拆箱的场所，也是拼箱货交接和保管的场所，一般设在港口、车站附近，或内陆城市交通方便的场所。集装箱堆场和集装箱货运站也可同在一处。

（3）集装箱堆场（container yard，CY）。是交接和保管重箱（loaded container）和空箱（empty container）的场所，也是集装箱换装运输工具、整箱货办理交接的地方，一般设在港口的装卸区内。

4. 集装箱货物的交接方式

（1）"整箱接、整箱交"（FCL/FCL）。指承运人从起运地到目的地都是整箱交接货物。这种情况下，一箱货物一般只有一个发货人和一个收货人。

（2）"整箱接、拆箱交"（FCL/LCL）。指承运人在起运地整箱接货，货到目的地后拆箱分发给不同的收货人。这种情况下，一箱货物往往只有一个发货人，而收货人却有多个。

（3）"拼箱接、拆箱交"（LCL/LCL）。指承运人在起运地将不同发货人的货物拼箱，货到目的地后拆箱分发给不同的收货人。这时，一箱货物往往有多个发货人和多个收货人。

（四）国际多式联运

国际多式联运（international multimodal transport）。是以集装箱为运输单元，将不同的运输方式有机地组合在一起而构成的一种国际的连贯运输。

1. 国际多式联运的优点

（1）责任统一，手续简便。

（2）减少中间环节，缩短货运时间。

（3）降低运输成本，节省运杂费用。

（4）降低货损货差，提高货运质量。

（5）是实现"门到门"运输的有效途径。

2. 国际多式联运应具备的条件

（1）必须由一个多式联运经营人对全程运输负总责。

（2）必须签订多式联运合同，以明确承运人和托运人双方的权利、义务和豁免关系。

（3）必须使用全程多式联运单据。该单据既是物权凭证，也是有价证券。

（4）必须是全程单一运费率。运费一次计收，包括运输成本、经营管理费和合理利润。

（5）必须是至少两种不同运输方式的连贯运输。

（6）必须是国际间的货物运输。

3. 多式联运单据

多式联运单据（mulitmodal transport document，MTD）是多式联运经营人在接收货物时由本人或其授权人签发的单据，它是多式联运合同的证明，以及多式联运经营人接管货物，并负责按照合同条款交付货物的单据。多式联运单据的作用与海运提单相似，可作为物权凭证，经背书可以转让。

 知识拓展 2-4-3

其他运输方式

（1）公路运输（road transport）。是一种现代化的运输方式，它不仅可以直接进行进出口货物的运输，而且也是车站、港口和机场集散进出口货物的重要手段。公路运输具有灵活机动、速度快和方便的特点，尤其在目前"门到门"的运输业务中，公路运输发挥着不可替代的作用。但它也有不足之处，如载货量有限，运输成本高，容易造成货损事故。

（2）内河运输（inland water transport）。是水上运输的重要组成部分，它是连接内陆腹地与沿海地区的纽带，在国际货物运输中起着重要的辅助作用。我国的长江、珠江等主要河流的港口已经对外开放，我国还同邻国的一些河流相连，这是我国货物内河运输的一些有利条件。

（3）管道运输（pipeline transport）。是货物在管道内借助高压气泵和压力输往目的地的一种运输方式，主要适用于运送液体和气体货物。欧美国家以及俄罗斯、中东、北非地区在原油的输送上，管道运输发挥了积极的作用。我国起步较晚，目前很多油田如大庆油田、胜利油田、大港油田等由管道直通海港。另外，中国输往朝鲜的石油也主要通过管道运输。

（4）航空小包（air mail）。所谓航空小包（或称为国际小包），是指重量在两千克以内，外包装长宽高之和小于 90 cm，且最长边小于 60 cm，通过邮政空邮服务寄往国外的小邮包。航空小包分为普通空邮（normal air mail，非挂号）和挂号（registered air mail）两种。前者费率较低，邮政不提供跟踪查询服务；后者费率稍高，可提供网上跟踪查询服务。如 eBay 卖家销售的电子产品、饰品、配件、服装、工艺品等都采用航空小包方式来发货。目前常见的航空小包服务渠道有：大陆邮政小包、新加坡邮政小包、香港邮政小包、新加坡小包。目前，我国跨境电商 B2C 贸易模式下的物流方式，主要采用航空小包、邮寄、快递等。

（5）OCP 运输（overland common points，OCP）。这是在海陆联运中运往（或运自）美国内陆地区的一种运输方式。按照 OCP 运输条款规定，凡是使用美国西海岸航运公司的船舶，经过西海岸港口转往内陆地区的货物，均可享受比一般直达西海岸港口更低的海运优惠运费率和内陆运输优惠运费率。

（6）陆桥运输（land bridge transport）。这是指以集装箱为媒介，以大陆上的铁路或公路运输系统为中间桥梁，把大陆两端的海运连接起来的一种"海—陆—海"连贯运输方式，在国际多式联运中，陆桥运输起着非常重要的作用。如北美大陆桥、欧亚大陆桥。

三、装运条款的拟定

国际货物买卖的双方，必须就货物运输的相关问题作出明确、合理的规定和安排，这就构成了买卖合同中的装运条款。

（一）装运条款的主要内容

以海洋运输为例，合同中装运条款主要内容包括运输方式、装运时间、装运港和目的港、是否分批装运与转船、装运通知等。

1. 装运时间

装运时间（time of shipment）又称装运期，是卖方将货物装上运输工具或交给承运人的期限。装运时间是贸易合同中的一项重要条款，卖方必须严格按规定时间交付货物，不得任意提前或延迟；否则，买方有权拒收货物、解除合同，并要求损害赔偿。装运时间对买卖双方都是一个重要问题，因此应当认真考虑货源、船期、商品特点和气候影响等情况，把装运时间订得明确合理、切实可行。装运时间规定的常用方法有以下三种。

（1）约定一段交货时间。

（2）约定最迟交货日。

（3）约定收到信用证后若干天装运。注意：采用此种规定方法，必须同时规定信用证的开到期限，以避免买方故意拖延开证。

 应用举例 2-4-4

（1）装运期为 2018 年 3 月份。

Shipment during March, 2018.

（2）装运期不迟于 2018 年 9 月 15 日。

Shipment on or before Sept. 15, 2018.

（3）收到信用证后 30 天内装运。买方须于 2018 年 2 月 20 日前将信用证开到卖方。买方未在规定时间开出信用证，卖方有权发出通知取消本合同，或对因此遭受的损失提出索赔。

Shipment must be effected within 30 days after receipt of L/C. By irrevocable L/C to reach the seller before Feb. 20, 2018. The buyer shall establish a letter of credit before the above-stipulated time, failing which, the seller shall have the right to rescind this contract upon the arrival of the notice at buyer, or to lodge a claim for the direct losses sustained, if any.

---

2. 装运港和目的港

装运港和目的港的不同，关系到交货地点和费用等问题，必须在合同中作出明确规定。一般来说，规定装运港和目的港时应注意以下几个问题。

（1）装运港通常由卖方提出，经买方同意后确认。装运港可以具体到某一港口，也可笼统规定为 "China main port" "China port"。

（2）目的港通常由买方提出，经卖方同意后确认。目的港的港口名称要具体明确，不要出现类似 "European main port" 等笼统规定，以免因含义不明而引起纠纷。

（3）根据业务需要，有时可规定几个目的港作为选择港（optional ports）。如目的港：上海/青岛/大连。一般来说，选择港不宜超过三个，且是在同一航线上、有班轮停靠的港口。由于选择港而增加的费用应由买方负担。

（4）应选择装卸条件较好、费用较低、班轮经常停靠的基本港口作为装卸港，避免选择疫区、战争区和敌对区等不安全的港口。

（5）应注意港口有无重名。例如，维多利亚港（Victoria）、波特兰港（Portland）、纽波特港（Newport）等都有数个。为防止差错，应在合同中订明港口所在的国家。

3. 分批装运和转船

（1）分批装运（partial shipments）。是指一个合同项下的货物，分若干批装于不同航次的船只上。在大宗货物交易中，买卖双方根据交货数量、运输条件和货源等因素，可在合同中规定分批装运条款。

（2）转船（transshipment）。是指在远洋运输中，货物在中途港口卸下后换装到其他船只上运往目的港的行为。货物需要转船的主要原因是：从装运港到目的港无直达船只，无固定船期或船期较少，或目的港不在班轮航线上。

凡合同中未明确规定禁止分批装运或转船的，按惯例理解为可以分批装运或转船。

 应用举例 2-4-5

（1）2018年5月前装运，由上海经香港至伦敦，6 000公吨分三批等量装运，每批相隔20天。

Shipment before May 2018 from Shanghai via HongKong to London by container vessel. 6,000 M/T shipment to be effected in three equal consignment at an interval of about 20 days.

（2）2018年1/2月每月平均装运。装运港：上海/天津。目的港：鹿特丹/安特卫普。选港附加费由买方负担。

Shipment during Jan./Feb. 2018 in two equal monthly lots. Port of loading：Shanghai/Tianjin. Port of destination：Rotterdam/Antwerp. Optional additional fee for buyer's account.

4. 装运通知

为了搞好船货衔接，交易双方要承担起相互通知的义务，并承担因未按规定通知给对方造成的损失和因此发生的额外费用。因此，装运通知是装运条款中的一项重要内容。装运通知包括备货通知、派船通知和装船通知，其中前两者用于FOB贸易术语成交的合同，至于装船通知则在FOB、CFR和CIF合同中都适用。

（1）备货通知。在FOB合同下，卖方应在约定的装运期开始前30天，向买方发出货物备妥待运的通知，以便买方派船接货。

（2）派船通知。根据Incoterms ®2010，在FOB合同下，买方安排好船只后必须就船舶名称、装船地点和在需要时其在约定期间内选择的交货时间向卖方发出充分的通知，以便卖方有足够的时间安排货物装运事项。

（3）装船通知。根据Incoterms ®2010，卖方必须就其已经交货或船舶未在约定时间内收取货物给予买方充分的通知。装船通知适用于FOB、CFR和CIF合同，建议双方在合同中明确约定卖方发出装船通知的具体时间、形式及装船通知的内容。见样本2-4-2。

样本 2-4-2　装船通知

东方电器有限公司
ORIENT ELECTRIC CO., LTD
NO. 666 FENJIN ROAD QINGDAO, SHANDONG, CHINA
SHIPPING ADVICE

TO：LUCERNA TRADING CO., LTD

S/C NO.：OE171120
L/C NO.：MKC4786323
DATE：Jan. 12, 2018

DEAR SIRS：

　WE HEREBY INFORM YOU THAT THE GOODS UNDER ABOVE MENTIONED CREDIT HAVE BEEN SHIPPED. THE DETAILS OF THE SHIPMENT ARE STATED BELLOW.

COMMODITY：ELECTRIC HAIR DRYER

NUMBER OF CTNS：600 CTNS

GROSS WEIGHT：7 800KGS

OCEAN VESSEL：JIXIANG V. 501

B/L NO.：COSU 142939

PORT OF LOADING：QINGDAO, CHINA

PORT OF DESTINATION：MARSEILLES, FRANCE

DATE OF DEPARTURE：Jan. 12, 2018

ORIENT ELECTRIC CO., LTD（公章）

赵丹

---

5. 滞期费和速遣费条款

在租船合同中，凡是需要订立滞期费和速遣费条款的，在买卖合同中也应订立这一条款，具体要求应与租船合同中的有关内容一致。

四、业务实例——赵丹拟定的装运条款

4. 装运条件：

TERMS OF SHIPMENT：

装运期限：收到信用证 45 天内装运，允许转船。

TIME OF SHIPMENT：Within 45 days after receipt of L/C allowing transshipment.

装运港：中国青岛

LOADING PORT：Qingdao, China

目的港：法国马赛

DESTINATION PORT：Marseilles, France

案例讨论 2-4-2

（1）我国某公司向国外出口花生 500 吨。买方来证规定："分 5 个月装运：3 月份 80 吨；4 月份 120 吨；5 月份 140 吨；6 月份 110 吨；7 月份 50 吨。每月不许分批装运。装运从中国港口至伦敦。可溢短装 5%。"该公司根据信用证规定于 3 月、4 月份在青岛港装运，均顺利收回了货款。不料因货源不足，5 月 20 日在青岛港只装了 70.5 吨。经联系得知烟台某公司有一部分同样规格的货物，该公司便要求货轮驶往烟台港继续装运。事后该公司向银行提交了两套单据：一套是在青岛于 5 月 20 日签发的提单，其货量为 70.5 吨；另一套是在烟台于 5 月 28 日签发的提单，货量为 64.1 吨。银行认为单据有两处不符点：① 在青岛和烟台分批装运货物；② 短量。讨论：银行提出的不符点是否成立？

（2）我国某出口企业与外商按 CIF 条件达成交易，出口合同和信用证均规定不准转运。我方按期装船，并凭直运提单议付了货款。途经某港时，船方为接载其他货物，擅自将我方托运的货物转了船。由于中途耽误，加上换装后的船舶设备陈旧，使抵达目的港的时间比正常直运晚了两个多月。为此，买方向我方出口企业提出索赔，理由是我方提交的是直运提单，而实际上是转船运输，是弄虚作假行为。我方认为，船舶的舱位是我方订的，转船的责任理应由我方承担。因此按对方要求进行了理赔。讨论：我方这样做是否正确？为什么？

（3）某外贸公司以 FOB 条件出口棉纱 2 000 包，装船时已经双方认可的检验机构检验，货物符合合同规定的品质条件。该外贸公司装船后因疏忽未及时通知买方，直至 3 天后才发出装船通知。不料在起航 18 小时后，船只遇风浪致使棉纱全部浸湿。这时买方尚未办理保险手续，于是要求卖方赔偿损失。卖方以风险已转移为由拒绝赔偿。讨论：该合同中，货物风险是否已转移给买方？卖方是否应该赔偿？

 知识拓展 2-4-4

"一带一路"

"一带一路"是"丝绸之路经济带"和"21 世纪海上丝绸之路"的简称，2013 年 9 月和 10 月由中国国家主席习近平分别提出建设"新丝绸之路经济带"和"21 世纪海上丝绸之路"的倡议。"一带"指的是"丝绸之路经济带"，是在陆地，它有三个走向，从中国出发：一是经中亚、俄罗斯到达欧洲；二是经中亚、西亚至波斯湾、地中海；三是中国到东南亚、南亚、印度洋。"一路"指的是"21 世纪海上丝绸之路"，重点方向是两条：一是从中国沿海港口过南海到印度洋，延伸至欧洲；二是从中国沿海港口过南海到南太平洋。

2015 年国家发展改革委、外交部、商务部联合发布了《推动共建丝绸之路经济带和 21 世纪海上丝绸之路的愿景与行动》。截至 2017 年 7 月已有 68 个国家加入一带一路建设，无论是发达国家还是发展中国家，都希望搭乘中国发展的"快车""便车"。它将充分依靠中国与有关国家既有的双多边机制，借助既有的、行之有效的区域合作平台和古代丝绸之路的历史符号，积极发展与沿线国家的经济合作伙伴关系，共同打造政治互信、经济融合、文化包容的利益共同体、命运共同体和责任共同体。

"一带一路"版图见图2-4-1。

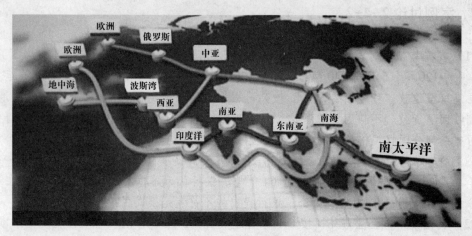

图2-4-1 "一带一路"版图

同步训练

一、专业知识训练

（一）单项选择

1. 班轮运输的运费应该包括_____。

A. 装卸费，不计滞期费和速遣费　　　B. 装卸费、滞期费和速遣费

C. 卸货费和滞期费，不计速遣费　　　D. 卸货费和速遣费，不计滞期费

2. 当贸易术语采用CIF时，海运提单对运费的表示应为_____。

A. freight prepaid　　B. freight to collect　　C. freight repayable　　D. freight unpaid

3. 就收货人抬头而言，国际上普遍使用的海运提单是_____。

A. Straight B/L　　　B. Order B/L　　　C. Bearer B/L　　　　D. Open B/L

4. 国际多式联运是由_____。

A. 一个联运经营人负责货物的全程运输，运费一次计收

B. 一个联运经营人负责货物的全程运输，运费按不同运输方式分别计收

C. 多个经营人分段负责货物的全程运输，运费一次计收

D. 各种运输方式分别经营、分别计费

5. 下列正确表示装船日期的是_____。

A. 货物于5月24日送交船公司　　　B. 货物于6月4日开始装船

C. 货物于6月4日全部装完　　　　　D. 货物于6月24日抵达日本

6. 在定程租船方式下，我国对装卸费采用的较为普遍的办法是_____。

A. Free In and Out　　B. Gross Terms　　C. Free Out　　　　D. Free In

7. 对港澳地区的铁路运输单据是_____。

A. 国际铁路联运单　　　　　　　　　B. 国际铁路运单

C. 铁路运单　　　　　　　　　　　　D. 承运货物收据

8. 对于需要拼箱处理的货物，一般要在_____将不同发货人的货物拼装在一个集装箱内。

A. 集装箱堆场　　　B. 集装箱货运站　　C. 发货人仓库　　　D. 码头

9. 航空运费的收取标准为_____。

A. 按 M 收取　　　　　　　　　B. 按 W 收取

C. 按 W/M 收取　　　　　　　　D. 按 W/M or A. V. 收取

10. 北京空运至旧金山两件货物，总重量为 65.6 千克，单件体积为 80 厘米×60 厘米×60 厘米。两件货物的体积重量为_____千克。

A. 48　　　　　　B. 96　　　　　　C. 192　　　　　　D. 72

11. 依据第 10 题，货物的计费重量应选择_____。

A. 理论重量　　　B. 货物净重　　　C. 实际毛重　　　D. 体积重量

12. 必须经过背书才能转让的提单是_____。

A. 指示提单　　　B. 记名提单　　　C. 不记名提单　　　D. 不清洁提单

13. 清洁提单要求_____。

A. 货物表面完好　　B. 轮船表面完好　　C. 提单表面完好　　D. 运费已付

14. 滞期费是_____。

A. 买方向卖方收取的延期交货补偿费　　B. 卖方向买方收取的延期付款补偿费

C. 租船人向船方支付的延误装船的罚款　　D. 船方向租船人支付的延误装船的罚款

15. 指示提单要求提单的"收货人"栏内_____。

A. 留空白　　　B. 填写"凭指示"　　C. 填写收货人名称　　D. 填写付款银行名称

（二）判断正误

1. （　　）海运提单一般有三份正本，凭其中任何一份均可在卸货港向船公司提货。

2. （　　）海上货物运输单据主要有海运提单和海运单两种，二者都是货物所有权凭证。

3. （　　）CIF 伦敦/利物浦/安特卫普，是指货物分别在三个港口卸货。

4. （　　）按惯例，速遣费通常为滞期费的一半。

5. （　　）船公司一般只接受 M 单，收货人持 H 单只能找货代在目的港的指定代理提货。

6. （　　）多式联运单据通常是不可转让的。

7. （　　）倒签提单和预借提单均为非法提单，银行一般不予接受。

8. （　　）"整箱接、整箱交"的情况适用于一箱货物一般只有一个发货人和一个收货人。

9. （　　）如合同中规定装运期为"7/8 月份装运"，那么出口公司必须将货物于 7 月、8 月两个月内，每月各装一批。

10. （　　）在同美国进行贸易时，若要取得运价上的优惠，可采用 OCP 条款。

11. （　　）根据《UCP 600》，同一船只、同一航线中多次装运的货物，只要目的港相同，即使提单注明不同的装运日期和装运港，也不应视作分批装运。

12. （　　）提单具有运输合同的性质。当托运人将提单转让给第三方时，提单就变成承运人与第三方之间的运输合同。

13.（　　）按照《UCP 600》，信用证中未明确规定可否分批装运与转船的，即为允许。

14.（　　）提单签发日期一般以装船日期为准，通常认为是装船结束的日期而非开装日期。

15.（　　）提单批注中声明对货物的内容、数量、质量等不详，这种提单属于不清洁提单。

（三）名词解释

1. 班轮运输　2. 海运提单　3. 滞期费　4. 速遣费　5. 国际多式联运

（四）简答题

1. 简述班轮运输的特点。

2. 简述租船运输的方式。

3. 简述海运提单的作用。

4. 简述集装箱运输的优点。

5. 简述国际多式联运应具备的条件。

二、操作技能训练

（一）合同条款翻译

100 cases of Electric Goods and Materials, shipment from Chinese port to Bangkok. Partial shipments and transshipment are prohibited. Full set clean on board marine bill of lading marked Freight prepaid, to order of shipper, endorsed to K. T. Bank, notifying buyers.

（二）运费报价核算

1. 海运至肯尼亚蒙巴萨港口"门锁"一批计 100 箱，每箱体积为 20 厘米×30 厘米×40 厘米，毛重为 25 千克。燃油附加费为 30%，蒙巴萨港口拥挤附加费为 10%。门锁属于小五金类，计费标准是 W/M，基本运费为 443.00 美元/运费吨，试核算应付运费。

2. 我某公司出口箱装货物一批，报价为 CFR 利物浦每箱 35 美元，英国商人要求改报 FOB 价。该批货物的体积为 45 厘米×40 厘米×25 厘米，每箱毛重为 35 千克，商品计费标准为 W/M，基本运费为 120 美元/运费吨，并加收燃油附加费 20%，货币贬值附加费 10%。在保持原报价水平不变的情况下，我方应如何报价？

（三）情景模拟训练

青岛利华进出口公司业务员李丽与阿联酋客户经过交易磋商，双方就合同的装运条件达成了一致。请你以青岛利华进出口公司业务员李丽的身份，根据下面资料用英语拟定销售合同中的相关项目。业务资料如下：

1. 装运港：青岛

2. 目的港：迪拜（Dubai）

3. 最迟装运日：2017 年 11 月 20 日

4. 分批装运：不允许

5. 转船：允许

任务五 保险条款

知识目标：了解保险的基本知识，掌握我国海洋货物运输保险的承保范围、险别及保险责任等相关规定，明确保险条款应包含的内容。

能力目标：能根据业务需要选择合理的保险险别，能草拟合同中的保险条款。

国际贸易中的保险，是指进出口商按照一定险别向保险公司投保并交纳保险费，以便货物在运输过程中受到损失时，从保险公司获得经济上的补偿。保险条款是贸易合同中关于保险责任的规定，是合同中的重要条款。因此，作为一个外贸业务员，必须要了解保险的基本知识，掌握保险公司的承保范围、保险责任等相关规定，在此基础上，才能根据业务需要选择合理的保险险别，正确拟定合同中的保险条款。

一、海洋运输货物的承保范围

（一）保险的基本知识

1. 有关保险的专有名词

（1）保险人。是指收取保费，并在保险事故发生后向被保险人承担赔偿义务的人。

（2）被保险人。是指支付保险费，并在保险标的遭到保险责任范围内的损失时获得赔偿的人。

（3）保险标的。就是作为保险对象的财产及其有关利益，或者是人的寿命和身体。国际货物运输中，保险标的是指可能由于保险事故的发生而遭受损害或灭失的货物或其他利益。如海运中的货物、船舶、船舶营运收入等。

（4）保险事故。是指保险合同约定的保险责任范围内的事故。也就是造成保险人承担赔偿损失责任的事故原因，例如海运中的触礁、沉没、火灾等。

（5）保险金额。是指保险人在保险事故发生后应当向被保险人赔偿的最高金额。保险金额不得超过保险价值，超过部分无效。

（6）保险费。是指被保险人因保险人承诺某种损失风险，而支付给保险人的报酬。

（7）保险费率。是指保险费与保险金额之比。

$$保险费率 = 保险费/保险金额$$

（8）保险期间。是指保险人之保险责任存续期间，即保险责任起讫。超出保险期间发生的保险事故，保险人不承担责任。

2. 保险的基本原则

保险原则是指在保险业发展的过程中逐渐形成并被人们公认的基本原则。坚持这些原则有利于维护保险双方的合法权益，更好地发挥保险的职能和作用。

（1）保险利益原则。保险利益，又称可保利益或可保权益，是指投保人或被保险人对其所保标的具有法律上承认的权益，否则保险合同无效。

在海运货物保险中同样遵循这一原则，强调被保险人在保险标的发生损失时必须具有可保利益，否则保险人对损失不承担赔偿责任。如一份 FOB 合同，买方为货物投保了"仓至仓"一切险。货物在从卖方仓库运往码头的途中发生了承保范围内的损失，买方凭保单向保险公司索赔遭拒绝，原因就是损失发生时风险尚未转移，买方尚不具备保险利益。

（2）最大诚信原则。即要求保险活动的各方主体在保险合同的订立、履行过程中诚实不欺、重信守诺。投保人和被保险人违反诚信原则的，保险人有权解除保险合同或不负赔偿责任。我国《海商法》规定：由于被保险人的故意，未将重要情况如实告知保险人的，保险人有权解除合同，并不退还保险费。合同解除之前发生保险事故造成损失的，保险人不负责赔偿。

（3）损失补偿原则。即保险赔偿以弥补被保险人的损失为前提，保险赔偿不能造成被保险人的不当得利。实际运用过程中，应当以实际损失为限、以保额为限、以保险利益为限。

（4）近因原则。是指危险事故的发生与损失结果的形成须有直接的因果关系，保险人才对发生的损失承担赔偿责任。对于单一原因造成的损失，单一原因即为近因；对于多种原因造成的损失，持续地起决定或有效作用的原因为近因。

例如，船舶遭炮火袭击受损，船体进水沉没。船体进水是战争行为的直接后果，如果被保险人只投了一切险而没有加保战争险，就不能获得赔偿。

又如，某轮船与一沉船相撞而出现破洞，经临时补漏后被拖往修理港。途中，水从漏洞涌入，最终弃船。此案中，碰撞与海水涌入共同作用于船舶，共同导致船舶灭失，均为近因。

（二）海洋运输货物的承保范围

海洋运输是国际货物运输中最主流的运输方式。明确海洋运输货物的承保范围，对于正确理解保险条款、选择投保险别及保险索赔都有重要意义。海洋运输货物的承保范围，包括海上风险、海上损失与费用以及外来原因所引起的风险损失。

1. 海上风险

海洋运输货物保险中，保险人承保的风险分为海上风险和外来风险。见图 2-5-1。

图 2-5-1　风险的分类

海上风险（marine risk），又称海难，是指船舶或货物在海上运输过程中所遇到的自然灾害和意外事故。一方面，海上风险并不包括海上发生的一切风险，如海运途中的战争风险不含在内。另一方面，海上风险又不仅仅局限于海上航运过程中发生的风险，它还包括与海运相连接的内陆、内河、内湖运输过程中的一些自然灾害和意外事故。

（1）自然灾害（natural calamities）。仅指恶劣气候、雷电、海啸、浪击落海、洪水、地震、火山爆发等自然界的破坏力量所造成的灾害。

（2）意外事故（fortuitous accidents）。是指船舶搁浅、触礁、沉没、互撞、与流冰或其他物体碰撞，以及失火、爆炸等意外原因造成的事故或其他类似事故。同样，意外事故并不包括海上发生的所有非意料事故。

 知识拓展 2-5-1

海上风险的范围

1. 自然灾害

（1）恶劣气候。承保海上的飓风（8级以上）和大浪（3米以上）引起的船体颠簸倾斜，由此而引起的船上所载货物的相互挤压、碰撞所导致的货物的破碎、渗漏、凹瘪等损失。

（2）雷电。承保因货物在海上或陆上运输过程中由于雷电所直接造成的或者由于雷电引起的火灾所造成的货物的灭失和损害。

（3）海啸。承保由于海啸致使保险货物遭受的损害或灭失。海啸是由地震或风暴所造成的海面的巨大涨落现象。

（4）浪击落海。浪击落海通常指存放在舱面上的货物在运输过程中受海浪的剧烈冲击而落海造成的损失。我国现行的海运货物保险条款的基本险条款不保此项风险，这项风险可以通过附加投保舱面险而获得保障。

（5）洪水。承保因江河泛滥、山洪暴发、湖水上岸及倒灌或暴雨等致使保险货物遭受泡损、淹没、冲散等损失。

（6）地震。承保由于地面发生震动、坍塌、地陷、地裂等造成的保险货物的损失。

（7）火山爆发。承保由于火山爆发引起地震以及火山岩浆造成的保险货物的损失。

2. 意外事故

（1）搁浅。承保船舶在无法预料的情况下触碰海底、浅滩、堤岸等造成搁置，无法继续完成运输造成的损失。但由于规律性潮涨潮落造成的搁浅不属于此范围。

（2）触礁。承保船舶在航行中触及岩礁或其他障碍物，如木桩、渔栅等造成的损失。

（3）沉没。承保船体全部或大部分没入水下，失去航行能力造成的损失。但如果只是部分入水而仍能航行，则不能视为船舶沉没。

（4）碰撞。承保载货船舶同水以外的外界物体，如码头、船舶、灯塔、流冰等发生猛烈撞击，由此造成的船上货物的损失。

（5）倾覆。承保船舶在航行中遭受自然灾害或意外事故导致船体翻倒或倾斜，非经施救不能继续航行，由此造成的保险货物的损失。

（6）火灾。承保由于意外失火失去控制，火势蔓延扩大造成的船舶和货物的损失。

（7）爆炸。承保船舶锅炉爆炸或船上货物爆炸事故造成的损失。

（8）船舶失踪。船舶在航行中失去音讯且超过一定期限仍无消息，保险公司承担全部责任。

2. 海上损失

海上损失又称海损，是指被保险货物在海运过程中，由于海上风险造成的损坏或灭失。海损也包括与海运相连的陆运和内河运输过程中的货物损失。

按照损失的程度，海损可分为全部损失与部分损失；按照损失的性质，海损又可分为共同海损和单独海损。共同海损和单独海损在保险业务中均属于部分损失的范畴。见图 2-5-2。

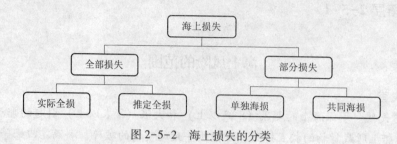

图 2-5-2　海上损失的分类

1）全部损失（total loss）

全部损失简称全损，是指运输途中整批或不可分割的一批货物的全部损坏或灭失。全损又可分为实际全损和推定全损。

（1）实际全损（actual total loss）。是被保险货物完全灭失或货物受损后已失去原有的用途。构成实际全损的情况有以下四种。

① 被保险货物完全损坏或灭失。如货物沉入海底、被大火烧掉、被海水融化等。

② 被保险货物遭受严重损害，已丧失原有的商业价值或用途。如茶叶、水泥经水浸泡。

③ 被保险人对其货物的所有权已无可挽回地被完全剥夺。如被海盗劫走、被敌方扣押。

④ 载货船舶失踪达半年以上仍无音讯。船舶失踪，货主可以向保险人索赔实际全损。

（2）推定全损（constructive total loss）。是指被保险货物的实际全损已经不可避免，或者恢复、修复受损货物以及运送货物到原定目的地的费用超过货物到达该目的地的价值。推定全损需经保险人核查后认定。构成推定全损的情况有以下四种。

① 被保险货物受损后，修理费用将超过货物修复后的价值。

② 被保险货物受损后，整理和续运至目的地的费用，将超过货物到达目的地的价值。

③ 为避免实际全损需要花费的施救费用，将超过施救后的货物价值。

④ 被保险人失去所保物的所有权，而收回这一所有权花费的代价将超过收回后保险货物的价值。

（3）实际全损与推定全损的区别。

① 实际全损是保险标的的实质性及物质性损失，而推定全损可视为一种商业性损失。

② 对于实际全损，被保险人可按照保险金额获得全部赔偿。对于推定全损，被保险人必须进行委付才能获得全损赔偿。被保险人不委付被保险货物，就只能以部分损失索赔。

委付（abandonment），是指在出现推定全损时，被保险人明确表示将该保险标的的一切权利转移给保险人，而请求保险人赔偿全部保险金额的法律行为。

委付成立的条件是：发生推定全损、被保险人提出委付申请、将货物处置权交给保险人。

2）部分损失（partial loss）

部分损失简称分损，是指被保险货物的部分损坏或灭失。凡货损没有达到全损程度的任何一种损失都称为部分损失。部分损失分为单独海损和共同海损。

（1）单独海损（particular average，PA）。是指货物受损后未达到全损程度，而且是仅涉及船舶或货物所有人单方面的损失。该损失仅由受损方单独负担。单独海损可分为船舶损失、货物损失和运费损失。例如，船载瓷器航行途中因遇恶劣气候，堆垛倾倒，造成部分破碎。此项损失局限于该瓷器的货主，与船东和其他同船货主无关；而其损失又未达到全部损失程度，所以应属单独海损。

（2）共同海损（general average，GA）。是指载货船舶在航行途中遇到危及船货共同安全的自然灾害和意外事故，船方为了维护船货的共同安全或使航程得以继续完成，有意识地采取合理措施而产生的特殊牺牲和费用。如船舱起火，船长下令灭火，浇湿部分货物。被浇湿的货物属于共同海损的牺牲，灭火产生的费用属于共同海损的费用。

共同海损发生后，凡属共同海损范围内的牺牲和费用，均由有关受益方（即船方、货方和运费收入方）根据获救价值按比例分摊，然后再向各自的保险人索赔。这就叫共同海损的分摊（GA Contribution）。共同海损分摊一般由专门的海损理算机构进行理算。

构成共同海损必须具备如下四个条件。

① 船方在采取紧急措施时，必须确有危及船、货共同安全的危险存在，不能主观臆测。

如：船方误把机舱外的烟雾臆测为火灾而喷水，导致部分货物受潮。由于客观上并无危及船货共同安全的危险，此项货物受潮损失不能构成共同海损。同样，如果只是为了船舶或货物单方面的利益而造成的损失，也不能作为共同海损。

② 船方所采取的措施必须是有意的、合理的。

如：载货船舶搁浅，被迫抛货使船舶起浮，从而使船货解除危险，这种抛弃就是有意的。抛货时应选择量重价低的，如果将量轻价高的货物抛弃就属不合理的，不能按共同海损处理。

③ 所作出的牺牲或支出的费用必须是非常性质的，即不是通常业务中所必然出现的。

如：载货船舶搁浅后，船壳钢板出现裂缝，必须临时补漏后以保证完成航程。为修船而产生的卸货、重装和倒移费用均应视为共同海损。

④ 构成共同海损的牺牲和费用支出必须是有效的。即经过采取某种措施后，船舶和货物的全部或一部分最终安全抵达，避免了船货的同归于尽。

 知识拓展 2-5-2

常见的共同海损牺牲项目

（1）抛弃。指抛弃船上载运的货物或船舶物料。

（2）救火。为救火向舱内灌浇海水、淡水、灭火剂等造成舱内货物或船舶的灭失。

（3）有意搁浅。采取紧急的人为搁浅措施造成舱内货物或船舶的灭失。

（4）起浮脱浅。船舶搁浅后，为起浮继续航行而造成舱内货物或船舶的损失。

（5）避难。船舶在避难港卸货、重装，倒移货物、燃料或物料造成货物或船舶的损失。

（6）燃烧货物。将船上货物或船舶物料当作燃料以保证船舶继续航行。

（7）割断锚链。为避免发生碰撞等紧急事故，停泊的船舶来不及进行正常起锚，有意识地砍断锚链、丢弃锚具，以便船舶启动，由此造成的断链、弃锚损失。

（3）单独海损与共同海损的主要区别。

① 造成海损的原因不同。单独海损是承保范围内的海上风险直接导致的船、货损失；共同海损则是为了解除或减轻共同危险，人为造成的一种损失。

② 承担损失的责任不同。单独海损的损失由受损方自行承担；共同海损的损失则应由受益的各方按照受益大小的比例共同分摊。

③ 损失的构成不同。单独海损一般是船舶或货物单方面的损失，不产生费用；而共同海损既包括船舶或货物的牺牲，又包括采取措施所产生的费用。

3. 海上费用

由海上风险所造成的海上费用，主要有施救费用和救助费用。

（1）施救费用（sue and labor charges）。是指当被保险货物遇到保险责任范围内的灾害事故时，被保险人或其代理人或保险单上的受让人等为防止损失的扩大而采取措施所付出的合理费用。

（2）救助费用（salvage charges）。是指被保险货物遇到保险责任范围内的灾害事故时，由保险人和被保险人以外的第三者采取救助行动获得成功后，向其支付的劳务报酬。救助无效果不支付报酬。

4. 外来风险和损失

外来风险和损失，是指由海上风险以外的其他各种外来原因所造成的风险和损失。外来风险和损失包括下列两种类型。

（1）一般外来原因造成的风险和损失。通常是指偷窃、短量、破碎、雨淋、受潮、受热、发霉、串味、沾污、渗漏、钩损和锈损等风险损失，属于一般附加险的保险范畴。

（2）特殊外来原因造成的风险和损失。主要是指由于军事、政治、国家政策法令和行政措施等原因所致的风险损失，如战争、罢工、交货不到、被拒绝进口或没收等，属于特殊附加险的保险范畴。

除上述各种风险损失外，保险货物在运输途中还可能发生其他损失，如途中的自然损耗以及货物本身特点和内在缺陷造成的货损等，这些损失不属于保险公司承保的范围。

 案例讨论 2-5-1

（1）有一台精密仪器价值 15 000 美元，货轮在航行途中触礁，船身剧烈震动而使仪器受损。事后经专家检验，修复费用为 16 000 美元，如拆为零件销售，可卖 2 000 美元。讨论：该仪器属于何种损失？

（2）某货物从天津新港驶往新加坡，在航行途中船舶货舱起火，大火蔓延到机舱，船长为了船货的共同安全，决定采取紧急措施，往船中灌水灭火。火虽被扑灭，但由于主机受损，无法继续航行，于是船长决定雇用拖轮将货船拖回新港修理。检修后重新驶往新加坡。

事后调查，这次事件造成的损失有：① 1 000 箱货烧毁。② 300 箱货由于灌水灭火受损。③ 主机和部分甲板被烧毁。④ 拖船费用。⑤ 额外增加的燃料和船长、船员工资。讨论：从损失的性质来看，上述各项分别属于哪种类型的损失？

二、我国海洋运输货物保险条款

中国人民保险公司（PICC，简称人保）参照国际保险市场上的习惯做法，制定了各种保险条款，总称为《中国保险条款》（China Insurance Clauses，CIC）。现行的国际运输货物保险条款是于 1981 年 1 月 1 日修订实施的，包括海洋、陆上、航空和邮包运输四类，本书主要介绍海运货物保险条款。

我国的海运货物保险，分为基本险、附加险和专门险三类，见图 2-5-3。分别由海洋运输货物保险条款、海洋运输货物保险附加条款、海洋运输冷藏货物保险、海洋运输散装桐油保险等一系列条款构成。

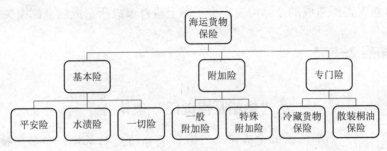

图 2-5-3 我国的海运货物保险类别

（一）基本险

基本险（basic risks）也称主险，承保海上风险所造成的损失，分为平安险、水渍险、一切险三个险别，投保人可以根据需要选择其中任何一个险别投保。

1. 责任范围

（1）平安险（free from particular average，FPA）。本保险负责赔偿（参见图 2-5-4）：

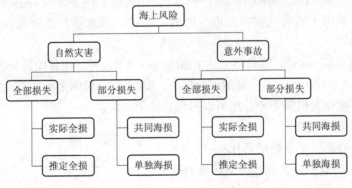

图 2-5-4 海上风险及损失示意图

① 被保险货物在运输途中由于恶劣气候、雷电、海啸、地震、洪水等自然灾害造成整批货物的全部损失或推定全损。

② 由于运输工具遭受搁浅、触礁、沉没、互撞、与流冰或其他物体碰撞以及失火、爆炸意外事故造成货物的全部或部分损失。

③ 在运输工具已经发生搁浅、触礁、沉没、焚毁等意外事故的情况下，货物在此前后又在海上遭受恶劣气候、雷电、海啸等自然灾害所造成的部分损失。

④ 在装卸或转运时由于一件或数件整件货物落海造成的全部或部分损失。

⑤ 被保险人对遭受承保责任内危险的货物采取抢救、防止或减少货损的措施而支付的

合理费用，但以不超过该批被救货物的保险金额为限。

⑥ 运输工具遭遇海难后，在避难港由于卸货所引起的损失以及在中途港、避难港由于卸货、存仓及运送货物所产生的特别费用。

⑦ 共同海损的牺牲、分摊和救助费用。

⑧ 运输契约订有"船舶互撞责任"条款，根据该条款规定应由货方偿还船方的损失。

平安险的责任范围较为明显地体现在前两项上，可以归结为：平安险负责赔偿被保险货物由于海上自然灾害所造成的全部损失，由于海上意外事故所造成的全部损失或部分损失。

 知识拓展 2-5-3

"船舶互撞责任"条款

按《1910 年同一船舶碰撞若干法律规定的国际公约》的规定：船舶碰撞互有责任时，两船上的货物损失由过失船舶各按过失程度比例赔偿。货主可以就承运货物因船舶互撞所导致的损失，向对方船只索取赔偿。

承运人为了维持自身的利益，在提单中加进了"船舶互撞责任"条款，规定货主应向承运人退还他从对方船只获得的赔款。

伦敦保险协会的保险条款规定，对于货主（被保险人）向承运人退赔造成的损失，可由保险人负责赔偿。我国海洋运输货物保险条款，亦将此条款作为一项责任范围。

（2）水渍险（sith particular average，WPA）。除包括上述平安险的各项责任外，本保险还负责被保险货物由于恶劣气候、雷电、海啸、地震、洪水等自然灾害所造成的部分损失（参见图 2-5-4）。

（3）一切险（all risks）。除包括上述水渍险的各项责任外，本保险还负责被保险货物在运输途中由于一般外来原因所致的全部或部分损失，即 11 种一般附加险。参见知识拓展 2-5-4。投保本险别后，投保人根据需要，还可以加保特殊附加险。

2. 基本险的除外责任

本保险对下列损失不负赔偿责任：

① 被保险人的故意行为或过失所造成的损失；

② 属于发货人责任所引起的损失；

③ 在保险责任开始前，被保险货物已存在的品质不良或数量短差所造成的损失；

④ 被保险货物的自然损耗、本质缺陷、特性以及市价跌落、运输延迟所引起的损失或费用；

⑤ "海洋运输货物战争险"条款和"罢工险"条款规定的责任范围和除外责任。

3. 基本险的责任起讫

责任起讫亦称保险期间或保险期限，是指保险人承担责任的起讫时限。

我国货物基本险的责任起讫为"仓至仓"（warehouse to warehouse，W/W），即自被保险货物运离保险单所载明的起运地仓库或储存处所开始运输时生效，包括正常运输过程中的海上、陆上、内河和驳船运输在内，直至该项货物到达保险单所载明目的地收货人的最后仓库或储存处所或被保险人用作分配、分派或非正常运输的其他储存处所为止。如未抵达上述仓库或储存处所，则以被保险货物在最后卸载港全部卸离海轮后满60天为止。如在上述60天内被保险货物需转运到非保险单所载明的目的地时，则以该项货物开始转运时终止。

（二）附加险

附加险（additional risks），承保由于外来原因所造成的损失。附加险是基本险的扩大和补充，因此不能独立投保，只能在投保了某项基本险的基础上加保。加保的附加险可以是一种或几种，由被保险人根据需要选择确定。附加险有一般附加险与特殊附加险两类。

1. 一般附加险（general additional risks）

承保一般外来风险造成的全部和部分损失，包含在一切险中。包括：偷窃、提货不着险，淡水雨淋险，短量险，混杂、玷污险，渗漏险，碰损、破碎险，串味险，受热、受潮险，钩损险，锈损险，包装破裂险等11种情况，可以在投保平安险或水渍险的基础上加保。

2. 特殊附加险（special additional risks）

承保特殊外来风险造成的全部和部分损失，不包含在一切险中。主要有交货不到险、进口关税险、拒收险、舱面险、黄曲霉素险、罢工险和战争险等，可以在任何一种基本险的基础上加保。

 知识拓展 2-5-4

附加险的范围

1. 一般附加险

（1）偷窃、提货不着险。负责被保险货物被偷窃，以及货物运抵目的地后整件未交的损失。

（2）淡水雨淋险。负责被保险货物因遭受雨淋、雪融或其他原因的淡水浸淋所致的损失，包括船上淡水管漏水、舱汗等。

（3）短量险。负责被保险货物数量短少和重量的损失。

（4）混杂、玷污险。负责被保险货物在运输过程中因混进杂质或被玷污所致的损失。

（5）渗漏险。负责流质、半流质液体和油类物质因容器损坏而引起的渗漏损失。

（6）碰损、破碎险。负责被保险货物因震动、颠簸、挤压所造成的碰损，以及对易碎货物运输途中由于野蛮装卸、颠震造成的破碎损失。

（7）串味险。负责被保险货物因与其他异味货物混装引起的品质受损。

（8）受热、受潮险。负责因气温骤变，或由于船上通风设备失灵导致船舱内水汽凝结、受热、受潮所造成的损失。

（9）钩损险。负责被保险货物在装卸过程中因为使用手钩、吊钩等工具所造成的损失，以及对包装进行修补或调换所支付的费用。

（10）锈损险。负责被保险货物在运输过程中因为生锈造成的损失。

（11）包装破裂险。负责因运输或装卸不慎致使包装破裂所造成的损失，以及对包装进行修补或调换所支付的费用。

2. 常见的特殊附加险

（1）交货不到险。不论何种原因，从被保险货物装上船开始，6个月内不能运到原定目的地交货的，按实际全损赔偿。

（2）进口关税险。当货物遭受保险责任范围内的损失，而仍须按完好货物价值缴纳进口关税时，保险公司对损失部分货物的进口关税负责赔偿。

（3）拒收险。被保险货物具备有效进口许可证的情况下，被进口国当局拒绝进口或没收，按货物的保险价值进行赔偿。

（4）舱面险。当货物置于船舶甲板上时，除按保单所载条款负责赔偿外，还赔偿被抛弃或浪击落海的损失。集装箱放置舱面时不必投保该险。

（5）黄曲霉素险。负责货物因黄曲霉素含量超过进口国限制标准而被拒绝进口、没收或强制改变用途所遭受的损失。

（6）罢工险。凡因罢工、被迫停工所造成的直接损失，恐怖主义者或出于政治目的而采取行动的个人所造成的损失，以及任何人的恶意行为造成的损失，都属承保范围。投保战争险后，加保罢工险不另行收费。

（7）战争险（见下文介绍）。

3. 战争险

战争险是特殊附加险的主要险种之一，它虽然不能独立投保，但对基本险而言又有很强的独立性，在此，将战争险条款的有关内容进行简单介绍。

1）责任范围

① 直接由于战争、类似战争行为、敌对行为、武装冲突或海盗等造成运输货物的损失。

② 由于上述原因引起的捕获、拘留、扣留、禁制、扣押等所造成的运输货物的损失。

③ 各种常规武器，包括水雷、炸弹等所造成的运输货物的损失。

④ 由本险责任范围所引起的共同海损的牺牲、分摊和救助费用。

2）除外责任

① 由于敌对行为使用原子或热核制造的武器导致被保险货物的损失和费用。

② 由于执政者、当权者或其他武装集团的扣押、拘留引起的承保航程的丧失或挫折所致的损失。

3）责任起讫

海运战争险的保险责任起讫是以水上危险为限的，即自货物在起运港装上海轮或驳船时开始，直到目的港卸离轮或驳船时为止；如不卸离海轮或驳船，则从海轮到达目的港的当日午夜起算满15天保险责任自行终止；如要中途港转船，不论货物在当地卸货与否，保险责任以到达该海港可卸货地点的当日午夜起算满15天为止，俟再装上续运海轮时恢复有效。

 案例讨论 2-5-2

（1）某外贸公司按 CIF 术语出口一批货物，装运前已向保险公司按发票总值 110% 投保平安险。载货船舶于 6 月 13 日在海上遇到暴风雨，致使一部分货物受到水渍，损失价值为

2 100 美元。讨论：保险公司对该批货物的损失是否赔偿？

（2）某外贸公司按 CIF 术语出口一批货物，装运前已向保险公司按发票总值 110% 投保平安险。载货船舶于 6 月 13 日在海上遇到暴风雨，致使一部分货物受到水渍，损失价值为 2 100 美元。数日后，该轮又突然触礁，致使该批货物又遭到部分损失，价值为 8 000 美元。讨论：保险公司对该批货物的损失是否赔偿？为什么？

（3）有批玻璃制品出口，由甲、乙两轮分别载运，货主均投保了平安险。甲轮在航行途中与他船碰撞，玻璃制品因此而发生部分损失；乙轮在航途中遇到暴风雨而使玻璃制品相互碰撞而发生部分损失。事后货主向保险人提出索赔。讨论：保险人应如何处理？

（4）我某公司按 CIF 贸易术语出口 100 箱货物，投保了"仓至仓"平安险，货物在装运港装船时，有 2 箱落入海中。讨论：保险公司是否给予赔偿？

（5）某出口公司按 CIF 条件出口货物一批，并向中国人民保险公司投保了水渍险。货物在转船过程中遇到大雨，货到目的港后，收货人发现货物有明显的雨水浸渍，损失达 70%，因而向保险公司提出索赔。讨论：该公司能否得到赔偿。

（6）要避免淡水雨淋的风险，如何投保合理？（多选）

A. 平安险　B. 水渍险　C. 一切险　D. 淡水雨淋险

E. 一切险+淡水雨淋险　F. 平安险+淡水雨淋险

（7）我方向海湾某国出口花生糖一批，投保一切险。由于货轮陈旧速度慢，加上该轮沿途到处揽载，结果航行 3 个月才到达目的港。卸货后，花生糖因受热时间过长已全部潮解软化，无法销售。讨论：这种情况下保险公司是否赔偿？

（8）有一份以 CIP 条件出售大米合同，卖方在货交承运人之前投保了一切险加战争险，自南美内陆仓库起，直至英国伦敦买方仓库为止。货物从卖方仓库运往码头途中，发生了承保范围内的损失。讨论：当卖方向保险公司提出索赔时，能否得到赔偿？

（9）胜华外贸公司分别向日、英两国商人以 CIF 和 CFR 价格出售蘑菇罐头，保险由相关责任人办理。这两批货物自潍坊起运地仓库运往青岛装运港的途中均遭受损失。讨论：这两笔交易中货物损失的风险各由谁承担？是否能获得保险公司的赔偿？

（10）我方按 CIF 条件出口大豆 1 000 吨，计 10 000 包。合同规定投保一切险加战争险、罢工险。货卸目的港码头后，当地码头工人便开始罢工。在工人与政府武装的对抗中，该批大豆有的被撒在地面，有的被当作掩体，有的丢失，总共损失近半。讨论：这种损失保险公司是否负责赔偿？

（三）专门险

中国保险条款（CIC）根据某些特种货物的特殊性质，制定了专门的保险条款，在此进行简单介绍。

1. 海洋运输冷藏货物保险及协会货物条款

本保险分为冷藏险和冷藏一切险两个险别。被保险货物遭受损失时，本保险按照保险单上订明承保险别的条款规定，负赔偿责任。

（1）冷藏险。其责任范围与海运水渍险相似。除承担海运水渍险的各项责任外，本保险还负责赔偿由于冷藏机器停止工作连续达 24 小时以上造成的被保险货物的腐败或损失。

（2）冷藏一切险。其责任范围与海运一切险相似。除包括上述冷藏险的各项责任外，本保险还负责被保险货物在运输途中由于一般外来原因所致的腐败或损失。

（3）责任起讫。冷藏险和冷藏一切险的责任起讫也按"仓至仓"条款。货物到达目的港如在 30 天内卸离海轮，存入冷藏库，保险公司将继续负责 10 天，如果货物卸离海轮后不存入冷藏库，保险责任至卸离海轮时终止。

2. 海洋运输散装桐油保险

（1）责任范围。散装桐油保险的责任范围与海运一切险相似。本保险负责赔偿：

① 不论任何原因所致被保险桐油的短少、渗漏损失而超过本保险单规定的免赔率时（以每个油仓作为计算单位）；

② 不论任何原因所致被保险桐油的沾污或变质损坏；

③ 被保险人对遭受承保险责任内危险的桐油采取抢救、防止或减少货损的措施而支付的合理费用，但以不超过该批被救桐油的保险额为限；

④ 共同海损的牺牲、分摊和救助费用；

⑤ 运输契约订有"船舶互撞责任"条款，根据该条款规定应由货方偿还船方的损失。

（2）责任起讫。本保险责任自被保险桐油运离保险单所载明的起运港的岸上油库或盛装容器开始运输时生效，在整个运输过程中，包括油管唧油，继续有效，直至安全交至保险单所载明的目的地的岸上油库时为止。但如桐油不及时卸离海轮或未交至岸上油库，则最长保险期限以海轮到达目的港后 15 天为限。

三、我国其他运输货物保险及协会货物条款

在国际贸易中，货物运输除了采用海洋运输方式之外，还有陆运、空运、邮包运输以及由两种或两种以上运输方式组成的多式联运。随着国际贸易的发展，陆上、航空、邮政运输的保险，在整个保险业务中的重要性也日益显著。

（一）陆上运输货物保险

1. 陆上运输货物基本险

陆上运输货物保险的责任范围均适用于火车和汽车运输。

（1）陆运险。承保责任范围与海运水渍险相似。保险公司负责赔偿被保险货物在运输途中遭受暴风、雷电、洪水、地震等自然灾害，或由于运输工具遭受碰撞、倾覆、出轨或在驳运过程中，因驳运工具遭受搁浅、触礁、沉没、碰撞，或由于遭受隧道坍塌、崖崩或失火、爆炸等意外事故所造成的全部或部分损失，并包括抢救货物支付的合理费用，但以不超过被救货物的保险金额为限。

（2）陆运一切险。承保责任范围与海运一切险相似。保险公司除承担上述陆运险的全部责任外，还包括运输途中由一般外来原因造成的全部或部分损失。

（3）责任起讫。陆运保险的保险责任起讫采用"仓至仓"条款，但最长保险责任有效期以被保险货物运抵目的地车站后 60 天为限。

2. 陆上运输货物战争险（火车）

陆运战争险的责任范围与海运战争险相似。陆运战争险承保直接由于战争、类似战争行为以及武装冲突所造成的损失。陆运战争险是一种特殊附加险，可在投保陆运险或陆运一切险的基础上加保。在加保战争险的同时可加保罢工险，不另收费。

陆运战争险的保险责任自被保险货物装上保险单所载明的起运地发货人的火车时开始，到卸离保险单所载目的地的火车为止。如果被保险货物不卸离火车，本保险责任最长期限以火车到达目的地的当日午夜起 48 小时为止。

3. 陆上运输冷藏货物险

陆运冷藏货物险是陆上货物险中的一种专门险。其主要责任范围是：保险公司除负责陆运险所列举的各项损失外，还负责被保险货物在运输途中由于冷藏机器或隔温设备的损坏或者车厢内储存冰块的融化所造成的承保货物解冻融化以致腐败的损失。

陆运冷藏货物险的保险责任起讫也采用"仓至仓"条款，但最长保险责任有效期以被保险货物运抵目的地车站后 10 天为限。

（二）航空运输货物保险

1. 航空运输货物基本险

（1）航空运输险。承保责任范围与海运中的水渍险相似。包括被保险货物在运输途中遭受雷电、火灾、爆炸或由于飞机遭受恶劣气候或其他危难事故而被抛弃，或由于飞机遭遇碰撞、倾覆、坠落或失踪等自然灾害和意外事故所造成的全部或部分损失。

（2）航空运输一切险。承保责任范围与海运中的一切险相似，除上述航空运输险的各项责任外，还包括被保险货物由于一般外来原因所造成的全部或部分损失。

（3）责任起讫。空运保险责任起讫也采用"仓至仓"条款。如果货物运达保险单所载明的目的地而未送抵保险单所载明的目的地收货人仓库或储存处所，则以到达最后卸载地卸离飞机之后 30 天保险责任即告终止。

2. 航空运输货物战争险

空运战争险的责任范围与海运战争险相似。空运战争险是一种特殊附加险，在投保航空运输险和航空运输一切险的基础上可加保。在加保战争险的同时还可加保罢工险，不另收费。保险责任起讫：如果被保险货物不卸离飞机，本保险责任期限则以载货飞机到达目的地的当日午夜起算满 15 天为止。

（三）邮包险条款

1. 邮包运输货物基本险

（1）邮包险。承保责任范围与海运水渍险相似。包括被保险货物在运输途中由于恶劣气候、雷电、海啸、洪水、自然灾害或由于运输工具遭受搁浅、触礁、碰撞、沉没、倾覆、出轨、坠落、失踪或由于失火、爆炸等意外事故所造成的全部或部分损失；另外，还负责被保险人对遭受保险责任范围内的货物采取抢救、防止或减少货损的措施而支付的合理费用，但以不超过该批被抢救货物的保险金额为限。

（2）邮包一切险。承保责任范围与海运一切险相似。除上述陆运险的全部责任外，还负责被保险的邮包在运输途中由于一般外来原因所致的全部或部分损失。

（3）责任起讫。邮包保险的责任起讫，是自被保险邮包离开保险单所载明的起运地点寄件人的处所运往邮局时开始生效，直至被保险邮包运达保险单所载明的目的地邮局，自邮局签发到货通知书当日午夜起算，满 15 天终止；但在此期限内，邮包一经递交至收件人的处所时，保险责任即行终止。

2. 邮包运输货物战争险

邮包战争险是一种特殊附加险，责任范围与上述陆运战争险、空运战争险基本相同。保险责任起讫，是自被保险的邮包经邮政机构收讫后，自储存处所开始运送时生效，直至该项邮包运达保险单所载明的目的地邮政机构送交收件人为止。

（四）英国伦敦的协会货物条款

在国际保险市场上，各国保险组织都制定有自己的保险条款，但最为普遍采用的是英国伦敦保险业协会所制订的《协会货物条款》(Institute Cargo Clause, ICC)。《协会货物条款》最早制定于 1912 年,后经多次修改,最近一次的修改从 2009 年 1 月 1 日起实施。该条款共包括 6 种险别。我国企业按 CIF 或 CIP 条件出口时,一般按《中国保险条款》投保,但如果国外客户要求按《协会货物条款》投保,一般可予接受。

1. 协会货物条款(A)(简称 ICC(A))

相当于中国保险条款中的一切险,可以独立投保,但其责任范围更为广泛,采取"一切风险减除外责任"的方式。除外责任有:

① 一般除外责任,如因包装原因造成损失、由船方原因造成损失、使用原子或热核武器所造成的损失;

② 不适航、不适货除外责任,如被保险人在装船时已知船舶不适航、不适货;

③ 战争除外责任;

④ 罢工除外责任。

2. 协会货物条款(B)(简称 ICC(B))

相当于中国保险条款中的"水渍险",可以独立投保。其责任范围采用"列明风险"的方法。包括:

① 火灾、爆炸;

② 船舶或驳船触礁、搁浅、沉没或者倾覆;

③ 陆上运输工具倾覆或出轨;

④ 船舶、驳船或运输工具同水以外的任何外界物体碰撞;

⑤ 在避难港卸货;

⑥ 地震、火山爆发、雷电;

⑦ 共同海损牺牲;

⑧ 抛货;

⑨ 浪击落海;

⑩ 海水、湖水或河水进入船舶、驳船、运输工具、集装箱、大型海运箱或储存处所;

⑪ 货物在装卸时落海或跌落造成整件的全损。

ICC(B)的除外责任,除对"海盗行为"和"恶意损害"的责任不负责外,其余均与 ICC(A))相同。

3. 协会货物条款(C)(简称 ICC(C))

相当于中国保险条款中的"平安险",可以独立投保,其责任范围也采用"列明风险"的方式。包括:

① 火灾、爆炸;

② 船舶或驳船触礁、搁浅、沉没或倾覆;

③ 陆上运输工具倾覆或出轨;

④ 船舶、驳船或运输工具同除水以外的任何外界物体碰撞;

⑤ 在避难港卸货;

⑥ 共同海损牺牲;

⑦ 抛货。

ICC(C)的除外责任与 ICC(B)完全相同。

4. 协会战争险、罢工险、恶意损害险条款

协会战争险条款（货物）简称 IWCC，相当于中国保险条款中的"战争险"，可作为独立的险别进行投保。

协会罢工险条款（货物）简称 ISCC，相当于中国保险条款中的罢工险，在需要时也可作为独立的险别进行投保。

恶意损害险承保被保险人以外的其他人（如船长、船员等）的故意破坏行动所致被保险货物的灭失或损坏。但是，恶意损害如果是出于政治动机的人的行动，不属于恶意损害险承保范围，而应属罢工险的承保风险。由于恶意损害险的承保责任范围已被列入（A）险的承保风险，所以，只有在投保（B）险和（C）险的情况下，才可以在需要时加保。

四、合同中的保险条款

贸易合同中的保险条款，一般应包含保险责任人、投保险别、保险金额、所采用的保险条款以及双方对于保险的特殊要求。在国际贸易中，保险责任与费用的分担由当事人选择的贸易术语决定。根据选用贸易术语的不同，分为以下三种情况。

1. 保险由卖方负责

以 CIF、CIP 条件成交的贸易合同，卖方必须承担为对方办理保险的义务。所以应在合同中明确规定保险责任人、投保险别、保险金额、适用的保险条款法等内容。

2. 保险由买方自理

以 EXW、FAS、FOB、FCA、CFR、CPT 条件成交的贸易合同，保险由买方自理，只需明确保险责任即可。

3. 保险由卖方自理

以 DAT、DAP、DDP 条件成交的贸易合同，保险由卖方自理，贸易合同中一般不出现保险条款。

 应用举例 2-5-1

（1）保险由卖方按发票金额的××%投保××险、××险，以中国人民保险公司 1981 年 1 月 1 日的有关海洋运输货物保险条款为准。

INSURANCE：To be covered by the seller for ××% of total invoice value against ×× and ×× risks，as per and subject to the relevant ocean marine cargo clauses of the People's Insurance Company of China dated 1/1/1981.

（2）保险由卖方按发票金额的××%投保××险、××险，以 2017 年 1 月 1 日的协会货物条款为准。

INSURANCE：To be covered by the seller for ××% of total invoice value against ×× and ×× risks，as per and subject to Institute Cargo Clause（ICC）dated 1/1/2017.

（3）保险由买方自理。INSURANCE：To be covered by the buyer.

五、业务实例——赵丹拟定的保险条款

6. 保险：由卖方负责按发票金额的 110% 投保一切险加战争险，以中国人民保险公司 1981 年 1 月 1 日的有关海洋运输货物保险条款为准。

INSURANCE：

☐ To be covered by the buyer.

☑ To be covered by the Seller for 110% of total invoice value against All Risks and War Risk, as per and subject to the relevant ocean marine cargo clauses of the People's Insurance Company of China dated 1/1/1981.

同步训练

一、专业知识训练

（一）单项选择

1. 在保险公司所承担的风险中，淡水雨淋、渗漏属于_____。
   A. 自然灾害 　　　 B. 意外事故 　　　 C. 一般外来风险 　　 D. 特殊外来风险

2. 船舶搁浅时，为使船舶脱险而雇用驳船强行脱险所支出的费用属于_____。
   A. 实际全损 　　 B. 推定全损 　　 C. 共同海损 　　　 D. 单独海损

3. 某外贸公司出口茶叶 5 公吨，在海运途中遭受暴风雨，海水涌入舱内，致使一部分茶叶发霉变质，这种损失属于_____。
   A. 实际全损 　　 B. 推定全损 　　 C. 共同海损 　　　 D. 单独海损

4. 下列属于一般外来风险的是_____。
   A. 地震、偷窃、战争 　　　　　　 B. 洪水、海啸、雨淋
   C. 受潮、雨淋、舱面 　　　　　　 D. 偷窃、串味、短量

5. 我公司按 CIF 条件出口棉花 300 包，货物在海运途中因货舱内水管渗漏，致使 50 包棉花遭水渍受损，在投保下列_____时，保险公司负责赔偿。
   A. 平安险 　　　 B. 水渍险 　　　 C. 战争险 　　　　 D. 一切险

6. 被保险货物由于海上自然灾害所造成的全部损失，由于海上意外事故所造成的全部损失或部分损失，是属于_____的保险范围。
   A. 平安险 　　　 B. 水渍险 　　　 C. 一切险 　　　　 D. 战争险

7. 我国按 FOB 进口玻璃器皿，运输途中部分货物受损。在投保_____时可获赔偿。
   A. 平安险 　　　 B. 一切险 　　　 C. 破碎险 　　　　 D. 一切险加破碎险

8. 根据现行的《协会货物条款》，下列险别中不能单独投保的是_____。
   A. ICC（A） 　　 B. 战争险 　　 C. ICC（C） 　　　 D. 恶意损害险

9. 被保险人向保险公司索赔的主要依据是_____。
   A. 提货单 　　　 B. 运输单据 　　 C. 买卖合同 　　　 D. 保险单据

10. 在国际上影响最大的保险条款是_____。
    A. CIC 　　　　 B. ICC 　　　　 C. 美国保险条款 　　 D. 日本保险条款

11. 航空运输险中，如果货物从飞机上卸下后未运抵被保险人的仓库，保险责任继续有

效，以被保险货物卸离飞机后满_____止。

  A. 30 天   B. 60 天   C. 90 天   D. 180 天

  12. 下列保险条款中承保风险类似我国平安险的是_____。

  A. ICC（A） B. ICC（B） C. ICC（C） D. IWCC

  13. 共同海损的牺牲和费用应由_____。

  A. 船方承担 B. 货方承担 C. 利益方分摊 D. 保险公司承担

  14. 我公司与外商按 CIF 条件出口货物一批，由我方投保一切险。在装运港装船时，由于船上的吊杆脱钩，造成数件货物落海。这一损失应由_____。

  A. 我方持保险单向保险公司索赔

  B. 对方持保险单向其当地的保险代理人索赔

  C. 我方向船方索赔

  D. 船方向保险公司索赔

  15. 在海洋运输货物保险业务中，共同海损_____。

  A. 是全部损失的一种   B. 有时是全部损失，有时是部分损失

  C. 是部分损失的一种   D. 有时是实际全损，有时是推定全损

  （二）判断正误

  1. （　　）海洋运输货物保险中的自然灾害，仅限于发生在海上航运过程中的灾害事故。

  2. （　　）船舶失踪达半年以上可以按推定全损处理。

  3. （　　）单独海损是指载货船舶在海运途中，被保险货物遭受的除共同海损以外的部分损失。

  4. （　　）在海运保险中，"仓至仓"条款对于驳船运输造成的损失，保险公司不承担责任。

  5. （　　）投保一切险后，货物运输途中由于任何原因造成的一切货损，均可向保险公司索赔。

  6. （　　）共同海损不仅涉及货方，还涉及船方，而单独海损仅指货方遭受的损失。

  7. （　　）水渍险除承担平安险的全部责任外，还包括由于暴风、巨浪等自然灾害引起的部分损失。

  8. （　　）委付是指被保险人在保险标的发生实际全损的情况下，将保险标的所有权转移给保险人，以便得到赔偿。

  9. （　　）"仓至仓"是指船公司负责将货物从装运地发货人仓库运送至目的地收货人仓库。

  10. （　　）我国某公司按 CIF 条件出口坯布 500 包，合同规定投保水渍险。货物在海运途中因货舱内淡水管滴漏，致使该批坯布中 60 包遭水浸，保险公司应对此损失负责赔偿。

  11. （　　）某载货船舶在航行途中因故搁浅，船长为了解除船、货共同危险，命令将部分货物抛入海中，使船舶起浮，继续航行至目的港。上述牺牲和费用属于共同海损。

  12. （　　）我国海运战争险的责任起讫，同样使用"仓至仓"条款。

  13. （　　）只要投保一切险，不论何种原因，从被保险货物装上船开始 6 个月内不能运到原定目的地交货的，保险公司均应负责赔偿。

14. （   ）从香港出口货物，经铁路运输，投保陆运险。车到深圳后，发现车上部分货物被窃，可向保险公司取得赔偿。

15. （   ）以 CIF 从香港出口水泥 1 500 包，装船时落水 5 包。虽已在装运前办理保险，但因货物尚未上船，故保险公司不负责赔偿。

（三）名词解释

1. 实际全损 2. 推定全损 3. 委付 4. 共同海损 5. 单独海损 6. 共同海损的分摊

（四）简答题

1. 简述构成实际全损的几种情况。

2. 简述构成推定全损的几种情况。

3. 比较实际全损与推定全损的区别。

4. 简述构成共同海损的基本条件。

5. 比较单独海损与共同海损的主要区别。

二、操作技能训练

（一）判断

1. 金刚号轮从伊朗阿巴丹港开出驶向中国，船上装有轮胎、钢铁、棉花、木材，当船航行至公海海面时突然着火，采取紧急措施后造成以下损失。

（1）抛弃全部轮胎 USD 9 000，其中 20% 已着火。

（2）扔掉未着火的木材及其他易燃物质价值 USD 3 000。

（3）烧掉棉花 USD 5 000。

（4）船甲板被烧 100 平方厘米，修理费用 USD 100。

（5）检查费用 USD 100。

计算：共同海损与单独海损各为多少？

2. 投保平安险，判断下列情况下能否获得赔偿？

（1）载货船舶触礁，海水涌进船舱，将 A 商的 5 000 公吨货物浸泡 2 000 公吨。

（2）载货船舶遭遇恶劣天气，海水涌进船舱，将 B 商 6 000 公吨货物浸泡 3 000 公吨。

（3）载货船舶遭遇恶劣天气，海水涌进船舱，将 C 商 6 000 公吨货物全部浸泡。

（4）载货船舶遭遇恶劣天气，海水涌进船舱，将 D 商的 6 000 公吨货物，浸泡 3 000 公吨之后又触礁，海水涌进船舱，货物又被浸泡 1 000 公吨。

（5）载货船舶自来水管破裂，将 E 商的 8 000 公吨货物浸泡 3 000 公吨。

（二）情景模拟训练

青岛利华进出口公司业务员李丽与阿联酋客户经过交易磋商，双方就合同的保险条件达成了一致。请你以青岛利华进出口公司业务员李丽的身份，根据下面资料用英语拟定销售合同中的相关项目。业务资料如下。

保险：按发票金额的 110% 投保我国海洋运输货物保险条款的一切险加战争险。

任务六　支 付 条 款

知识目标：熟悉常用的支付工具与支付方式，掌握主要支付工具的使用方法，熟悉各种支付方式的性质、种类和业务流程，明确支付条款应包含的内容。

能力目标：能根据业务需要选择合适的支付工具和支付方式，能草拟合同中的支付条款。

支付条款是贸易合同中关于付款条件的规定，是合同中的核心条款之一，其主要内容包括支付工具、支付方式、支付时间和地点等。因此，作为一个外贸业务员，必须要掌握主要支付工具的使用方法，明确各种支付方式的性质、种类和业务流程，在此基础上，才能根据业务需要选择合适的支付工具和支付方式，正确拟定合同中的支付条款。

一、国际贸易支付工具

国际贸易中的支付工具有汇票、本票和支票。以汇票为主，本书重点介绍汇票的使用。

（一）汇票的含义与内容

1. 汇票的含义

汇票（bill of exchange, draft）是出票人签发的、委托付款人在见票时或者在指定日期无条件支付确定的金额给收款人或持票人的票据。可以理解为，汇票是一种无条件的支付委托。

国际贸易中，汇票是出口方向进口方开立的、要求对方在一定时间内无条件支付一定金额的书面命令。汇票主要用于托收和信用证这两种支付方式。汇票一般是一式二份。见样本 2-6-1。

样本 2-6-1　汇　票

BILL OF EXCHANGE

No. _____　　　　　　　　　　　（place and date of issue）

For _____（amount in figure）

At _____ sight of this FIRST Bill of exchange（SECOND being unpaid）pay to _____

_____ or order the sum of

_____

（amount in words）　　　　Value received for _____（quantity）_____ of

_____（name of commodity）　　Drawn under _____

_____ L/c no. _____ dated _____

To:

　　　　　　　　　　　　　　　　　　　　　　　　For and on behalf of（Signature）

从上面的定义看，汇票有三个当事人。

（1）出票人（drawer）。指签发汇票的人，国际贸易中一般是出口商。

（2）付款人（payer）或受票人（drawee）。即接受支付命令的人，通常为进口商或银行。

（3）收款人（payee）或持票人（holder）。又叫汇票的抬头人、受款人，是指受领汇票所规定金额的人。国际贸易中，一般填写出票人提交单据的银行。

2. 汇票的内容

根据《中华人民共和国票据法》第二十二条，汇票必须记载下列事项：① 表明汇票字样；② 无条件的支付委托；③ 确定的金额；④ 付款人名称；⑤ 收款人名称；⑥ 出票日期；⑦ 出票人签章。

（二）汇票的种类

汇票可以从不同的角度进行分类，一张汇票还可以同时具备几种性质。例如，一张商业汇票同时又可以是即期的跟单汇票；一张远期的商业跟单汇票，同时又是银行承兑汇票。

1. 按出票人分类

（1）商业汇票（commercial draft）。出票人是企业或个人，付款人可以是企业、个人或银行。国际货款支付中通常使用商业汇票，由出口商开立，向国外进口商或银行收取货款。

（2）银行汇票（banker's draft）。出票人是银行，付款人也是银行。国际货款支付中很少使用银行汇票，只有在票汇情况下使用。

2. 按照有无随附单据分类

（1）跟单汇票（documentary draft）。是指附有货运单据的汇票。商业汇票多为跟单汇票。

（2）光票（clean draft）。是指不附带货运单据的汇票。银行汇票多是光票。

3. 按照付款时间分类

（1）即期汇票（sight draft，demand draft）。见票即付的汇票为即期汇票。若汇票上未记载付款日期，则视作见票即付。即期汇票在付款期限栏中填写"At sight"。

（2）远期汇票（time draft，usance draft）。指见票后在一定期限或指定日期付款的汇票。远期汇票的付款日期，有以下几种规定办法：

① 见票后若干天付款（at...days after sight）；

② 出票后若干天付款（at...days after date of issue）；

③ 提单签发日后若干天付款（at...days after date of B/L）；

④ 指定日期付款（fixed date）。

上述①～③种情况下付款时间是不同的。假如都为 60 天，那么③最早、①最迟。因为在通常情况下，提单日期最早，汇票日期在提单日之后，从出票到见票又需要一个邮程。

4. 按承兑人分类

（1）商业承兑汇票（commercial acceptance draft）。远期的商业汇票，经企业或个人承兑后，称为商业承兑汇票。托收中使用的远期汇票即属于此种。

（2）银行承兑汇票（bank acceptance draft）。远期的商业汇票，经银行承兑后，称为银行承兑汇票。银行承兑后成为该汇票的主债务人，所以银行承兑汇票是一种银行信用。信用证中使用的远期汇票即属于此种。

（三）汇票的使用

汇票使用过程中的各种行为，都由票据法加以规范。主要有出票、提示、承兑和付款。

如需转让，通常应经过背书行为。如汇票遭拒付，还需作成拒绝证书和行使追索权。

1. 出票（issue）

是指出票人签发汇票并将其交给收款人的票据行为。出票时，对抬头人通常有三种写法。

（1）限制性抬头。在收款人栏中填写"Pay to...only"或"Pay to...only not transferable"字样。这种抬头的汇票限定了收款人，不能背书转让，国际贸易中很少使用。

（2）来人抬头。在收款人栏中填写"Pay to bearer"或"Pay holder"字样。这种汇票无须由持票人背书，只要交付就可以转让，安全性差，国际贸易中很少使用。

（3）指示性抬头。在收款人栏中填写"Pay to the order of..."字样。这种抬头的汇票可以自己收款，也可以背书转让。国际贸易中一般使用指示性抬头。

2. 提示（presentation）

是持票人将汇票提交付款人要求承兑或付款的行为。付款人见到汇票叫见票（sight）。提示可分付款提示和承兑提示。

3. 承兑（acceptance）

是指付款人对远期汇票表示承担到期付款责任的行为。具体做法是付款人在汇票上写明"承兑（accepted）"字样，注明承兑日期，于签章后交还持票人。付款人一旦对汇票作出承兑，即以主债务人的地位承担汇票到期付款的法律责任。即期汇票不需要该程序。

4. 付款（payment）

是汇票的承兑人或付款人接到付款提示时，履行付款义务的行为。对于即期汇票，应在持票人提示时付款；对于远期汇票，付款人经过承兑后，在汇票到期日付款。付款后，汇票上的一切债务即告终止。

5. 背书（endorsement）

所谓背书，是指汇票持有人在汇票背面签上自己的名字，或再加上受让人（被背书人）的名字，并把汇票交给受让人的行为。背书是转让汇票权利的一种法定手续。

汇票经背书后，其收款权利便转移给受让人。对于受让人来说，所有在他以前的背书人以及原出票人都是他的"前手"；而对于出让人来说，所有在他以后的受让人都是他的"后手"。"后手"有向"前手"追索的权利。汇票转让次数越多，为汇票权利作担保的人也越多。汇票的背书与提单的背书方式相似，也分为空白背书和记名背书，以空白背书较为常见。

在金融市场上，最常见的背书转让是汇票贴现（discount），即已经承兑尚未到期的远期汇票，经持票人背书后转让给贴现银行，银行从票面金额中扣减贴息后将余款付给持票人的行为。

6. 拒付和追索（dishonour & recourse）

拒付也称退票，是指持票人提示汇票要求承兑或付款时，遭到拒绝承兑或拒绝付款的行为。付款人拒不见票、死亡或宣告破产，以致付款事实上已不可能时，也称拒付。

汇票遭拒付后，收款人有向其前手追索的权利。追索时通常要求持票人提供拒绝证书，也称拒付证书，是由付款地的法定公证人或其他依法有权作出证书的机构（如法院、银行、工会、邮局等）作出的证明拒付事实的文件。汇票的出票人或背书人为了避免承担被追索的责任，可在出票时或背书时加注"不受追索（without recourse）"字样。凡加注不受追索字样的汇票，在市场上难以转让和流通。

（四）本票和支票

国际货款的支付，除了使用汇票外，有时也使用本票和支票。

1. 本票（promissory note）

是出票人签发的，承诺自己在见票时无条件支付确定的金额给收款人或持票人的票据。可以理解为，本票是一种无条件的支付承诺。本票的基本当事人只有两个：出票人和收款人，而出票人就是付款人。本票一般是一式一份。

按出票人的不同，本票可分为商业本票和银行本票。企业和个人签发的本票为商业本票，银行签发的本票为银行本票。商业本票有即期和远期之分，银行本票则都是即期的。按照我国的《票据法》，本票仅指银行本票。因此，我国在国际货款支付中使用的都是银行本票。

2. 支票（cheque，check）

是存款人对银行签发的、无条件支付一定金额的委托或命令。出票人在支票上签发一定的金额，要求受票的银行于见票时立即支付给特定人或持票人。可以理解为，支票是以银行为付款人的即期汇票。支票的签发是以存款人在银行存款账户上有足够数额的存款，或事先同银行洽订有一定的透支额度作为前提条件的，若开立空头支票要负法律责任。

按照我国的《票据法》，支票可分为现金支票和转账支票。现金支票可以向银行提取现金，也可以通过银行转账收款。转账支票只能通过银行转账，使用起来比较安全。使用转账支票的目的是在支票遗失、被人冒领时，还有可能通过银行代收的线索追回票款。转账支票也叫划线支票，是在支票正面划两道平行线。

按各国《票据法》规定，支票可以由银行保付而成为"保付支票"（certified check）。支票一经保付，付款责任即由银行承担，出票人、背书人都可免予追索。付款银行对支票保付后，即将票款从出票人的账户转入一个专户，以备付款，所以保付支票提示时，不会退票。

在以支票付款的出口业务中，为防止对方开立空头支票，除可要求对方出具"保付支票"外，还可在收到对方支票后，立即委托我国内银行凭该支票向国外付款行收款，待支票面额收妥后方可发货，以防上当受骗。

知识拓展 2-6-1

跨境电子商务平台的支付工具

"互联网+"的新时代，传统贸易方式继续发展的同时，也衍生出了许多新的贸易方式。跨境电子商务平台就是其中一种新方式。什么是跨境电子商务平台呢？

跨境电子商务平台是基于网络空间发展起来的，分属于不同关境的交易主体在平台上达成交易、进行支付结算，并通过跨境物流完成商品送达，是一种线上与线下有机结合的国际商务活动。跨境电子商务平台主要采用 B2B 和 B2C 两种运作模式，具有全球性、无形性、无纸化、即时性等特点。

就跨境电子商务平台而言，传统支付工具在一定程度上难以满足其即时性的特点，因而需要在交易中采用新的支付工具。其中，来自我国的支付工具则是 Alipay，也就是我们常说的支付宝，主要支持速卖通和阿里国际；来自美国的支付工具有 PayPal、Payonner，主要支持 eBay、Etsy、Airbnb 等平台；来自欧盟国家的支付工具有 WF、CD，主要支持亚马逊、Wish、Lazada、CD、PM、沃尔玛等平台。

二、国际贸易支付方式——汇付与托收

国际货款的支付方式主要有汇付、托收和信用证，其中汇付与托收均属于商业信用，而信用证支付方式则属于银行信用。

（一）汇付

汇付（remittance）又称汇款，是指付款人主动通过银行或其他途径将款项汇交收款人。它属于商业信用。国际贸易中，一般是由进口商按合同约定的条件，将货款通过银行寄给出口商。

1. 汇付的当事人

（1）汇款人（remitter）。即付款人，国际贸易中通常是进口商。

（2）收款人（payee）。国际贸易中通常是出口商。

（3）汇出行（remitting bank）。是接受汇款人的委托汇出款项的银行，也称进口地银行。

（4）汇入行（paying bank）。是接受汇出行的委托解付汇款的银行，也称出口地银行。

2. 汇付的种类

买方在汇款时可以采取三种不同的方式。目前，电汇是汇付的主要方式。

（1）电汇（telegraphic transfer，T/T）。是汇出行拍发加押电报、电传或 SWIFT 给汇入行，授权解付一定金额的款项给收款人的一种汇款方式。电汇的优点是安全、可靠、结算时间短、收款快。目前电汇一般通过 SWIFT 系统进行。参见知识拓展 2-6-2。

（2）信汇（mail transfer，M/T）。是汇出行将信汇委托书寄给汇入行，授权解付一定金额的款项给收款人的一种汇款方式。信汇费用较低，但汇款时间长。目前信汇已逐渐被电汇替代，实务中已很少使用。

（3）票汇（demand draft，D/D）。是付款人向本地银行购买银行汇票，自行寄给收款人，收款人凭以向汇票上指定的银行（一般是汇出行的分行或代理行）取款的一种汇款方式。银行汇票经收款人背书后，可在市场上流通转让。

国际贸易中，佣金、尾款、样品出售等从属性费用和小额款项的支付，常常采取票汇方式。

 知识拓展 2-6-2

SWIFT 简介

SWIFT 又称"环银电协"，即"环球银行金融电信协会"（Society for Worldwide Inter-

Bank Financial Telecommunication），是国际银行同业间的非营利性合作组织，专门用来处理国际间的银行转账和支付。该系统于 1977 年 9 月正式启用，目前全球大多数国家的银行已使用了 SWIFT 系统。SWIFT 的使用，为银行支付提供了安全、可靠、快捷、标准化、自动化的通信服务，从而大大提高了银行的支付速度。SWIFT 系统的特点如下。

（1）会员制。SWIFT 实行会员资格制度，我国的大多数专业银行都是其成员。

（2）格式标准化。对于 SWIFT 电文，SWIFT 组织有着标准化的格式要求。

（3）安全可靠。SWIFT 的密押可靠性强、保密性高，且具有较高的自动化，可自动完成编押、核押，每一份电信都得到 SWIFT 的发妥或未发妥证实，电脑对收发序号严格控制。

（4）高速度低费用。SWIFT 的传送速度为普通电传的 48～192 倍，每份电信的费用为电传的 1/7，为普通邮件的 2/3 左右。

3. 汇付的业务流程

（1）电汇与信汇的业务流程。见图 2-6-1。

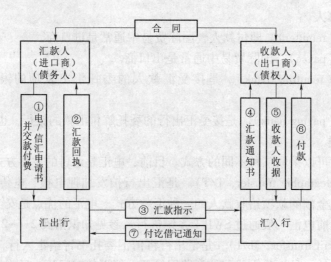

图 2-6-1　电汇与信汇的业务流程

（2）票汇的业务流程。见图 2-6-2。

4. 汇付在国际贸易中的应用

汇付方式属于商业信用，通常用于预付货款、货到付款等业务。其特点是手续简单、费用少。前者对出口商来说，就是先收款后交货，资金不受积压，风险小；后者对出口商来说，就是先交货后收款，意味着资金积压，收汇风险大。当进出口双方对对方资信比较有把握的情况下可以使用汇付方式付款。贸易合同中的汇付条款，要明确规定汇款的到达时间和汇付方式。

（1）预付货款（payment in advance）。预付货款俗称"前 T/T"，是进口商先将货款的一部分或全部汇交出口商，出口商在收到货款后在规定时间内发运货物的支付方式。预付货款有利于出口商，而不利于进口商。

（2）货到付款（payment after arrival of goods）。货到付款俗称"后 T/T"，是指出口商先

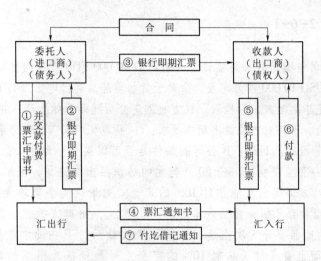

图 2-6-2 票汇的业务流程

发运货物，进口商在收到合格货物后付款的支付方式。货到付款实际上就是赊销（open account，O/A）或称延期付款（deferred payment），对出口商不利，要承担钱货两空的风险。

（3）双汇付（前 T/T + 后 T/T）。国际货款支付中，如果单独采用"前 T/T"或"后 T/T"，将会使风险过分集中于一方。因此，实务中普遍接受的做法是双汇付，其中"前 T/T"的比例一般为 20%～30%。具体做法是：

① 买方在合同签订后（或装船前）若干天预付货款的××%作为定金，即"前 T/T"；

② 卖方在货物装船后 1～2 天内将正本提单电传给买方，买方凭以付款；

③ 买方收到电传提单后××天内电汇余款，并将电汇收据电传给卖方，即"后 T/T"；

④ 卖方收到电传收据后再将正本提单快递给买方，买方凭以提货。

 应用举例 2-6-1

（1）买方应在装船前 10 天电汇支付全部货款。

Buyer should pay total amount to seller by T/T within 10 days before shipment.

（2）买方应在装船后 30 天内电汇支付全部货款。

Buyer should pay total amount to seller by T/T within 30 days after shipment.

（3）买方应在收到正本提单后 10 天内电汇支付全部货款。

The buyer should pay total amount to seller by T/T within 10 days after receipt of the concerning original B/L.

（4）2017 年 4 月 20 日前电汇货款的 30% 作为定金，余款收到正本提单传真后 5 日内支付。

30% deposit remitted by T/T before 20th April 2017, balance will be paid within 5 days after receipt of the fax concerning original B/L by the buyer.

案例讨论 2-6-1

（1）温州 A 公司与国外 B 公司签订了一笔 USD 40 000 FOB 宁波的出口合同，付款方式是订单确认后先支付 USD 10 000 作为定金，余款于货物装船后通过电汇（T/T）付清，并且约定客户将在货物生产完毕之时来工厂检验。我方收到定金后随即开始生产，并在即将生产完毕之时通知对方来厂检验。不料对方又提出新的要求：① 将电汇（T/T）改为票汇（D/D）；② 将工厂检验改为装运港检验。讨论：B 公司的条件是否可以接受？为什么？

（2）绍兴柯桥一企业获得了一份 80 万美元的纺织品出口订单，采用"前 T/T+后 T/T"的付款方式，但是对方却提出只能预付 10% 的定金。对于这类金额较大的外贸订单，如果因为定金数额太小而放弃不做，显然是不划算的。因此，出口方提出：同意先收 10% 的定金，但 80 万美元的商品要分 8 次出运，等前一批收款后，下一批才能发货。用这种方式成交的合同，从表面上看只付了总额 10% 的定金，可是就每次出运的数量来看，客户却已经付了超过 50% 的定金。毫无疑问，这一做法对于出口商来说，增加了出口收汇的安全系数。

（二）托收

托收（collection），是指债权人（出口方）出具汇票，委托银行向债务人（进口方）收取货款的一种支付方式。托收与汇付一样，属于商业信用。

1. 托收的当事人

（1）委托人（principal）。是开出汇票，委托银行办理托收业务的客户，通常是出口商。

（2）托收行（remitting bank）。是接受委托人的委托，办理托收业务的出口地银行，也被称为寄单行。

（3）代收行（collecting bank）。是接受托收行的委托，向付款人收取票款的进口地银行。代收行通常是托收行在国外的分行或代理行。

（4）付款人（payer）。是汇票的受票人，通常是进口商。

（5）提示行（presenting bank）。是指向付款人提示汇票和单据的银行。提示行一般为代收行自己，也可以由代收行委托与付款人有往来账户关系的银行担任。

（6）需要时的代理（customer's representative in case of need）。是由委托人指定的，在付款地代为照料货物存仓、转售、运回或改变交单条件等事宜的代理人。

2. 托收的种类

根据使用汇票的不同，托收可分为光票托收和跟单托收，国际贸易中一般使用跟单托收。在跟单托收情况下，根据交单条件的不同，又可分为付款交单和承兑交单两种。

1）光票托收（clean collection）

是指出口方仅凭汇票索款的托收方式。在国际贸易中，光票托收通常用于收取出口货款的余款、样品费、佣金等费用。

2）跟单托收（documentary collection）

是指出口方凭跟单汇票索款的托收方式。根据交单条件不同，跟单托收又可分为付款交单和承兑交单。

（1）付款交单（documents against payment，D/P）。是指出口方的交单以进口方的付款为条件。这意味着进口方只有付清货款后，才能获得相关单据。按付款时间的不同，可分为即期付款交单和远期付款交单两种形式。

① 即期付款交单（D/P at sight）。买方对卖方出具的即期跟单汇票，于见票时立即付款，付款后交单。

② 远期付款交单（D/P after sight）。买方对卖方出具的远期跟单汇票，于提示时承兑，并于汇票到期日付款，付款后交单。

（2）承兑交单（documents against acceptance，D/A）。是指出口方的交单以进口方的承兑为条件。即买方对卖方出具的远期跟单汇票，于提示时承兑，并应于汇票到期日付款，承兑后交单。承兑交单并不能保证买方到期一定付款，因此，出口方对这种方式一般很慎重。

3. 托收的业务流程

见图 2-6-3。

（1）即期付款交单业务流程。

（2）远期付款交单业务流程。

（3）承兑交单业务流程。

4. 托收在国际贸易中的应用

托收方式的优点是手续简便、收款迅速、费用较低（与信用证方式相比），但对出口商的收汇有一定风险。因为出口商能否按期收回货款，完全取决于进口商的信用。就风险程度而言，最好采用即期付款交单；其次，视情况可采用远期付款交单，但一定要慎用承兑交单的支付方式。

1）使用托收方式应注意的问题

（1）做好对进口商的资信调查。要事先对进口方的资信状况和经营作风进行调查，妥善掌握成交金额，不宜超过其信用额度。

（2）尽量选用 CIF、CIP 等贸易术语。由卖方自行签订运输合同和保险合同，以尽量延伸对货物所有权的有效控制。

（3）慎用承兑交单和远期付款交单。尽可能使用即期付款交单，因为后两种方式相对于即期付款交单来说，卖方承担的风险更大。

（4）尽量不要接受外商指定的代收行。国外代收行一般要求托收行指定，尽量不要接受由进口商指定的代收行，以避免买方与代收行串通欺诈。如确有必要，应事先征得托收行同意。

（5）尽可能指定"需要时的代理"。最好在进口地指定一个"需要时的代理"，万一发生意外，可在进口地代办存货、保险、转运或回运等事宜。

（6）与"前 T/T"结合使用。可要求进口商预付一部分货款作为定金，以降低收汇风险。

2）托收条款的拟定

贸易合同中，托收条款的主要内容应包括托收的种类、交单条件、付款时间等。

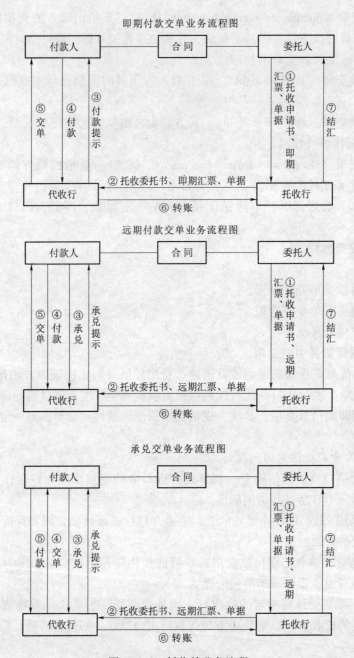

图 2-6-3　托收的业务流程

 应用举例 2-6-2

（1）买方凭卖方出具的即期跟单汇票，于见票时立即付款，付款后交单。

Upon first presentation the buyer shall pay against documentary draft drawn by seller at sight. The shipping documents are to be delivered against payment only.

（2）买方凭卖方出具的跟单汇票，于见票日后60天付款，付款后交单。

The buyers shall pay against documentary draft drawn by the seller at 60 days'sight. The shipping documents are to be delivered against payment only.

（3）买方凭卖方出具的远期跟单汇票，于提示时承兑，承兑后交单，见票后45天付款。

Upon first presentation the buyer shall accept against documentary draft drawn by seller and pay at 45 days after sight. The shipping documents are to be delivered against acceptance only.

 案例讨论 2-6-2

（1）我某公司向日商以 D/P 即期方式推销某商品，对方答复若改为 D/P 90 天付款，并通过其指定的 A 银行代收可接受。讨论：日商的要求可否答应？

（2）我某外贸公司与某国 A 商达成一项出口合同，付款条件为 D/A 45 天付款。当汇票及所附单据通过托收行寄抵进口地代收行后，A 商及时在汇票上履行了承兑手续，代收行按约定交单。货抵目的港后 A 商提货转售。汇票到期时，A 商因经营不善，失去偿付能力。代收行随即向托收行发出拒付通知，并建议由我外贸公司直接向 A 商索取货款。

讨论：代收行的做法是否正确？谈一谈该案例给我们的启示。

 知识拓展 2-6-3

（一）《托收统一规则》（URC 522）简介

国际贸易中，银行在办理托收业务时，往往由于双方当事人对各自权利、义务和责任的理解不同而引起争议。国际商会为调和各有关当事人之间的矛盾，几经修订，于1995年公布了新的《托收统一规则》第 522 号出版物（Uniform Rules for Collection Publication No. 522），简称《URC 522》，并于 1996 年 1 月 1 日生效。《托收统一规则》的有关规定如下。

1. 托收当事人之间的法律关系

① 委托人与托收行之间是委托代理关系。

② 托收行与代收行之间的委托代理关系。

③ 委托人与代收行之间不存在直接的合同关系。

④ 代收行与付款人之间不存在任何法律上的权利义务关系。

2. 银行的义务

① 及时提示的义务。指对即期汇票应毫无延误地进行付款提示；对远期汇票则必须不迟于规定的到期日作付款提示。当远期汇票必须承兑时应毫无延误地作承兑提示。

② 保证汇票和装运单据与托收指示书的表面一致。如发现任何单据有遗漏，应立即通知发出指示书的一方。

③ 收到款项在扣除必要的手续费和其他费用后，必须按指示书的规定无迟延地解交本人。

④ 无延误地通知托收结果，包括付款、承兑、拒绝承兑或拒绝付款等。

3. 银行的免责

① 银行只需核实单据在表面上与托收指示书一致，此外没有进一步检验单据的义务；代收行对承兑人签名的真实性或签名人是否有签署承兑权限概不负责。

② 与托收有关的银行对由于任何通知、信件或单据在寄送途中发生延误或失落所造成的一切后果，或对电报、电传、电子传送系统在传送中发生延误、残缺和其他错误，或对专门性术语在翻译上和解释上的错误，概不负责。

③ 与托收有关的银行对由于天灾、暴动、其他原因，或对由于罢工或停工致使银行营业间断所造成的一切后果，概不负责。

④ 除非事先征得银行同意，货物不应直接运交银行或以银行为收货人，否则银行无义务提取货物。银行对于跟单托收项下的货物无义务采取任何措施。

⑤ 在汇票被拒付时，若托收指示书上无特别指示，银行没有作出拒绝证书的义务。

（二）信托收据简介

信托收据（trust receipt，T/R）是在远期付款交单方式下，进口人为了提前取得货物而向代收行借单时提供的一种书面信用担保文件。进口人承认货物所有权仍属于银行，并承诺于汇票到期时将出售货物所得货款交还银行。信托收据是代收行自己向进口人提供的信用便利，而与出口人无关。因此，如代收行借出单据到期不能收回货款，则代收行应对委托人负全部责任。因此采用这种做法时，代收行一般要求进口人提供一定的担保或抵押品。

但如系出口人指示代收行借单，就是由出口人主动授权银行凭信托收据借单给进口人，即所谓的"远期付款交单凭信托收据借单（D/P·T/R）"，也就是进口人在承兑汇票后可以凭信托收据先行借单提货，日后如果进口人在汇票到期时拒付，则与银行无关，应由出口人自己承担风险。这种做法的性质与承兑交单相差无几，因此使用时必须特别慎重。

三、国际贸易支付方式——信用证

汇付和托收是商业信用，银行虽然参与其中，但只是提供服务，并不承担风险。信用证支付则把由进口商履行的付款责任转为银行，保证出口商安全迅速地收到货款、进口商按时收到货运单据。因此，信用证支付在一定程度上解决了进出口商之间互不信任的矛盾，同时，也为进出口双方提供了资金融通的便利。所以，信用证自出现以来得到了很快发展，成为国际贸易中的主要支付方式之一。

（一）信用证的当事人及业务流程

信用证（letter of credit，L/C），是开证行应开证申请人的要求开立的，在符合信用证规定的条件下，凭规定单据对受益人付款的书面文件。简言之，信用证是一种银行开立的有条件的书面付款承诺，具体的条件就是受益人必须提交符合信用证规定的各种单据。

1. 信用证的当事人

（1）开证申请人（applicant）。又称开证人（opener），是向银行申请开立信用证的人，一般为进口商。

（2）开证行（opening/issuing bank）。是接受开证人的委托开立信用证的银行，一般为进口地银行，它承担保证付款的责任。

（3）通知行（advising/notifying bank）。是接受开证银行的委托，将信用证通知受益人的银行，一般为出口地银行，它只证明信用证的真实性，不承担其他义务。

（4）受益人（beneficiary）。是指信用证上所指定的有权享有该信用证权益的人。一般为出口商或实际供货人。

（5）付款行（paying/drawee bank）。是履行信用证付款责任的银行，多数情况下付款行就是开证行。付款行一经付款，不得向受益人或汇票善意持有人追索。但如果发现单证不符，付款行有权拒付。

（6）保兑行（confirming bank）。是接受开证行的委托在信用证上加具保兑的银行。保兑行通常为通知行，也可为第三家银行。保兑行和开证行均对受益人承担第一性付款责任。

（7）议付行（negotiating bank）。是根据开证行的授权，买入或贴现受益人交来的跟单汇票的银行。议付行一般为通知行或其他指定银行。议付行对受益人的票据有追索权。

（8）偿付行（reimbursing bank）。是接受开证行的委托，代开证行向议付行或付款行清偿垫款的银行（又称清算行）。偿付行只负责付款而不负责审单。

2. 信用证的业务流程

信用证的种类不同，其业务程序也不相同。本书图示介绍信用证业务中最常见的形式——跟单信用证的业务流程。见图2-6-4。

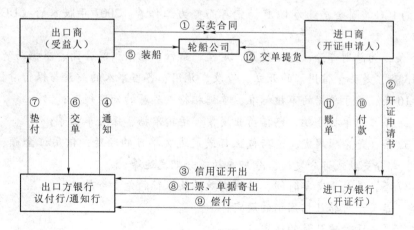

图 2-6-4　跟单信用证的业务流程

（二）信用证的特点及种类

1. 信用证的特点

（1）开证行承担第一性付款责任。信用证支付方式是以银行信用作保证的，因此，开证行应承担第一性的付款责任。按《UCP 600》的规定，在信用证业务中，开证行对受益人的付款责任是首要的、独立的。即使开证人事后丧失偿付能力，只要出口人提交的单据符合信用证条款，开证行也必须承担付款责任。

（2）信用证是一项独立的文件。信用证通常是以贸易合同为基础开立的，但信用证一经开出，就成为独立于合同之外的另一种契约，不受合同约束。银行在审核单据时只需对照信用证，如果受益人的交单与合同要求一致而与信用证不符，仍会遭到银行的拒付。

（3）信用证是一种纯粹的单据业务。银行处理信用证业务只凭单据，不过问货物的真实状况。银行以受益人提交的单据是否与信用证条款相符为依据，决定是否付款。如开证行拒付，也必须以单据上的不符点为由。

银行审单遵循"表面一致性"原则，即审单责任仅限于单据的表面符合信用证条款，而不问其格式、完整性、真实性、伪造或其法律效力，以及单据所代表的货物、签发人的情况或清偿能力。

 知识拓展 2-6-4

《跟单信用证统一惯例》简介

《跟单信用证统一惯例》（Uniform Customs and Practice for Documentary credits，UCP）是国际商会（ICC）于 1930 年拟订的，随后又分别在 1951 年、1962 年、1974 年、1978 年、1983 年、1993 年、2007 年进行了多次修订。《UCP 600》即为 2007 年版本的《跟单信用证统一惯例》。

《跟单信用证统一惯例》是国际银行界、律师界、学术界自觉遵守的"法律"，是全世界公认的、到目前为止最为成功的一套非官方规定。70 多年来，160 多个国家和地区的 ICC 和不断扩充的 ICC 委员会持续为 UCP 的完善而努力工作着。2007 年版本的《UCP 600》共 39 条，其中：

第 1～5 条，为总则部分，包括范围、定义、解释、信用证与合同、单据与货物等；

第 6～13 条，是关于信用证的开立、修改、兑用、各当事人的关系与银行责任等问题；

第 14～16 条，关于单据的审核标准、单证相符或不符的处理规定；

第 17～28 条，属单据条款，包括商业发票、运输单据、保险单据等；

第 29～32 条，是杂项规定，包括截止日或最迟交单日的顺延，信用证金额、数量与单价的伸缩度，部分支款或部分发运，分期支款或分期发运等；

第 33～37 条，是关于交单时间、单据有效性及银行的免责条款；

第 38 条，是关于可转让信用证的规定；

第 39 条，是关于款项让渡的规定。

2. 信用证的种类

信用证可根据其性质、期限、流通方式等特点，从不同的角度进行分类。

1）根据开证行责任划分

（1）不可撤销信用证（irrevocable L/C）。是指信用证一经开出，在有效期内，非经信用证各有关当事人的同意，开证行不能片面修改或撤销。根据《UCP 600》的规定，银行开出的信用证一律为不可撤销信用证。

（2）可撤销信用证（revocable L/C）。是指开证行不必征得受益人或有关当事人同意，有权随时撤销的信用证。这种信用证对出口人极为不利，现在已取消使用。

2）根据有无随附单据划分

（1）跟单信用证（documentary credit）。是指凭跟单汇票或仅凭单据付款的信用证。单据是指物权证明或货物已交运的凭证，如海运提单、铁路运单、航空运单、快递收据等。国际贸易所使用的信用证，绝大部分为跟单信用证。

（2）光票信用证（clean credit）。是指仅凭受益人出具的汇票付款的信用证。

3）根据有无第三者信用划分

（1）保兑信用证（confirmed L/C）。是指经开证行以外的另一家银行加具保兑的信用证。这种信用证由开证行和保兑行两家银行对受益人负责，两者都负第一性的付款责任，从理论上讲，对出口人的安全收汇是有利的。保兑信用证必须有保兑指示，包括保兑文句、保兑银行、保兑费由谁负担等。保兑文句如："We have added all conformation to the L/C."

（2）不保兑信用证（unconfirmed L/C）。是指未经其他银行保兑的信用证。当开证银行资信良好和成交金额不大时，一般都是用这种不保兑的信用证。

4）根据是否可转让划分

（1）可转让信用证（transferable credit）。是指受益人有权将信用证的全部或部分金额转让给第二受益人使用的信用证。可转让信用证只能转让一次，转让费由第一受益人负担，但可同时转让给一个或一个以上的第二受益人。可转让信用证必须注"可转让"（transferable）字样。

（2）不可转让信用证（non-transferable credit）。是指受益人无权转让给他人使用的信用证。凡信用证中未注明"可转让"字样的，即为不可转让信用证。实际业务中多数是这种信用证。

5）根据付款时间划分

（1）即期信用证（sight L/C）。是指银行收到符合信用证规定的汇票或单据后，立即履行付款义务的信用证。这是一种在国际货款支付时普遍使用的信用证。

（2）远期信用证（usance L/C）。是银行收到符合信用证规定的汇票或单据后，在规定期限内履行付款义务的信用证。

6）根据兑用方式划分

根据《UCP 600》第 6 条 b："信用证必须规定其是以即期付款、延期付款，承兑还是议付的方式兑用。"据此规定，信用证可分为以下四种。

（1）即期付款信用证（sight payment credit）。此信用证一般不需要汇票，只凭货运单据付款，证中通常注明"Available by Payment"字样。这种信用证常被欧洲大陆国家使用，证中一般列有"当受益人提交规定单据时，即行付款"的保证文句。

（2）延期付款信用证（deferred payment credit）。亦称无汇票远期信用证，是指不需要汇票仅凭单据付款的远期信用证。证中通常注明"Available by Deferred Payment"字样。延期付款信用证适用于进出口大型机电成套设备。

（3）承兑信用证（acceptance credit）。是指银行在收到符合信用证规定的远期汇票和单据后，先履行承兑手续，再于汇票到期日付款的信用证。证中通常注明"Available by Acceptance"字样。

（4）议付信用证（negotiation credit）。是指允许受益人向某一指定银行或任何银行交单议付的信用证。证中通常注明"Available by Negotiation"字样。只能在某一指定银行办理议付的信用证称为限制议付信用证（restricted negotiation credit）；在任何银行均可办理议付的信用证称为自由议付信用证（open negotiation credit）。

议付（negotiation）是指定银行在相符交单下，购买该信用证项下的汇票和单据，向受益人提供融资的行为。由于开证行与受益人分处两国，受益人向开证行索款不便，这样开证行可以通过在出口地的议付行先行审单垫款，给出口商提供资金融通。

7）几种特定用途的信用证

（1）循环信用证（revolving credit）。是指可以多次循环使用的信用证。当信用证金额被全部或部分使用完后，仍可恢复到原金额继续使用。循环信用证通常在分批均匀交货情况下使用。使用这种信用证，可以为买方节省开证费用，有利于双方业务的开展。

（2）对背信用证（back to back credit）。又称转开信用证，是受益人要求通知行在原有信用证基础上，开立一个内容近似的新证。对背信用证的开立通常是中间商转售他人货物，或两国不能直接办理进出口贸易而通过第三方来进行时。

对背信用证和可转让信用证都产生于中间交易，为中间商人提供便利。

（3）对开信用证（reciprocal credit）。是指买卖双方各自开立的、互以对方为受益人的信用证，俗称回头证。这种信用证常用于补偿贸易或来料加工的业务结算。

（4）预支信用证（anticipatory credit）。是允许受益人在交单前预支一定比例的货款，从而达到事先融资目的的信用证。在采用信函方式开立信用证时，为了醒目，常用红颜色将该条款打印出来，所以这种信用证也称为"红条款信用证"。现在的电开信用证中预支条款已不再用红字表示，但效力相同。

（5）备用信用证（standby L/C）。又称担保信用证，是银行应开证人的请求向受益人开立的、保证履行某项义务的书面文件。即在申请人未履行某项义务时，银行承担有条件的偿付责任。

备用信用证是在某些国家禁止银行开立保函的情况下产生的，其作用相当于银行保函，通常作为赊销（O/A）、承兑交单（D/A）等商业信用结算方式的担保。即受益人首先通过汇付、托收等形式收取货款，当收款失败后再寻求备用信用证的保护。因此，有经验的贸易商在利用O/A、D/A的竞争优势的同时，再通过备用信用证获得来自银行的风险保障。

银行保函（letter of guarantee，L/G）。又称保证书，是指银行应申请人的请求，向受益人开立的一种书面信用担保凭证。银行对申请人的债务或应履行的义务，承担赔偿责任。常见的保函种类有投标保函、履约保函、还款保函、付款保函、特殊贸易保函等。

知识拓展 2-6-5

可转让信用证和背对背信用证操作流程演示

案例：一批货物，内地供应商 A 与香港公司 B 商签订合同 USD 100 万美元，香港公司 B 以 USD 120 万美元与国外客户 C 签约。其中，A 为出口商，B 为中间商，C 为进口商。

BANK A 为通知行，BANK B 为 B 公司的账户行，BANK C 为开证行。

1. 可转让信用证操作流程

（1）C 向 B 开出 L/C，金额 USD 120 万美元，此证称为母证。

（2）B 以母证为依据，要求 BANK B 向 A 开出 L/C，金额 USD 100 万美元，此证称为子证。

（3）A 收到 BANK A 的通知，接受子证，然后发货。

（4）A 将金额 USD 100 万美元的提单、发票、装箱单提交 BANK A，转递 BANK B。

（5）审单无误后，BNAK B 通知香港公司 B 将发票由 USD 100 万美元替换成 USD 120 万美元，并将单据转递 BANK C。

（6）审单无误后，BANK C 解付 USD 120 万美元给 BANK B，BANK B 解付 USD 100 万美元给 BANK A。

2. 背对背信用证操作流程

（1）C 向 B 开出 L/C，金额 USD 120 万美元。

（2）B 向 BANK B 提交全额保证金，即 USD 100 万美元，银行开出一个全新的、完全独立的 L/C 给 A。

（3）A 接受 USD 100 万美元的 L/C，发货。

（4）A 将金额为 USD 100 万美元的提单、发票、装箱单提交 BANK A 议付，转递 BANK B。

（5）审单无误后，BANK B 向 A 解付 USD 100 万美元，同时通知 B 买单，B 领回全套单据。

（6）B 将该套单据进行替换、更改。如将发票改成自己的发票 USD 120 万美元，将有供应商名字的提单替换成有自己香港公司名字的提单，其他单据照样更改。然后交给 BANK B 议付，转递 BANK C。

（7）BANK C 审单无误后，解付 USD 120 万美元，同时通知进口商 C 赎单提货。

案例中，香港公司 B 账户中余额 USD 20 万美元为销售利润，根据香港的来源地征税原则，没有税收。供应商 A 如果直接卖给国外客户 C，金额为 USD 120 万美元，通过香港公司 B 操作后，合同金额降低为 USD 100 万美元，税基减少，也达到了减少税负的目的。

 案例讨论 2-6-3

（1）A 公司收到国外开来的不可撤销信用证，由设在我国境内的某外资银行通知并加具保兑。A 公司装运货物后，正拟将有关单据交银行议付时，忽接该外资银行通知：由于开证银行已宣布破产，该行不再承担对该信用证的议付或付款责任，但可接受我出口公司的委托，向买方直接收取货款。讨论：该银行的做法是否合理？你认为我方应如何处理？

（2）A 公司与阿联酋 B 公司签订了一份出口合同，货物为 1×20 集装箱一次性打火机。不久 B 公司即开来信用证，规定装船期限为 3 月 31 日，要求提供全套正本清洁已装船海运提单。A 公司于 3 月 30 日办理了装船手续，4 月 13 日交单议付。4 月 27 日 A 公司接到开证行的拒付通知："你第××号信用证项下的单据经我行审查，发现如下不符点：提单上缺少'已装船'批注。以上不符点已经与申请人联系，亦不同意接受。单据暂代保管，听候你方的处理意见。"

A 公司立即审查了提单，证实了开证行的拒付是合理的。A 公司马上与申请人协商：提单缺少已装船批注是我方的疏忽，但货物确实如期装船，将在 5 月 3 日左右到达目的港，我方同意你方在收到目的港船代的提货通知书后再向开证行付款赎单。B 公司回复：只有在降价 30% 后方可赎单。我方考虑到自己有过失在先，同时又了解到进口国当地市场价格确实已大幅下降，地位十分被动，只好同意降价 30% 了结此案。讨论：以上案例反映了信用证的什么性质？

（3）某贸易公司于 5 月 23 日接到国外开来的信用证，信用证的装运期和议付有效期条款规定："Shipment must be effected not prior to 31st May, 2010. The Draft must be negotiated not later than 30th June, 2010."该公司接到信用证后，即按 5 月 31 日的最迟装运日通过货代配舱。经各方努力，终于在 5 月 30 日装运完毕，并取得 5 月 30 日签发的提单。6 月 2 日，公司备齐所有单据向开证行交单。不料，6 月 16 日开证行来电提出："提单记载 5 月 30 日装运货物，不符合信用证规定的装运期限，不同意接收单据。"讨论：银行的结论是否正确？为什么会得出这样的结论？

（三）信用证的形式及内容

1. 信用证的形式

（1）信开信用证（mail credit）。是开证行用书信格式缮制并通过航空邮寄方式送达通知行的信用证。这种形式现已很少使用。

（2）电开信用证（cable credit）。是开证行用电信方式开立和传递的信用证。一般都通过 SWIFT 系统，根据"环银电协"提供的标准电文格式（MT700/701）开立。见表 2-6-1、样本 2-6-2。

表 2-6-1　SWIFT 信用证的内容

tag（代号）	field name（栏目名称）
27	sequence of total　合计次序
40A	form of documentary credit　跟单信用证类别
20	documentary credit number　信用证号码
23	reference to pre-advice　预告的编号
31C	date of issue　开证日期
31D	date and place of expiry　到期日及地点
51A	applicant bank　申请人银行
50	applicant　申请人
59	beneficiary　受益人
32B	currency code, amount　币别代号、金额
39A	percentage credit amount tolerance　信用证金额加减百分率
39B	maximum credit amount　最高信用证金额

续表

tag（代号）	field name（栏目名称）
39C	additional amounts covered 可附加金额
41A	available with...by... 指定银行与兑用方式
41D	available with...by... 用于自由议付信用证
42C	drafts at⋯ 汇票期限
42A	drawee 付款人
42M	mixed payment details 混合付款指示
42P	deferred payment details 延迟付款指示
43P	partial shipments 分批装船
43T	transshipment 转船
44A	loading on board/dispatch/taking in charge at/from... 由……装船/发送/接管
44B	for transportation to... 装运至……
44C	latest date of shipment 最后装船日
44D	shipment period 装运期间
45A	description of goods and/or services 货物叙述和/或各种服务
46A	documents required 应提示单据
47A	additional conditions 附加条件
71B	charges 费用
48	period for presentation 提示期间
49	confirmation instructions 保兑期间
53A	reimbursement band 偿付行
78	instructions to the paying/accepting/negotiation band 对付款/承兑/议付行之指示
57A	advise through bank 通过……银行通知
72	sender to receiver information 银行间的备注

注：M/O 为 mandatory 与 optional 的缩写，前者是必要项目，后者为可选项目。

2. 信用证的主要内容

（1）信用证本身的说明。包括信用证的类型（可否撤销、转让、保兑、偿付等），信用证号码与开证日、到期日与到期地点等。

（2）信用证的当事人。必须记载的有申请人和受益人，可能记载的有开证行、通知行、保兑行、指定议付行、付款行、偿付行等。

（3）信用证的金额和汇票。包括币别代号、金额、兑用方式、汇票期限、付款人、付款指示等。

（4）装运条款。包括起运地、目的地、装运日期、可否分批装运、可否转船等。

（5）货物条款。包括货物名称、规格、数量、包装、单价等。

（6）单据条款。说明要求提交的单据种类、份数、内容要求等，如商业发票、运输单据、保险单、检验证书、产地证、装箱单或重量单等。

（7）其他规定。包括对交单期的说明、银行费用的说明，对议付行寄单方式、议付背书和索偿方法的指示等。

样本 2-6-2　信用证样本

27：SEQUENCE OF TOTAL：

    1/1

40A：FORM OF DOCUMENTARY CREDIT：

    IRREVOCABLE

20：DOCUMENTARY CREDIT NUMBER：

    00143-01-0053557

31C：DATE OF ISSUE：

    170420

31D：DATE AND PLACE OF EXPIRY：

    170620 IN CHINA

50：APPLICANT：

    NICOSIA

59：BENEFICIARY：

    CHAOZHOU HUALI CERAMICS FACTORY

    FENGYI INDUSTRIAL DISTRICT,

    GUXIANG TOWN, CHAOZHOU CITY, GUANGDONG PROVINCE, CHINA.

32B：CURRENCY CODE, AMOUNT：

    USD 7, 841. 89

41A：AVAILABLE WITH... BY... ：

    STANDARD CHARTERED BANK AND/OR AS BELOW

    BY NEGOTIATION.

42C：DRAFTS AT：

    SIGHT

42A：DRAWEE：

    BCYPCY2NO10 BANK OF CYPRUS LTD

43P：PARTIAL SHIPMENTS：

    NOT ALLOWED

43T：TRANSHIPMENT：

    ALLOWED

44A：LOADING ON BOARD/DISPATCH/TAKING IN CHARGE AT/FROM：

    SHENZHEN PORT

44B：FOR TRANSPORTATION TO：

    LIMASSOL PORT

44C：LATEST DATE OF SHIPMENT：

170601

45A：DESCRIPTION OF GOODS AND/OR SERVICES：

SANITARY WARE FOB SHENZHEN，INCOTERMS 2000

46A：DOCUMENTS REQUIRED

＊FULL SET（AT LEAST THREE）ORIGINAL CLEAN ON BOARD BILLS OF LADING ISSUED TO THE ORDER OF BANK OF CYPRUS PUBLIC COMPANY LTD.，CYPRUS, NOTIFY PARTIES APPLICANT AND OURSELVES, SHOWING FREIGHT PAYABLE AT DESTINATION AND BEARING THE NUMBER OF THIS CREDIT.

＊PACKING LIST IN 3 COPIES.

＊COMMERCIAL INVOICE FOR USD 7,841.89 IN 4 COPIES DULY SIGNED BY THE BENEFICIARY/IES, STATING THAT THE GOODS SHIPPED：

A）ARE OF CHINESE ORIGIN.

B）ARE IN ACCORDANCE WITH BENEFICIARIES PROFORMA INVOICE NO. HL170307 DATED 17/03/08.

47A：ADDITIONAL CONDITIONS：

＊THE NUMBER AND DATE OF THE CREDIT AND THE NAME OF OUR BANK MUST BE QUOTED ON ALL DRAFTS（IF REQUIRED）.

＊INSURANCE WILL BE COVERED BY THE APPLICANTS.

＊ALL DOCUMENTS TO BE ISSUED IN ENGLISH LANGUAGE.

＊DISCREPANCY FEES USD 80 FOR EACH SET OF DISCREPANT DOCUMENTS PRESENTED UNDER THIS CREDIT, PLUS OUR CHARGES FOR EACH MESSAGE MUST BE BORNE BY BENEFICIARIES AND DEDUCTED FROM THE AMOUNT PAYABLE TO THEM.

＊TRANSPORT DOCUMENTS BEARING A DATE PRIOR TO THE L/C DATE ARE NOT ACCEPTABLE.

71B：CHARGES：

BANK CHARGES OUTSIDE CYPRUS INCLUDING THOSE OF THE REIMBURSING BANK ARE FOR BEN. A/C.

48：PERIOD FOR PRESENTATION：

DOCUMENTS MUST BE PRESENTED WITHIN 21 DAYS AFTER B/L DATE, BUT WITHIN THE VALIDITY OF THE CREDIT.

49：CONFIRMATION INSTRUCTIONS：

WITHOUT

53A：REIMBURSING BANK：

BCYPGB2L BANK OF CYPRUS UK INTERNATIONAL DEPARTMENT,

87/93 CHASE SIDE, SOUTHGATE N14 5BU LONDON—UNITED KINGDOM. .

72：SENDER TO RECEIVER INFORMATION：

CREDIT IS SUBJECT TO UCP600.

信用证样本（翻译参考）

27：报文页次：1 页

40A：信用证类型：不可撤销跟单信用证

20：信用证号码：00143-01-0053557

31C：开证日：170420

31D：到期日和到期地：170620 在中国到期

50：开证申请人：NICOSIA

59：受益人：潮州华利陶瓷洁具厂

32B：信用证币种、金额：USD 7,841.89

41A：指定银行与兑用方式：通过渣打银行及其分支行议付

42C：汇票：即期汇票

42A：受票人：塞浦路斯银行

43P：分批装运：不允许

43T：转运：允许

44A：装运港：深圳港

44B：目的港：利马索尔港

44C：最迟装运日：170601

45A：货物/服务描述：陶瓷洁具，FOB 深圳，INCOTERMS 2000。

46A：单据要求：

＊全套正本已装船清洁提单（至少三份），做成凭塞浦路斯银行指示抬头，通知开证申请人和开证银行，注明运费到付，显示该信用证号码。

＊装箱单一式三份。

＊由受益人签发的商业发票一式四份，总额 USD 7,841.89，注明所运输的货物。

A）原产地为中国；

B）与 17/03/08 出具的号码为 HL170307 的形式发票内容一致。

47A：附加条款

＊汇票上显示信用证号码、开证日期和开证银行名称（如果需要）。

＊保险由申请人办理。

＊所有单据用英文缮制。

＊每套单据不符点费 80 美元加不符点通知费，均由受益人承担，并在其货款中扣除。

＊早于开证日的运输单据不被接受。

71B：费用：塞浦路斯银行以外的费用包括偿付行的费用均由信用证受益人承担。

48：交单期：在信用证有效期内，最迟装运日后 21 天内向银行提交单据。

49：保兑指示：不保兑。

53A：偿付行：塞浦路斯银行英国国际业务部。

72：附言：本信用证受《UCP 600》约束。

（四）信用证在国际贸易中的应用

1. 单纯使用信用证支付

当出口商对进口商的资信有怀疑或需要利用信用证融资的情况下，宜采用信用证方式付款。买卖合同中要明确规定开证时间、开证银行、受益人、信用证类别、信用证金额、信用证有效期和到期地点、信用证的兑用方式等内容。

2. 信用证与汇付相结合

这种方式具体有两种做法。

（1）L/C + "后 T/T"。即大部分货款采用信用证方式付款，余额用汇付方式。信用证支付的比例一般为 80%～90%。采用这种方法时，应明确规定信用证和汇付的具体方式，以及信用证付款的比例，以防出现争议和纠纷。

（2）"前 T/T" + L/C。即先汇付部分货款作为定金，余额在出口商发货后用信用证支付。信用证支付的比例一般为 70%～80%。

3. 信用证与托收相结合

大部分货款用信用证支付，余数用托收方式结算。一般情况下，出口方要开立两张汇票，信用证项下货款凭光票支付，但信用证上要注明"在发票金额全部付清后才可以交单"的条款。全套单据附在托收汇票项下，按付款交单方式托收。

 应用举例 2-6-3

（1）买方应通过一个卖方可接受的银行开立不可撤销的即期信用证，并于 4 月底以前送达卖方，该信用证于装船后 15 天内在中国议付有效。

The buyer shall open through a bank acceptable to the seller an irrevocable letter of credit payable at sight which should reach the seller by the end of April and remain valid for negotiation in China until l5 days after the date of shipment.

（2）买方应通过一个卖方可接受的银行开立 100% 保兑的、不可撤销的、见票后 30 天付款的信用证，该证须于 5 月 20 日前开出。

The buyer shall open through a bank acceptable to the seller a confirmed irrevocable letter of credit for 100% invoice value payable at 30 days after sight, the letter of credit is to reach the seller not later than May 20.

（3）买方应通过一个卖方可接受的银行开立不可撤销的即期信用证，并于最迟装运日前 20 天送达卖方，其中发票金额的 50% 凭即期光票信用证支付，其余 50% 以即期跟单托收方式支付。全套货运单据附于托收项下，于买方付清发票的全部金额后交单。如买方不能付清全部发票金额，则货运单据由开证行掌握，凭卖方指示处理。

The buyer shall open through a bank acceptable to the seller an irrevocable sight letter of credit to reach the seller 20 days before the latest date of shipment, stipulating that 50% of the invoice value available against clean draft L/C at sight, while the remaining 50% on D/P at sight on collection basis. The full set of shipping documents shall accompany the collection draft and shall only be released after full payment of the full invoice value, the shipping documents shall be held by the issuing bank at the seller's disposal.

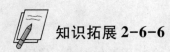

知识拓展 2-6-6

（一）出口贸易融资

出口贸易融资是银行对出口商提供的、与出口贸易结算相关的资金融通。常见的有以下四种。

（1）打包贷款（packing loan）。也叫信用证抵押贷款，是指出口地银行为支持出口商按期履约，向收到合格信用证的出口商提供的用于采购、生产和装运信用证项下货物的专项贷款。出口企业将信用证交银行抵押，可申请多达信用证金额百分之八十的优惠贷款，贷款行即为日后交单议付银行。打包贷款是一种装船前短期融资，它使出口方在自有资金不足的情况下，仍可以办理采购、备料和加工，使贸易活动顺利开展。

（2）出口押汇（exporter bill purchase）。是在信用证或托收支付方式下，银行向出口商提供的、以出口单据为抵押的在途资金融通。

① 出口信用证押汇（negotiation under documentary credit）。也称议付，是指在信用证方式下，出口商以出口单据作抵押，要求议付行在收到国外支付的货款前向其融资的业务。由于信用证有开证银行的付款保证，只要出口商提交与信用证相符的单据，银行通常愿意接单议付。

② 出口托收押汇（advance against documentary collection）。是指在托收方式下，出口商以出口单据作抵押，要求托收行在收到国外支付的货款前向其融资的业务。

（3）出口保理（factoring）。又称保付代理、承购应收账款，是出口商以商业信用出卖商品，在货物装船后，银行无追索权地购买出口商的票据，为出口商提供短期融资。适用于出口商以赊销（O/A）、承兑交单（D/A）等形式出口货物后的融资。

（4）福费廷（forfeiting）。也称为包买票据，指银行作为包买商，从出口商那里无追索权地购买已经银行承兑/承付/保付的远期汇票，向出口商提供融资的业务。实务中，福费廷业务主要用于远期信用证项下经开证行或保兑行承兑的汇票，金额在 100 万美元以上、付款期限在 3～12 年的资本性货物的出口贸易融资。

（二）支付方式的选择

国际贸易中，在与不同国家或地区的企业签订贸易合同时会倾向于选择不同的支付方式，大额交易或回款时间较长的合同，往往以多元化的支付方式来规避相关风险。

来自美国和欧盟国家的企业，由于其拥有相对健全的信用体系，因此在支付方式的选择上更倾向手续简便、费用低廉的汇付方式，多数情况下选择使用 T/T 方式，甚至一些小额资金会采用信用卡在线支付。

来自拉美地区和非洲地区的企业，在支付方式的选择上，更倾向于传统的信用证支付方式，以银行的第一性付款责任来对抗收汇过程中可能存在的风险。而为了规避信用证欺诈风险，常会采用 T/T 与信用证相结合的支付方式。

随着电子支付方式的发展，越来越多的企业在小额货款的支付中会采用在线支付的方式，信用卡支付、PayPal、支付宝都是很好的选择。

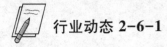 行业动态 2-6-1

"人民币结算俱乐部"又添新成员

2018 年伊始，人民币国际化又获得重大突破! 1 月 2 日，巴基斯坦央行在卡拉奇发表声明，批准本国商人使用人民币开展进出口贸易、融资交易和投资，并同时制定了包括开立信用证、使用人民币计价融资工具的监管框架。

近年来，加入"人民币结算俱乐部"的央行成员持续增加。伊朗央行于 2015 年宣布在与外国进行交易时停止使用美元结算，使用包括人民币、欧元、卢布等货币签订外贸合同。2016 年开始，阿尔及利亚逐步使用人民币与中国进行双边贸易结算。2017 年 9 月，委内瑞拉石油部网站首次以人民币计价的方式公布委原油价格。

据非官方机构的不完全统计，目前使用人民币作为结算货币的国家和地区已经多达 28 个，主要包括俄罗斯、伊朗、埃及、阿尔及利亚、委内瑞拉等外汇储备（美元外汇）较少或受美国制裁的国家以及马来西亚、越南、印度、巴基斯坦、日本等东盟或亚洲周边国家，同时英国、瑞士、巴西、韩国等多个国家或地区都同我国签署了双边本币互换协议。

资料来源：南方日报数字报财富版《用人民币结算经济体持续增加》2018. 1. 5.
http://epaper. southcn. com/nfdaily/html/2018-01/05/content_7694995. htm.

四、业务实例——赵丹拟定的支付条款

5. 付款条件：2017 年 11 月 25 日前电汇货款的 20% 作为定金，余额以不可撤销的即期信用证支付，该信用证须于 2017 年 12 月 10 日前开到卖方，于装运日后 15 天内在中国议付有效。信用证必须注明允许转船。

TERMS OF PAYMENT：20% deposit remitted before 25th Nov. , 2017, balance by irrevocable sight L/C to reach the Seller before 10th Dec. , 2017, and to remain valid for negotiation in China until 15 days after the time of shipment. The L/C must specify that transshipment is allowed.

买方未在规定的时间内开出信用证，卖方有权不行通知取消本合同，并对因此遭受的损失提出索赔。

The Buyer shall establish the relevant L/C before the above-stipulated time, failing which, the Seller reserves the right to cancel this Sales Contract without further notice and to claim from the Buyer for losses resulting therefrom.

同 步 训 练

一、专业知识训练

（一）单项选择

1. L/C、D/P、D/A 三种支付方式，就卖方的收汇风险而言，从小到大依次排序为_____。

A. D/P<D/A<L/C   B. D/A<D/P<L/C

C. L/C<D/P<D/A   D. L/C<D/A<D/P

2. 多用于易货交易、来料加工和补偿贸易业务的是_____。

A. 循环信用证   B. 对背信用证   C. 对开信用证   D. 备用信用证

3. 在我国的出口业务中，L/C 或托收方式下的汇票，在填写收款人时，一般采用_____。

A. 指示性抬头   B. 限制性抬头

C. 持票人或来人抬头   D. 留空不填

4. 信用证条件下，银行和买方一般愿意接受的单据是_____。

A. 备运提单   B. 记名提单   C. 已装船提单   D. 不清洁提单

5. 承兑交单的起算日应为_____。

A. 付款人见票承兑日   B. 出票日

C. 付款日   D. 托收日

6. 支付条款如采用远期付款交单（D/P after sight），在代收行的交单条件是_____。

A. 向买方提示汇票时   B. 卖方开出信托收据时

C. 买方承兑汇票时   D. 买方付清货款时

7. 持票人将汇票提交付款人要求承兑或付款的行为，称之为_____。

A. 出票   B. 承兑   C. 提示   D. 背书

8. 在国际贸易业务中，信用证的开证人通常是_____。

A. 买方   B. 卖方   C. 买方的开户银行   D. 卖方的开户银行

9. D/P 是指_____。

A. 信用证   B. 即期承兑交单   C. 远期承兑交单   D. 付款交单

10. 在信用证付款方式下，银行付款的原则是出口商提交的单据_____。

A. 与买卖合同的规定相符   B. 与信用证规定和买卖合同的规定同时相符

C. 与合同规定或信用证的规定相符   D. 与信用证的规定相符

11. 信用证支付方式下，承担首先付款责任的是_____。

A. 保兑行   B. 开证申请人   C. 议付行   D. 偿付行

12. 不需要汇票仅凭单据付款的远期信用证是_____。

A. 即期付款信用证   B. 延期付款信用证

C. 承兑信用证   D. 议付信用证

13. 在信用证付款方式下，通知银行的职责是_____。

A. 实际支付货款

B. 只证明信用证的真实性，并不承担其他义务

C. 接受申请人委托，开立信用证

D. 买入跟单汇票并垫付资金

14. 常年定期定量供货情况下使用的信用证为_____。

A. 红条款信用证   B. 保兑信用证   C. 循环信用证   D. 议付信用证

15. 信用证和货物合同的关系是_____。

A. 信用证是货物合同的一部分   B. 货物合同是信用证的一部分

C. 信用证从属于货物合同　　　　　　　　D. 信用证独立于货物合同

（二）判断正误

1. （　　）信用证是银行信用，如果进口商赎单提货后发现货物与合同不符，可凭单向开证行索赔。

2. （　　）延期付款信用证不要求出口方开立汇票，因此受益人不能办理票据贴现。

3. （　　）可转让信用证可同时分别转让给数个第二受益人，且可多次转让。

4. （　　）信用证是银行应进口商的申请向出口商开出的保证付款凭证，因此，进口商应承担第一付款人的责任。

5. （　　）保兑行的付款责任是以开证行的不付款为条件的。

6. （　　）备用信用证只适用于国际工程承包业务，而不适用于一般的商品买卖。

7. （　　）保兑行付款后，若开证行倒闭或无理拒付，则保兑行有权向受益人索回货款。

8. （　　）国外开来信用证规定，货物数量 3 000 箱，5、6、7 月份每月平均装运。我公司于 5 月份装运了 1 000 箱，7 月份装运 2 000 箱。根据《UCP 600》，银行可以拒付。

9. （　　）采用信用证支付方式，议付行议付后，如开证行倒闭或拒付，可向受益人行使追索权；但开证行或保兑行付款后，则均无追索权。

10. （　　）在信用证有效期内，不论受益人何时向银行提交单据，开证行一律不得拒付。

11. （　　）在 D/P 方式下，银行交单以进口人付款为条件，如果进口人不付款，货物所有权仍在出口人手中，所以 D/P 对出口人没什么风险。

12. （　　）信用证业务中，有关各方处理的是单据而不是货物。

13. （　　）对背信用证又称对开信用证，是指受益人要求原证的通知行或其他银行以原证为基础，另开一张内容相似的新信用证。

14. （　　）在承兑交单中，代收行对汇票进行承兑后向进口人交单。

15. （　　）根据《UCP 600》，凡信用证上未注明可否转让字样，即可视为可转让信用证。

（三）名词解释

1. 汇票　2. 汇付　3. 托收　4. 付款交单　5. 承兑交单　6. 信用证

（四）简答题

1. 简述汇票的种类。

2. 简述汇票的使用。

3. 简述汇付的种类。

4. 简述托收的种类。

5. 简述信用证的特点。

二、操作技能训练

（一）合同条款翻译

1. Upon first presentation, the buyer shall pay against documentary draft drawn by the seller at sight. The shipping documents are to be delivered against payment only.

2. The buyer should pay 20% amount to the seller by T/T within 15days before the latest date

of shipment, while the remaining part will be paid to the seller by T/T within 20 days after receipt of the concerning original B/L by the buyer.

3. The buyer shall open through a bank acceptable to the seller an irrevocable letter of credit, available by seller's documentary draft at sight to be valid for negotiation in China until 15 days after the date of shipment. The L/C must reach the sellers before Sept. 15.

（二）情景模拟训练

青岛利华进出口公司业务员李丽与阿联酋客户经过交易磋商，双方就合同的支付条件达成了一致。请你以青岛利华进出口公司业务员李丽的身份，根据下面资料用英语拟定销售合同中的相关项目。业务资料如下：

支付条件：买方须于 2017 年 10 月 20 日前将不可撤销的即期付款信用证开到卖方。该信用证于装运日后 15 天在中国议付有效。

任务七 争议条款

知识目标：掌握商品检验的作用与类型，了解有关的检验证书与检验机构，熟悉不可抗力事件的认定及处理方法，熟悉仲裁的作用与程序，明确合同条款应包含的内容。

能力目标：能草拟合同中的检验条款，不可抗力条款与仲裁条款。

在订立贸易合同时，为避免日后发生争议以及争议发生后及时妥善处理，通常要订立商品检验、索赔、不可抗力和仲裁条款。因此，作为一个外贸业务员，必须要掌握争议的预防与处理的基本常识，在此基础上，才能根据业务需要选择合理的解决方式，正确拟定合同中的争议条款。

一、检验、异议与索赔条款

（一）商品检验

商品检验（commodity inspection），是指专门的进出口商品检验机构和其他指定的机构，依照法律、法规或进出口合同的规定，对进出口商品的品质、规格、数量、包装、安全性能等进行各种分析和测量，并出具检验证书的活动。

在国际贸易中，货物经过长途运输，经常发生残损、短少甚至灭失等现象，这样就需要一个公正的、具有商品专业知识的第三者，对货物进行检验或鉴定，以查明货损原因，确定责任归属，以利货物的交接和交易的顺利进行。因此，商品检验是国际贸易中不可缺少的重要环节，检验条款是国际贸易合同中的一项重要条款。

检验条款的主要内容有检验内容、检验时间和地点、检验机构以及检验证书等。

1. 检验内容

检验内容主要包括品质检验、数量（重量）检验、包装检验、卫生安全检验、残损鉴定等。

（1）品质检验。是对货物外观、化学成分、物理性能等进行检验。

（2）数量（重量）检验。指按合同规定的计量标准，对商品数量（重量）进行的检验。

（3）包装检验。指对货物包装的牢固度、完整性进行的检验，看其是否适合货物的性质和特点，是否适于货物的装卸、搬运，是否符合合同及其他有关规定。

（4）卫生、安全检验。主要是检验进出口食品的卫生条件是否符合人类食用，机电设备、交通运输工具等消费品的安全。

（5）残损鉴定。指对受损货物的残损部分予以鉴定，分析致残原因及对商品使用价值的影响，估计损失程度，出具证明等。

2. 检验时间和地点

检验时间和地点，是指在何时何地行使对货物的检验权。常见的规定方法主要有以下几种。

1) 在出口国检验

（1）工厂检验（产地检验）。指生产厂家的检验人员或合同约定的买方检验人员在货物离厂前实施检验。卖方承担货物离厂前的责任。我国进口重要货物和大型成套设备，一般都在出口国工厂进行检验或安装、测试。

（2）装船前检验（装运港/地检验）。装船前检验，是指装船以前由约定的检验机构出具检验证明，并以此作为交货品质和重量的最后依据。采用这种方法，卖方取得检验证书，意味着卖方按质按量履行了合同义务，此时，买方无复验权。

2) 在进口国检验

（1）目的港检验。指目的港卸货时由约定的检验机构对货物的质量、重量等进行检验并出具检验证明，以此作为卖方交货的最后依据。若发现与合同规定不符，买方有索赔的权利。

（2）用户所在地检验。是将检验时间地点推延到用户所在地，并以此作为卖方交货的最后依据。这种方法适用于密封包装或规格复杂、精密度高的货物。

3) 出口国检验，进口国复验

即货物在出口国进行检验并取得检验证书，作为卖方收取货款的依据，货到目的地后买方有权复验。如发现货物不符合合同规定且系卖方责任的，买方有权在规定的时间内凭复验证书向卖方提出异议和索赔。这种做法既肯定了卖方提供的检验证书是有效的结算凭证，又承认了买方在收到货物后有复验权，比较公平合理，目前是国际贸易中普遍采用的做法。

3. 检验机构

国际货物买卖中，商品检验工作通常都由专业的检验机构负责办理。检验机构有官方检验机构和民间检验机构之分，双方可在合同中加以明确规定。双方也可约定由买方派出检验人员到产地或出口地点验货，或者约定由双方派员进行联合检验。

（1）官方检验机构。官方检验机构由各国政府设立，是各国进行法定检验的主要机构。如我国的海关总署，以及美国动植物检验署、美国食品与药品管理局、法国国家实验检测中心、英国标准协会、日本通商产业检查所等。

（2）民间检验机构。民间检验机构一般由各国商会、同业公会或私人设立，担负着国际贸易货物的检验和鉴定工作。如瑞士通用公证行（SGS）、英国英之杰检验集团（IITS）、日本海事鉴定协会（NKKK）、新日本鉴定协会（SK）、日本海外货物检查株式会社（OMIC）、美国安全试验所（UL）、美国材料与试验学会（ASTM）、加拿大标准协会（CSA）、国际羊毛局（IWS）等，这些都是目前在国际上比较有名望的权威检验机构。

 知识拓展 2-7-1

装船前检验

装船前检验（pre-shipment inspection，PSI）被许多发展中国家所采用，他们雇用独立的专业公司来检验海外订购的货物的装载情况，其目的在于防止资本外流、商业欺诈及逃避海关关税等情况的发生，保护国内财政利益和弥补行政管理机构的不足。

专业的检验公司将在检验后出具"清洁报告"，进口商据此通关。检验不合格则签发"不可兑现报告书"，这样即使货物运抵目的港，进口国海关也不予通关，出口商也不能结汇。

目前执行 PSI 检验的国家共有 40 个左右，主要是分布在发展中国家，如伊朗、孟加拉国、安哥拉、厄瓜多尔、多哥、尼日尔、哥伦比亚、塞内加尔、坦桑尼亚、布基纳法索等。

PSI 检验的时间：是在货物备齐后，发货前。

PSI 检验的地点：根据实际情况，可以在生产厂、仓库、集装箱场站等，如果有监督装箱要求，则应在装箱地点进行。

PSI 检验的内容：根据进口国家的要求有所不同，一般是根据信用证/形式发票/合同等，对货物的品质、规格、数量/重量、包装、唛头进行检查，有的国家要求监装，有的不要求。

PSI 检验的机构：根据进口国家的规定有所不同，基本要求是国际认可的检验鉴定机构，常用的有 CCIC、BV、SGS 等。在我国实施装船前检验的机构是通标公司（SGS-CSTC）。通标公司是瑞士通用公证行（SGS）与中国标准技术开发公司共同组建的合资公司。该公司成立于 1991 年，目前已在上海、广州、天津、深圳等地设立了 40 多个分支机构。

PSI 检验的流程：一般是进口商先在进口国的相关部门（如财政和银行部门）及驻进口国的国际检验机构进行申请，然后检验指令会转到国际检验机构在货物出口国的分部，检验机构会联系出口商，确认检验时间。

以上是政府合约（政府委托检验机构做检验）的情况，还有一种是国外客户要求的，并将此要求写入信用证或合同中。此种 PSI 检验，可以在出口国直接申请检验，不必在进口国申请。如果信用证中写明检验机构，则只能申请此检验机构检验；如果没有写明，那么只要是国际认可的检验机构都是可以的。

4. 检验证书

1）检验证书的种类

检验证书（inspection certificate）是进出口商品检验机构检验、鉴定货物后出具的证明文件。在具体业务中，卖方究竟需要提供哪种证书，要根据商品的种类、性质、合同的约定及政府的有关规定而定。常见的检验证书有以下几种：

① 品质检验证书（inspection certificate of quality）；

② 数量/重量检验证书（inspection certificate of quantity/weight）；

③ 包装检验证书（inspection certificate of packing）；

④ 兽医检验证书（veterinary inspection certificate）；

⑤ 卫生检验证书（sanitary inspection certificate）；

⑥ 消毒检验证书（disinfecting inspection certificate）；

⑦ 熏蒸检验证书（inspection certificate of fumigation）；

⑧ 温度检验证书（certificate of temperature）；

⑨ 残损检验证书（inspection certificate of damaged cargo）；

⑩ 船舱检验证书（inspection certificate on tank/hold）；

⑪ 价值证明书（certificate of value）；

⑫ 一般产地证（certificate of origin）；

⑬ 普惠制产地证（generalised system of preference certificate of origin，GSP）。

⑭ CE 证书（CE certificate）

⑮ ROHS 证书（ROHS certificate）

2）检验证书的作用

在国际贸易中，检验证书的主要作用如下。

（1）作为买卖双方交接货物的依据。国际货物买卖中，卖方有义务保证所提供货物的质量、数（重）量、包装等与合同规定相符。因此，合同或信用证中往往规定卖方交货时须提交商检机构出具的检验证书，以证明所交货物与合同规定相符。

（2）作为买卖双方结算货款的依据。在信用证支付方式下，信用证规定卖方须提交的单据中，往往包括商检证书，并对检验证书名称、内容等作出了明确规定。当卖方向银行交单，要求付款、承兑或议付货款时，必须提交符合信用证要求的商检证书。

（3）作为索赔和理赔的依据。如合同规定在进口国检验，或规定买方有复验权，则若经检验货物与合同规定不符，买方可凭指定检验机构出具的检验证书，向卖方提出异议和索赔。

（4）可作为海关验关放行的凭证。凡属于法定检验的商品，在办理进出口清关手续时，必须提交检验机构出具的合格检验证书，海关才准予办理通关手续。

知识拓展 2-7-2

产地证明、CE 认证和 ROHS 认证

（一）产地证明

产地证明即"原产地证明"，简称产地证，是出口商应进口商要求而提供的、由公证机构或政府或出口商出具的证明货物原产地或制造地的一种证明文件。产地证是贸易关系人交接货物、结算货款、索赔理赔、进口国通关验收、征收关税的有效凭证，它还是出口国享受配额待遇、进口国对不同出口国实行不同贸易政策的凭证。

1. 产地证的类型。根据签发者不同，产地证明一般可分为以下三类。

（1）商检机构出具的产地证。如中华人民共和国出入境检验检疫局出具的一般产地证、普惠制产地证。

（2）商会出具的产地证。如中国国际贸易促进委员会（CCPIT）出具的一般原产地证，简称贸促会产地证（CCPIT certificate of origin）。

（3）制造商或出口商出具的产地证。

在国际贸易实务中，应该提供哪种产地证明，主要依据合同或信用证的要求。一般对于实行普惠制国家出口货物，都要求出具普惠制产地证。如果信用证未明确规定产地证的出具者，那么银行应该接受任何一种产地证。

2. 一般产地证与普惠制产地证

（1）一般产地证（certificate of origin），即 CO 产地证，又称普通产地证，是各国海关据以征收关税和实施差别待遇（一般用于协定税率和最惠国税率）的有效凭证。通常是不使用海关发票或领事发票的国家要求提供。有的国家为了限制从某个国家或地区进口货物，也要求以 CO 产地证来确定货物来源国。

（2）普惠制产地证（generalised system of preference certificate of origin, GSP），适用于普

惠制关税待遇。目前使用的普惠制单据有五种，分别是：

①GSP Form A产地证，适用于一般商品，绝大多数给惠国接受这种格式；

②纺织品产地证，适用于纺织品类；

③纺织品出口许可证，适用于配额纺织品；

④手工制纺织品产地证，适用于手工制纺织品类；

⑤纺织品装船证明，适用于无配额的毛呢产品。

（二）CE认证（Conformity European）

CE认证是指安全方面的认证，而不是质量合格要求。因此，CE标志是安全合格标志而非质量合格标志。CE标志是一种安全认证标志，被视为制造商打开并进入欧洲市场的护照。在欧盟市场CE标志属强制性认证标志，不论是欧盟内部企业生产的产品，还是其他国家生产的产品，要想在欧盟市场上自由流通，就必须加贴CE标志，以表明产品符合欧盟《技术协调与标准化新方法》指令的基本要求。这是欧盟法律对产品提出的一种强制性要求。

CE认证的产品类别主要包括：①IT类；②音视频AV类；③大家电；④小家电；⑤灯具；⑥工医科；⑦机械；⑧仪器；⑨USP电源类。

（三）ROHS（Restriction of Hazardous Substances）认证

ROHS是由欧盟立法制定的一项强制性标准，它的全称是《关于限制在电子电器设备中使用某些有害成分的指令》。该标准已于2006年7月1日开始正式实施，主要用于规范电子电气产品的材料及工艺标准，使之更加有利于人体健康及环境保护。该标准的目的在于消除电机电子产品中的铅、汞、镉、六价铬、多溴联苯和多溴二苯醚共6项物质，并重点规定了铅的含量不能超过0.1%。

ROHS指令的函盖范围为AC1000V、DC1500V以下的由目录所列出的电子、电气产品，它不仅包括整机产品，而且包括生产整机所使用的零部件、原材料及包装件，关系到整个生产链。主要包括如下内容。

（1）大型家用电器：冰箱、洗衣机、微波炉、空调等。

（2）小型家用电器：吸尘器、电熨斗、电吹风、烤箱、钟表等。

（3）IT及通信仪器：计算机、传真机、电话机、手机等。

（4）民用装置：收音机、电视机、录象机、乐器等。

（5）照明器具：除家庭用照明外的荧光灯等，照明控制装置。

（6）电动工具：电钻、车床、焊接、喷雾器等。

（7）玩具/娱乐、体育器械：电动车、电视游戏机、自动赌博机等。

（8）医疗器械：放射线治疗仪、心电图测试仪、分析仪器等。

（9）监视/控制装置：烟雾探测器、恒温箱、工厂用监视控制机等。

（10）自动售货机。

（二）异议与索赔

国际贸易过程中的争议和索赔现象经常发生，直接关系贸易各方的经济利益，因此合同中的索赔条款签订得完善与否，是受损方索赔能否获得成功的关键。国际贸易的索赔条款大致可分为两种：一种是异议和索赔条款（discrepancy and claim clause），另一种是罚金条款（penalty clause）。这两个条款有时也与仲裁条款合并在一起。

1. 异议和索赔条款

在一般商品的买卖合同中，多数只订异议和索赔条款，并同检验条款合并在一起。该条款是针对卖方交货品质、数量或包装不符合合同规定而订立的，主要内容包括索赔依据、索赔期限等，有的合同还规定索赔金额和索赔方法。

1）索赔权利

规定一方如违反合同，另一方有权提出索赔。

2）索赔依据

规定索赔时需提供的证件以及出证的机构。出口贸易合同一般应该注明："如发现品质或数量与本合同规定不符时，买方有权向卖方索赔，但必须提供经卖方同意的公证机构出具的检验证书。"

3）索赔期限

是指受损害方有权向违约方提出索赔的期限。买方的索赔期限实际上也就是买方行使对货物进行复验权利的有效期限。索赔期限有约定的与法定的之分。

（1）约定索赔期。是指买卖双方在合同中规定的期限。索赔期限不宜过长，也不宜规定得太短。规定索赔期的起算方法通常有：

① 货物到达目的港后××天起算；

② 货物卸离海轮后××天起算；

③ 货物到达买方营业场所或用户所在地后××天起算；

④ 货物经检验后××天起算。

（2）法定索赔期。是指合同适用的法律规定的期限。法定索赔期限较长，如根据《联合国国际货物销售合同公约》规定，自买方实际收到货物之日起两年之内。我国《合同法》也规定，买方自标的物收到之日起两年内，但如标的物有质量保证期的，适用质量保证期。

4）赔偿办法和金额等

例如，规定所有退货或索赔所引起的一切费用（包括检验费）及损失均由卖方负担等。

2. 罚金条款

在买卖大宗商品或机械设备的合同中，一般还订有罚金条款，内容主要规定：一方如未履行合同所规定的义务时，应向对方支付一定数额的约定罚金，以补偿对方的损失。这种条款一般适用于卖方延期交货、买方未按期派船、开证等，双方还根据延误时间长短预先约定赔偿的金额，同时规定最高罚款金额。罚金的支付并不解除违约方继续履行合同的义务，否则除罚金外，还要承担由于不能履约而造成的各种损失。

 应用举例 2-7-1

（1）检验、异议与索赔：双方同意以中华人民共和国国家出入境检验检疫局签发的品质和数量（重量）检验证书作为信用证项下议付单据的一部分。买方有权对货物的品质、数量（重量）进行复验。如发现品质或数量（重量）与合同规定不符，买方有权向卖方索赔，并提交经卖方同意的公证机构出具的检验报告。索赔期限为货到目的港 60 天内。属于保险公司、轮船公司或其他有关运输机构责任范围内的索赔，卖方不予受理。

Inspection, Discrepancy and Claim: It is mutually agreed that the Certificate of Quality and Quantity (Weight) issued by State Administration for Entry-Exit Inspection and Quarantine of People's Republic of China shall be part of the documents to be presented for negotiation under the relevant L/C. The buyers shall have the right to reinspect the quality and quantity (weight) of the cargo. Should the quality and quantity (weight) be found not in conformity with that the contract, the Buyers are entitled to lodge with the Sellers a claim which should be supported by survey reports issued by a recognized surveyor approved by the Sellers. The claim, if any, shall be lodged within 60 days after arrival of the cargo at the port of destination. Claims in respect of matters within responsibility of insurance company, shipping company/other transportation organization will not be considered or entertained by the Seller.

（2）罚金：如卖方不能按合同规定的时间交货，在卖方同意由付款银行在议付货款中扣除罚金，或由买方在支付货款时直接扣除罚金的条件下，买方同意延期交货。罚金率按每天收取延期交货部分总值的 0.5%，不足七天者按七天计算。但罚金不得超过延期交货部分总金额的 5%，如卖方延期交货超过合同规定期限十周时，买方有权撤销合同，但卖方仍应不延迟地按上述规定向买方支付罚金。

Penalty: Should the Seller fail to make delivery in time as stipulated as the contract, the Buyer shall agree to postpone the delivery on the condition that the Seller agree to pay a penalty which shall be deducted by the paying bank from the payment under negotiation, or by the Buyer direct at the time of payment. The rate of penalty is charged at 0.5% of the total value of the goods whose delivery has been delayed for every seven days, odd days less than seven days should be counted as seven days. But the total amount of penalty, however, shall not exceed 5% of the total value of the goods involved in the late delivery. In case the Seller fail to make the delivery ten weeks later than the time of shipment stipulated in the contract, the Buyer shall have the right to cancel the contract and the Seller, in spite of the cancellation, shall still pay the aforesaid penalty to the Buyer without delay.

 案例讨论 2-7-1

（1）我出口公司 A 向新加坡公司 B 以 CIF 新加坡条件出口一批土特产品，B 公司又将该批货物转卖给马来西亚公司 C。货到新加坡后，B 公司发现货物的质量有问题，但仍将原货转销至马来西亚。其后，B 公司在合同规定的索赔期限内凭马来西亚商检机构签发的检验证书，向 A 公司提出退货要求。讨论：B 公司的要求是否合理？A 公司应如何处理？

（2）中国某地粮油进出口公司 A 与欧洲某国 B 公司以 FOB 条件签订出口大米合同。该合同规定：水分最高 20%，杂质最高为 1%，以中华人民共和国出入境商品检验检疫局的检验证明为最后依据。买方须于×年×月派船只接运货物。但 B 一直延误了数月才派船接货。货到目的地后，B 发现大米生虫，于是委托当地检验机构进行了检验，并签发了虫害证明，据此向 A 提出索赔 20% 货款的要求。A 接到对方的索赔后，不仅拒赔，而且要求 B 支付因延误派船产生的仓储保管费及其他费用。讨论：B 的索赔要求能否成立？A 的要求是否合理？

（3）内地某公司与香港一公司签订了一个进口香烟生产线的合同。设备是二手货，共 18 条生产线，价值 100 多万美元。合同规定，保证设备在装运之前均在正常运转，否则更换或退货。如要索赔需商检部门在货到现场后 14 天内出证。到货后发现，这些设备在装运前早已停止使用，安装后也因设备损坏、缺件无法马上投产使用。而且货物运抵工厂并进行安装的时间早已超过 14 天，根本无法在这个期限内进行索赔。这样，工厂只能依靠自己的力量进行维修。经过半年多时间，花费了大量人力、物力，也只开出了 4 条生产线。讨论：内地公司在拟定索赔条款时的失误。

（4）我国某进出口公司以 CIF 鹿特丹条件出口食品 1 000 箱，装船前向中国人民保险公司投保了一切险。货物装船后取得清洁提单，并按期交单议付。货到目的港后，经进口商复验发现下列情况：① 有 100 箱内出现沾污现象；② 收货人实收 998 箱，短 2 箱；③ 有 15 箱货物外表良好，但每箱短重 4 千克，共短重 60 千克。讨论：进口商应分别向谁索赔？

二、不可抗力与仲裁条款

（一）不可抗力

不可抗力事件（force majeure）是指当事人在订立合同时不能预见、对其发生和后果不能避免或不能克服的事件。《联合国国际货物销售合同公约》规定，由于不可抗力事件造成的违约，可以免除违约方的责任，因此，合同中的不可抗力条款又称免责条款。

1. 不可抗力事件的认定

1）构成不可抗力事件应具备的条件

① 事件必须发生在合同成立之后；

② 事件不是由于合同当事人的过失或疏忽所造成的；

③ 事件的发生及其后果是当事人无法预见、无法控制、无法避免和克服的。

2）不可抗力事件的范围

（1）自然力事件。是指人类无法控制的自然界力量所引起的灾害，如水灾、火灾、风灾、旱灾、雨灾、冰灾、雪灾、雷电和地震等。

（2）社会力事件（政府行为事件和社会异常事件）。政府行为事件是指合同成立后，政府当局发布了新的法律、法规和行政禁令等，致使合同无法履行。社会异常事件是指战争、罢工、暴动、骚乱等事件，给合同履行造成障碍。

并非所有自然原因和社会原因引起的事件都属于不可抗力事件，如汇率变化、价格波动等正常贸易风险，或如怠工、关闭工厂、船期变更等就不属于此范围。

2. 不可抗力事件的处理

1）解除合同或变更合同

当事人遭遇了不可抗力事件致使合同不能履行时，可以解除或变更合同。变更合同是指由一方当事人提出并经另一方当事人同意，对原订合同的条件或内容作适当的变更修改，包括延期履行、分期履行、替代履行和减量履行。

具体实践中，至于究竟是解除合同还是变更合同，应视不可抗力事件对履行合同的影响程度而定。一般原则是：如果不可抗力事件的发生使合同履行成为不可能，则可解除合同；如果不可抗力事件只是暂时阻碍了合同履行，只能采用变更合同的办法。

2）通知和证明

我国《合同法》规定："当事人一方因不可抗力不能履行合同的，应当及时通知对方，以减轻可能给对方造成的损失，并在合理期限内提供证明。"即不可抗力事件发生后，不能履约的一方必须及时通知另一方，并提供必要的证明文件，并在通知中提出处理意见，否则不予免责并自负后果。

在国外，出具证明的机构通常是事故发生地的商会或公证机构或政府主管部门。在我国，则由中国国际贸易促进委员会出具证明文件。

3. 不可抗力条款的主要内容

不可抗力条款一般应包含以下内容：不可抗力事件的范围，事件发生后通知对方的期限，出具证明文件的机构以及不可抗力事件的后果等。

 应用举例 2-7-2

不可抗力：由于战争、地震、火灾、水灾、雪灾、暴风雨或其他不可抗力事件，致使卖方不能全部或部分装运或延迟装运合同货物的，卖方不负责任。但卖方须用电报或电传方式通知买方，并在15天内以航空挂号信向买方提供由中国国际贸易促进委员会出具的证明书。

Force Majeure：If the shipment of contracted goods is prevented or delayed in whole or in part by reason of war, earthquake, fire, flood, heavy snow, storm or other causes of force majeure, the seller shall not be liable for no shipment or late shipment of the goods of this contract. However, the seller shall notify the buyer by cable or telex and furnish the letter within 15 days by registered airmail with a certificate issued by the China Council for the Promotion of International Trade attesting such event or events.

 案例讨论 2-7-2

（1）国内某研究所与日本客户签订一份进口合同，欲引进一套精密仪器，合同规定9月份交货。9月15日，日本政府宣布该仪器为高科技产品，禁止出口。该禁令自公布之日起15日后生效。日商来电以不可抗力为由要求解除合同。讨论：日商的要求是否合理？

（2）A公司向B公司订购一批小麦，合同规定："如发生政府干预行为，合同应予延长，以至撤销。"签约后，因B公司所在国连遭大雨，小麦严重歉收，政府则颁布禁令，不准小麦出口，致使B公司在约定的装运期内不能履行合同，B公司便以发生不可抗力事件为由要求延长履约期限或解除合同，A公司拒不同意B公司的要求，并就此提出索赔。讨论：A公司的索赔请求是否合理？具体说明。

（3）买卖双方签订了一份以CIF条件成交的贸易合同，规定以不可撤销的信用证支付。信用证中的装运条件规定为：数量7 000箱，1—7月等量装运。卖方按信用证规定在1—5月每月各装运了1 000箱，并已分批到银行议付了货款。不料由于暴风雨的影响，原定于6月28日装运出港的第六批货物直至7月2日才装运出港。卖方凭7月2日的装运提单向银行议付遭到拒绝，卖方又以不可抗力为由要求议付也遭到拒绝。讨论：① 卖方能否援引不可抗力条款要求银行议付？② 发生不可抗力后，卖方应当如何处理？

（4）某年，我国与某外商签订一笔以FOB价成交的进口合同。后因中东战争苏伊士运河封锁，我方船只只好绕道好望角，以致未能如期到指定装运港接货。这时英镑贬值，于是卖方以我方未按期接货为由，除要求涨价（或少交货）外，还要我方赔偿其仓储费。请问我方应如何处理？

（二）仲裁

1. 争议的处理

争议（dispute），是指交易的一方认为另一方未能全部或部分履行合同规定的义务而引起的纠纷。国际贸易中，争议的处理方式有友好协商、调解、仲裁和司法诉讼四种方式。

买卖双方一旦发生争议，首先应通过友好协商的方式解决。如果协商不成，双方当事人可将争议提交选定的调解机构进行调解。若调解失败，则只能选择仲裁或诉讼中的一种方式。由于诉讼方式存在立案时间长、诉讼费用高、当事人在异国诉讼比较复杂等缺点，而仲裁方式具有解决争议时间短、费用低、能为当事人保密、裁决有权威性、异国执行方便等优点，所以在国际贸易实践中，仲裁是被最广泛采用的一种方式。

2. 仲裁及仲裁机构

1）仲裁（arbitration）

国际贸易中的仲裁，是指买卖双方达成协议，自愿将有关争议交给双方同意的仲裁机构进行裁决，且裁决是终局的，对双方当事人均有约束力。

2）仲裁机构

是指受理案件并作出仲裁裁决的机构。一种是临时机构，另一种是常设机构。

（1）临时仲裁机构。是指由争议双方共同指定的仲裁员自行组成临时仲裁庭。它是为审理某一具体案件而组成的，案件审理完毕，仲裁庭即自动解散。

（2）常设仲裁机构。是指根据一国的法律或者有关规定设立的、有固定名称、地址、仲裁员设置和具备仲裁规则的仲裁机构。目前国际上影响较大的常设商事仲裁机构有国际商会仲裁院、英国伦敦仲裁院、美国仲裁协会、瑞典斯德哥尔摩商会仲裁院、瑞士苏黎世商会仲裁院、日本国际商会仲裁协会等。中国国际商会仲裁院（又名中国国际经济贸易仲裁委员会）是我国常设的涉外经济贸易仲裁机构。

3. 仲裁协议

1）仲裁协议的形式

仲裁协议有书面形式和口头形式之分。在我国，仲裁协议必须是书面的，有两种形式。

（1）仲裁条款。是指争议发生之前订立的、同意将可能发生的争议提交仲裁裁决的协议，以合同条款的形式加以规定。

（2）仲裁协议。是指争议发生之后订立的，同意将已经发生的争议提交仲裁裁决的协议。

2）仲裁协议的作用

（1）约束双方解决争议的行为。双方以仲裁方式解决，就不得向法院起诉。

（2）授予仲裁机构对仲裁案件的管辖权。

（3）排除法院对争议案件的管辖权。

上述作用中最关键的是第三条，即排除法院对有关争议案件的管辖权。如果一方违反仲裁协议，自行向法院提起诉讼，另一方即可根据协议要求法院停止司法诉讼程序，把争议案发还仲裁机构处理。但一方诉诸法院，另一方在法院开庭前未提出异议的，视为放弃仲裁协议。

4. 仲裁程序

（1）提出仲裁申请。申诉人向仲裁委员会提交仲裁申请时，应出具违约证明材料，并预交一定数额的仲裁费。如委托代理人办理仲裁事项的，应提交书面委托书。

（2）组成仲裁庭。仲裁庭由双方当事人合意选定，或由有关仲裁机构基于当事人的授权或依职权指定的仲裁员组成。仲裁庭可以由1～3名仲裁员组成。

（3）进行仲裁审理。仲裁审理有公开审理和不公开审理两种方式，实务中一般采取不公开审理的做法。不公开审理只依据书面文件进行审理并作出裁决，无须当事人到庭。

（4）作出仲裁裁决。仲裁庭经过审理后对争议案件作出裁决，仲裁程序即告结束。

5. 仲裁条款的主要内容

合同中的仲裁条款，通常包括仲裁地点、仲裁机构、仲裁程序与规则、仲裁效力等内容。

（1）仲裁地点。是指进行仲裁程序和作出仲裁裁决的所在地。仲裁地点是仲裁条款的一个重点内容，一般来说，在哪个国家仲裁就使用哪个国家的仲裁规则或程序法。我国进出口合同的仲裁条款中关于仲裁地点的规定，一般采用：

① 力争规定在我国仲裁；

② 如争取不到在我国仲裁，可以选择在被诉方所在国仲裁；

③ 规定在双方同意的第三国仲裁。

（2）仲裁机构。仲裁机构可以是常设仲裁机构，也可以是临时仲裁机构。选用哪种仲裁机构，取决于双方当事人的共同意愿。选用常设仲裁机构时，应考虑其信誉、仲裁规则的内容、费用、所用语言等因素。如果仲裁地点无常设机构，或者双方为解决特定争议，而愿意指定仲裁员专审争议案件时，当事人可选用临时仲裁庭予以仲裁。

（3）仲裁程序与规则。是指进行仲裁的程序和具体做法，是为当事人和仲裁员提供的一套行为准则。一般来说，在哪个仲裁机构仲裁，就应遵守哪个仲裁机构的程序和规则。

（4）仲裁的效力。多数国家都规定，仲裁裁决具有终局效力，对双方均具约束力，任何一方都不得向法院起诉要求变更。仲裁裁决作出后，如果败诉方拒不履行仲裁裁决，而仲裁机构又不具有强制执行的权力，胜诉方可以向法院提出申请，要求强制执行。

（5）仲裁费用。仲裁费用由败诉方承担，但也可由仲裁庭酌情决定。

 应用举例 2-7-3

仲裁：凡因执行本合同所发生的或与本合同有关的一切争议，双方应通过友好协商办法解决。协商不成，应提交××国××地××仲裁机构，并根据其仲裁程序和规则进行仲裁。仲裁裁决是终局的，对双方都具有约束力。仲裁费用由败诉方负担。

Arbitration：All disputes arising out of performance of, or relating to this contract, shall be settled through friendly negotiation. In case no settlement can be reached through negotiation, the case shall then be submitted to. . for arbitration, in accordance with its rules and procedure. The arbitral award is final and binding upon both parties. The charges arising from the arbitration shall be undertaken by the losing party.

三、业务实例——赵丹拟定的争议条款

7. 检验、异议与索赔：双方同意以权威第三方机构出具的 CE 证书和 ROHS 证书作为信用证项下议付单据的一部分。买方有权对货物的品质、数量进行复验。如发现品质或数量与合同规定不符，买方有权向卖方索赔，并提交经卖方同意的公证机构出具的检验报告。

INSPECTION, DISCREPANCY AND CLAIM：It is mutually agreed that the CE certificate and ROHS certificate issued by public recognized surveyor shall be part of the documents to be presented for negotiation under the relevant L/C. The Buyer shall have the right to reinspect the quality and quantity of the cargo. Should the quality and quantity be found not in conformity with the contract, the Buyer is entitled to lodge with the Seller a claim which should be supported by survey reports issued by a recognized surveyor approved by the Seller.

品质异议须于货到目的口岸之日起＿＿30＿＿天内提出，数量异议须于货到目的口岸之日起＿＿15＿＿天内提出。属于保险公司、船公司或其他运输机构/邮递机构责任范围的，卖方概不负责。

In case of quality discrepancy, claim should be filed by the Buyer within＿＿30＿＿days after the arrival of the goods at port of destination, while for quantity discrepancy, claim should be filed by the Buyer within＿＿15＿＿days after the arrival of the goods at the port of destination. It is understood that the Seller shall not be liable for any discrepancy of the goods shipped due to causes for which the Insurance company, shipping company, other transportation organization or post office are liable.

8. 不可抗力：任何一方由于自然灾害、战争或其他不可抗力事件导致的不能履约或延迟履约，该方不负责任。但是，受不可抗力事件影响的一方须尽快通知另一方，并在事发后＿＿15＿＿天内将有关机构出具的证明寄交对方。

FORCE MAJEURE：Either party shall not be held responsible for failure or delay to perform all or any part of this Sales Contract due to natural disasters, war or any other events of force majeure. However, the party affected by the events of force majeure shall inform the other party of its occurrence as soon as possible and thereafter send a certificate of the event issued by the relevant authorities to the other party within __15__ days after its occurrence.

9. 仲裁：履约过程中如产生争议应通过友好协商解决。协商不成，则应提交中国国际经济贸易仲裁委员会上海分会，根据该会仲裁规则和程序进行仲裁。该会的裁决是终局的，对双方均有约束力。仲裁费用由败诉方负担，合同另有规定的除外。

ARBITRATION：All disputes arising from the execution of this Sales Contract shall be settled through friendly negotiation. In case no settlement can be reached, the dispute shall then be submitted to China International Economic and Trade Arbitration Commission, Shanghai Commission for arbitration in accordance with its rules and procedure. The arbitral award is final and binding upon both parties. Arbitration fees shall be borne by the losing party, unless otherwise awarded.

 案例讨论 2-7-3

（1）我国某公司与外商订立一项出口合同，在合同中明确规定了仲裁条款，约定在履约过程中如发生争议，在中国仲裁。后来，双方对商品品质发生争议，对方在其所在地法院起诉我公司，法院发来传票，传我公司出庭应诉。讨论：你认为我公司该如何处理？

（2）天津市某公司与美国某公司签订了一份纺织品出口合同，FOB 天津，不可撤销信用证方式付款。交单时，银行以公司提交的单证表面不符为由，拒绝付款，而美国公司却凭保函从承运人处提走了货物。天津公司欲追究美国公司的违约责任，但发现买卖合同约定"本合同项下的一切争议均由瑞典斯德哥尔摩国际仲裁中心受理"，公司考虑到前往瑞典仲裁的成本，而放弃了向美国公司的索赔请求。讨论：合同中的仲裁条款有何不妥？

同 步 训 练

一、专业知识训练

（一）单项选择

1. 为了照顾买卖双方利益，在检验上做到公平合理，国际贸易中广泛采用的做法是_____。

　A. 出口国检验　　　　　　　　　　B. 装船前检验

　C. 进口国检验　　　　　　　　　　D. 出口国检验，进口国复验

2. 《联合国国际货物销售合同公约》规定的索赔期限为买方实际收到货物_____内。

　A. 半年　　　　　　B. 1 年　　　　　　C. 1 年半　　　　　　D. 2 年

3. 合同中明确规定"货物运抵目的港后 30 天内索赔"，这种索赔期限是_____。

　A. 法定索赔期限　　B. 约定索赔期限　　C. 固定索赔期限　　D. 变动索赔期限

4. 我国一般原产地证书的官方发证机构是_____。

　A. 中国国际贸易促进委员会　　　　B. 出入境检验检疫局

C. 制造商　　　　　　　　　　　　　　　D. 出口商

5. 以下属于民间商品检验机构的是_____。

A. 中华人民共和国国家出入境检验检疫局

B. 瑞士日内瓦通用鉴定公司

C. 美国食品药物管理局

D. 中国船舶检验局

6. 下列属于法定检验商品的是_____。

A. 列入《出入境检验检疫机构实施检验检疫的进出境商品目录》中的商品

B. 各地商检机构自行规定的进出口商品

C. 有关法律和行政法规规定必须经商检机构检验的进出口商品

D. A 和 C

7. 多数国家都认定仲裁裁决是_____。

A. 终局性的　　　　B. 可更改的　　　　C. 无约束力　　　　D. 不确定的

8. 下列不属于不可抗力事件的是_____。

A. 水灾　　　　　　B. 地震　　　　　　C. 政府禁令　　　　D. 通货膨胀

9. 当卖方因不可抗力事件造成交货困难时，按照法律和惯例_____。

A. 只能免除交货责任

B. 只能展延交货日期

C. 只能减少交货的数量

D. 有时可以免除交货责任，有时可以展延交货日期，视具体情况而定

10. 根据我国《仲裁法》的规定，一项有效的仲裁协议必须具备的条件中不包括_____。

A. 有提交仲裁的规定　　　　　　　　B. 有选定的仲裁委员会

C. 有明确的仲裁事项　　　　　　　　D. 不服仲裁方可以上诉到法院

11. 关于仲裁地点有以下各种不同的规定，其中对我方最有利的一种是_____。

A. 在双方同意的第三国仲裁　　　　　B. 在被诉人所在国仲裁

C. 在我国仲裁　　　　　　　　　　　D. 在对方国仲裁

12. 我国出具不可抗力事件证明的机构为_____。

A. 中国全国总商会　　　　　　　　　B. 中华人民共和国商检局

C. 中华人民共和国商务部　　　　　　D. 中国国际贸易促进委员会

13. 交易双方以合同条款的形式明文规定争议以仲裁的方式解决，这就是_____。

A. 仲裁申请　　　　B. 仲裁合同　　　　C. 仲裁条款　　　　D. 仲裁协议

14. 交易一方认为对方未能全部或部分履行合同规定的义务而引起的纠纷是_____。

A. 争议　　　　　　B. 违约　　　　　　C. 索赔　　　　　　D. 理赔

15. 不可抗力事件是指当事人_____。

A. 不能预见、不能避免的事件

B. 不能预见、不能避免或不能克服的事件

C. 不能预见、不能避免、可以预防的事件

D. 可以预见、不能避免的事件

（二）判断正误

1. （　　） 若合同规定在出口国检验，就是将最终检验权归为卖方，买方事实上放弃了复验权。

2. （　　） 不可抗力条款是买卖合同中的一项免责条款。

3. （　　） 对于仲裁机构的裁决，当事人不服的，可以上诉至法院。

4. （　　） 仲裁协议是仲裁机构受理争议案件的依据，因此仲裁协议必须在争议发生之前达成。

5. （　　） 所有出入境的商品，都必须按国家要求进行强制性的法定检验，否则不准输出、输入。

6. （　　） 进口人收货后发现货物与合同规定不符时，在任何时候都可以向供货方索赔。

7. （　　） 申请仲裁的双方当事人应订有仲裁协议，而向法院诉讼则无须征得对方的同意。

8. （　　） 仲裁是国际贸易中双方当事人解决争议的被最广泛采用的一种方式。

9. （　　） 我方与外商签订一笔进口合同，不久该商品价格猛涨，外商援引不可抗力条款要求解除合同，我方必须同意。

10. （　　） 在进出口贸易中，如果发生不可抗力事件，双方只能解除合同。

11. （　　） 仲裁裁决一般是终局性的，对双方当事人均有约束力。

12. （　　） 提请仲裁时必须向仲裁机构递交仲裁协议；否则，仲裁机构不予受理。

13. （　　） 仲裁协议的核心作用是排除法院对该争议案件的管辖权。

14. （　　） 不可抗力事件一定不是因合同当事人自身的过失或疏忽导致的。

15. （　　） 仲裁机构是政府设立的法律机构，因此对本地发生的争议案件具有强制管辖权。

（三）名词解释

1. 商品检验　2. 检验证书　3. 不可抗力　4. 仲裁

（四）简答题

1. 简述检验的内容。

2. 简述检验时间和地点的规定方法。

3. 简述检验证书的作用。

4. 简述构成不可抗力事件应具备的条件。

5. 简述仲裁协议的作用。

二、操作技能训练

（一）合同条款翻译

1. In case the quality, quantity or weight of goods are not found in conformity with those stipulated in the contract after reinspection by the ×× Commodity Inspection Bureau within 7 days after arrival of the goods at the port of destination, the Buyers have right to return the goods or lodge claims against the Sellers for compensation of losses upon the strength of Inspection Certificate issued by the said Bureau, with the exception of those claims for which the insurers or the carriers are liable.

2. All disputes arising from the performance of this contract should be settled through friendly negotiation. Should no settlement be reached through negotiation, the case shall be submitted arbitration in China. The case shall be submitted to China International Economic and Trade Arbitration Commission, shanghai and the arbitration rules of this commission shall be applied. The award of the arbitration shall be final and binding upon both parties. The arbitration fees shall be borne by the losing party unless otherwise awarded by the arbitration organization.

3. If the shipment of the contracted goods is prevented or delayed in whole or in part by reason of war, earthquake, flood, fire, storm, heavy snow or other causes of force majeure, the seller shall not be liable for no-shipment or late shipment of the goods of this contract, however, the seller shall notify the buyer by cable or telex and furnish the letter within ×××days by registered airmail with a certificate issued by China Council for the Promotion of International Trade or China Chamber of International Commerce attesting such event or events.

（二）情景模拟训练

青岛利华进出口公司业务员李丽与阿联酋客户经过交易磋商，双方就商品的检验检疫、索赔、不可抗力和仲裁条件达成了一致。请你以青岛利华进出口公司业务员李丽的身份，根据下面资料用英语拟定销售合同中的相关项目。业务资料如下。

1. 检验、异议与索赔：双方同意以中华人民共和国国家出入境检验检疫局签发的品质和数量检验证书作为议付单据的一部分。买方有权对货物的品质、数量进行复验，复验费用由买方负担。如发现品质或数量与合同规定不符，买方有权向卖方索赔，并提交经卖方同意的公证机构出具的检验报告。索赔期限为货到目的港 60 天内。

2. 不可抗力：由于自然灾害、战争或其他不可抗力事件，导致卖方不能全部或部分装运或延迟装运合同货物，卖方不负责任。但卖方须用电传方式通知买方，并应在 14 天内以航空挂号信件向买方提供由中国国际贸易促进委员会出具的证明书。

3. 仲裁：凡因执行本合同所发生的或与本合同有关的一切争议，双方应通过友好协商办法解决。如果协商不成，则应提交青岛仲裁委员会国际贸易仲裁院，并根据其仲裁程序和规则进行仲裁。仲裁裁决是终局的，对双方都具有约束力。仲裁费用由败诉方负担。

项目三

合同履行

项目背景

赵丹与法国莱塞纳公司（LUCERNA TRADING CO., LTD）签订合同后不久，就收到了对方开出的信用证。赵丹落实好信用证后，立即按信用证要求备货、订舱、办理通关及保险手续，并在货物装船后缮制结汇单据、办理交单结汇和退税。至此，赵丹的出口合同基本履行完毕。

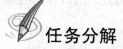

任务分解

国际货物买卖合同一旦成立，买卖双方均应按合同规定履行自己的义务，卖方的基本义务是交货、交单和移转货物所有权，买方的基本义务是接货、接单和付款。合同能否完整地履行取决于买卖双方。要正确履行贸易合同，就必须明确合同履行的基本程序和各个环节的基本操作要求，从而具备合同履行的基本能力。根据以上分析，将本项目的相关知识分解为两个典型的学习任务。

任务一　出口合同的履行
　　一、落实信用证（证）
　　二、备货报检（货）
　　三、订舱、报关与保险（船）
　　四、制单结汇（款）
　　五、业务实例——赵丹的业务资料
任务二　进口合同的履行
　　一、开立信用证（证）
　　二、订舱与保险（船）
　　三、审单付款（款）
　　四、报关提货（货）
　　五、业务实例——潍坊枫歌有限公司的业务资料

任务一　出口合同的履行

知识目标： 掌握出口合同履行的基本程序，熟悉"证、货、船、款"各环节的相关要求，了解各种相关单证。

能力目标： 初步掌握落实信用证、备货报检、订舱、报关与保险、制单结汇各个环节的基本操作要求。

出口贸易中，采用的价格术语和支付方式不同，合同履行的程序也不同。以 CIF 条件成交和 L/C 支付方式为例，其履行程序可以简单地归结为"证、货、船、款"四个基本环节，这些环节有些是平行展开的，有些是互相衔接的，出口方必须严格按照信用证和合同的要求做好每一步工作，同时还应密切注意买方履约的情况，以保证合同最终得以圆满履行。下面，将以东方电器有限公司的出口合同为例，介绍 CIF 成交、L/C 支付方式下出口合同的履行程序。其他条件达成的合同可以参照执行。

一、落实信用证（证）

在以信用证方式支付的交易中，落实信用证是履行出口合同必不可少的重要环节。落实信用证通常包括催证、审证和改证三个基本环节。

（一）催证

按时开立信用证是买方的一项义务。一般来说，信用证至少应在货物装运前 1 个月开到卖方。但在实务中，由于市场变化、资金短缺等种种原因，买方延误开证的事时有发生。这时卖方就应及时催证以便如期装运。催证函往往比较简单，但要礼貌客气、措辞得体。

 应用举例 3-1-1

245 号合同下货物已备妥，请即开证。

All the goods under Sales. Contract No. 245 are ready. Please open the relevant L/C as soon as possible.

（二）审证

审证是指对境外开来的信用证进行全面审核，以确定是接受还是修改。审证工作一般由通知行与出口企业共同完成，双方各有侧重。审核的依据是买卖合同、《UCP 600》及《国际标准银行实务》（ISBP）。实际业务中，为了确保开证一次成功，避免重新改证带来的不便，进口方往往先把开证申请书传过来，等出口方审核通过后再开证。审核开证申请书与审核信用证要求相同。

1. 银行审证重点

通知行重点审核开证行的资信能力、付款责任及索汇路线、信用证的真伪等内容。

（1）开证行资信。主要对开证行所在国家的政治经济状况、开证行的资信、经营作风等进行审查。对于资信欠佳的银行应酌情采取适当的保全措施。

（2）开证行付款责任。对于不可撤销的信用证，如附有限制性条款或保留字句，使"不可撤销"名不符实或逃避付款责任的，应要求对方修改。常见情形有：

① 应该保兑的信用证未按要求由有关银行进行保兑；

② 信用证未生效；

③ 有条件生效的信用证，如"待获得进口许可证后才能生效"；

④ 信用证密押不符；

⑤ 由开证人直接寄送的信用证。

2. 出口企业审证重点

通知行审核无误后打上"印鉴相符"字样转交出口商。出口商重点审核信用证的内容与买卖合同是否一致，具体包括以下几个方面。

（1）信用证当事人。审核开证申请人、受益人的名称与地址是否完整准确，以免发生制单错误，影响收汇。

（2）币种金额。审核信用证的币种金额是否与合同规定一致。如果小于合同金额，应考虑是否有汇付、托收等支付方式的联合使用；如果数量有溢短装，信用证的金额也应有相同的浮动范围；如果在金额前使用了"about"一词，其意思是允许金额有10%的伸缩。

（3）兑用方式及汇票。审核信用证的兑用方式及汇票条款。信用证兑用方式有四种：即期付款、延期付款、承兑和议付，所有的信用证都必须清楚地表明其兑用方式。汇票的付款期限必须与合同规定一致，付款人应为开证行或其授权的其他银行。

（4）货物描述。审核信用证中有关货物的品名、规格、数量、包装、合同号码与日期等是否与合同一致，是否漏列溢短装条款等。实务中，单价及贸易术语也经常出现在货物描述中。如发现信用证内容与合同规定不一致时，原则上要求改证，不应轻易接受。

（5）运输、保险与商检。即仔细审核信用证对分批装运、转船、保险险别、保险金额以及商检条款的规定是否与合同一致。如有不符，应要求对方修改。

（6）银行费用及附加条款。银行费用的一般原则是，发生在各方的费用由各方负担。附加条款能否实现应予慎重考虑，对于不合理或无法达到的要求，应及时提出修改。

（7）单据要求。主要对来证中要求提供的单据种类、份数及填制方法等进行审核，如发现有不正常规定或我方难以办到的应要求对方修改。经常出现的问题有：发票种类不当、提单收货人填制要求不当、提单抬头和背书要求有矛盾、提单运费条款与成交条件矛盾、要求正本提单直寄客户、要求提交的检验证书与实际不符、保险单种类险别与合同不符等。

（8）到期地点及有关日期。信用证的到期地点通常要求在国内。对于在国外到期的信用证，我们一般不接受，应要求修改。有关日期主要是指装运期、交单期和信用证的有效期，三者之间要有一个合理的时间间隔。如果间隔时间太短，就要提请对方修改。

① 装运期要满足备货出运的需要。一般要求装运期与开证日期应至少间隔1个月。

② 交单期要满足制单结汇的需要。交单期通常按下列原则处理：信用证有规定的，按信用证规定的交单期向银行交单；信用证没有规定的，交单时间不得迟于提单日后 21 天。信用证规定的交单期限一般在提单日后 15 天左右，并且在信用证的有效期之内。

③ 信用证有效期应大于最迟装船日。如果最迟装船日与信用证的到期日是同一天的，即为"双到期"信用证，出口商坚决不能接受。

（三）改证

改证是对已开立的信用证进行修改的行为。业务中，出口商通过审证发现与合同不符又不能接受的条款，应及时向开证申请人提出修改要求，并在收到改证通知确定无误后发货。

1. 改证的程序

（1）出口商向进口商发出"信用证修改函"。

（2）进口商向开证行提交"信用证修改申请书"。

（3）开证行修改后向通知行发出"信用证修改通知书"。

（4）通知行将"信用证修改通知书"转交出口商。

2. 改证原则及注意事项

（1）修改必须及时提出，避免因拖延时间过长，造成对方认为我方已接受的误解。

（2）对可改可不改的内容，可酌情处理。如合同允许分批装运而来证不准分批，如果此时货已全部备妥、能一次出运的，就无须改证。

（3）同一证上需多处修改的，应一次性通知开证申请人，以节约对方改证费用。

（4）修改内容有两处以上的，出口企业只能全部接受或全部拒绝，部分接受当属无效。

（5）对修改内容的接受或拒绝有两种表示形式：

① 受益人作出接受或拒绝修改的通知；

② 受益人以行动按照修改后的要求办事。

（6）改证通知书必须通过原证通知行传递，通过客户直接寄送的无效。

3. 信用证修改函

出口方审核信用证，发现有不符合买卖合同或不利于出口方安全收汇的条款，可及时联系进口方通过开证行对信用证进行修改。一封规范的改证函，通常包括以下几个方面的内容：

① 感谢对方开证；

② 逐项列明不能接受的条款，并告知对方如何修改；

③ 表示希望早日收到信用证修改书，以便按时发货。

 应用举例 3-1-2

Dear Sirs,

While we thank you for your L/C No. 112235, we regret to say that we have found some discrepancies. You are, therefore, requested to make the following amendments:

1. The amount both in figures and in words should respectively read "GBP 14,550.00 (Say Pounds Sterling Fourteen Thousand Five Hundred And Fifty Only)".

2. "From Copenhagen to China port" should read "from China port to Copenhagen".

3. The Bill of Lading should be marked "Freight Prepaid" instead of "Freight to Collect.

4. Delete the clause "Partial shipments and transshipment prohibited".

5. "This L/C is valid at our counter" should be amended to read "This L/C is valid at your counter".

Please confirm the amendments by fax as soon as possible.

Yours sincerely,

(Signed)

 外贸经验分享 3-1-1

信用证欺诈常见方式

1. 信用证欺诈的常见行为

在信用证支付中，由于银行只对有关单证作表面审查，这就使得一些不法商人有机可乘。

（1）受益人实施的欺诈。即出口商用伪造单据欺骗开证行和开证申请人，以获取信用证项下的银行付款。如伪造单据、倒签提单、预借提单及用保函换取清洁提单等进行欺诈。

（2）申请人实施的欺诈。表现为申请人用伪造信用证或者开立"软条款"信用证等手段骗取货物。

（3）受益人与申请人共同欺诈。这类欺诈的对象主要是银行，表现为买卖双方互相勾结，通过编造虚假或根本不存在的买卖关系，伪造信用证及相应单据，骗取开证行的货款。

2. 信用证欺诈的常见方式

（1）盗用或借用他行密押（密码）诈骗。诈骗分子在电开信用证中，诡称使用第三家银行密押，但该第三家银行的确认电却无加押证实。这种诈骗通常有如下特征：

① 来证无押，而声称由第三家银行来电证实；

② 来证装、效期较短，以逼使受益人仓促发货；

③ 来证规定装船后由受益人寄交一份正本提单给申请人；

④ 开立远期付款信用证，并许以优厚利率；

⑤ 证中申请人与收货人分别在不同的国家或地区。

例如，某中国银行曾收到一份由加拿大 AC 银行 ALERTA 分行电开的信用证，金额约100 万美元，受益人为安徽某进出口公司。银行审证员发现该证存在以下疑点：① 该证没有加押证实，仅在来证中注明"本证将由××行来电证实"；② 该证装运期、有效期在同一天，且离开证日不足一星期；③ 来证要求受益人发货后，速将一套副本单据随同一份正本提单用 DHL 快邮寄给申请人；④ 该证为见票后 45 天付款，且规定受益人可按年利率 11% 索取利息；⑤ 信用证申请人在加拿大，而收货人却在新加坡；⑥ 来证电传号不合常理。针对这几个疑点，该中国银行一方面告诫公司"此证密押未符，请暂缓出运"；另一方面，赶紧向总行国际部查询，回答："查无此行。"稍后，却收到署名"美洲银行"的确认电，但该电文没有加押证实。于是该中国银行设法与美洲银行驻京代表处联系请示协助查询，最后得到答复："该行从未发出确认电，且与开证行无任何往来。"至此，终于证实这是一起盗用第三家银行密押的诈骗案。

（2）"软条款/陷阱条款"诈骗。诈骗分子要求开证行开出主动权完全掌握在开证行手中、能制约受益人且随时可解除付款责任条款的信用证，其实质就是变相的可撤销信用证，以便行骗我方出口企业和银行。这种诈骗主要有以下特征：

① 来证金额较大，在 50 万美元以上；

② 来证含有制约受益人权利的"软条款/陷阱条款"，如规定申请人或其指定代表签发检验证书，或由申请人指定运输船名、航行航线或声称"本证暂未生效"等；

③ 货物一般为大宗建筑材料和包装材料，如花岗石、鹅卵石、铸铁盖、木箱、纤维袋等；

④ 诈骗分子要求出口企业按合同金额或开证金额的 5%～15% 预付履约金、佣金或质保金给买方指定代表或中介人；

⑤ 买方获得履约金、佣金或质保金后，即借故刁难，拒绝签发检验证书，或不通知装船，使出口企业无法取得全套单据议付，白白遭受损失。

例如，辽宁某贸易公司与美国金华企业签订了销往香港 5 万立方米花岗石的合同，总金额高达 1 950 万美元。买方通过香港某银行开出了信用证，证中规定："货物只能待收到申请人指定船名的装运通知后装运，而该装运通知将由开证行随后经信用证修改书方式发出。"该贸易公司收到来证后，即将质保金 260 万元人民币付给了买方指定代表。装船前，买方代表来产地验货，以货物质量不合格为由，拒绝签发"装运通知"，致使货物滞留产地，中方公司根本无法发货收汇，损失十分惨重。

（3）伪造信用证修改书诈骗。诈骗分子不经开证行而径向通知行或受益人发出信用证修改书，企图钻出口方空子，引诱受益人发货，以骗取出口货物。这种诈骗带有如下特征：

① 原证虽是真实、合法的，但含有某些制约受益人权利的条款，需要修改；

② 修改书以电报或电传方式发出，且盗用他行密押或借用原证密码；

③ 修改书不通过原开证行开出，而是直接发给通知行或受益人；

④ 证内规定装运后邮寄一份正本提单给申请人；

⑤ 来证装运期、有效期较短，以迫使受益人仓促发货。

例如，一份金额为 USD 1 092 000 的信用证，受益人为海南某外贸公司。来证有这样一个条款："只有在收到我行加押电报修改书并经通知行通知的买方装运指示、指定运输船名、装运日期时才可装运，而且该修改书必须包括在每套单据中议付。"同时规定："1/3 的正本提单于装船后快递给申请人。"该中国银行在通知受益人时，提请其关注这些条款，并做好防范。稍后，该中国银行又收到原证项下电开修改书一份，修改书指定船名、船期，并将原证允许分批装运改为禁止分批装运，但其密押却是沿用原证密押。该中国银行马上警觉起来，并迅速查询开证行，在确认该电文为伪造修改书后立即通知受益人停止发货。而此时，受益人的出口货物（70吨白胡椒）正装毕待发，其风险不言而喻。

（4）假客检证书诈骗。诈骗分子以申请人代表名义在受益人出货地签发检验证书，但其签名与开证行留底印鉴式样不符，致使受益人单据遭到拒付，而货物却被骗走。特征如下：

① 来证含有检验证书由申请人代表签署的"软条款"；

② 来证规定申请人代表签名必须与开证行留底印鉴相符；

③ 来证要求一份正本提单交给申请人代表；

④ 申请人将大额支票给受益人作抵押或担保；

⑤ 申请人通过指定代表操纵整个交易过程。

例如，某中国银行曾收到香港 BD 金融公司开出的以海南某信息公司为受益人的信用证，金额为 USD 992 000，出口货物是 20 万台照相机。信用证要求发货前由申请人指定代表出具货物检验证书，其签字必须由开证行证实，且规定 1/2 的正本提单在装运后交予申请人代表。装运时，申请人代表来到出货地，提供了检验证书，并以数张大额支票为抵押，从受益人手中拿走了其中一份正本提单。事后受益人将该支票提交银行要求托收时，却被告知："托收支票为空头支票，且申请人代表出具的检验证书签名不符，纯属伪造。"更不幸的是，货物已被全部提走，下落不明，受益人蒙受重大损失。

（5）伪造保兑信用证诈骗。诈骗分子在提供假信用证的基础上，为获得出口方的信任，蓄意伪造国际大银行的保兑函，以达到骗取我方大宗出口货物的目的。这种诈骗特征如下：

① 信用证的开证行为假冒或根本无法查实的银行；

② 保兑行为国际著名银行，以增加欺骗性；

③ 保兑函另开寄来，其签名为伪冒签字；

④ 贸易双方事先并不了解，仅通过中介人相识；

⑤ 来证金额较大，且装效期较短。

例如，某中国银行曾收到一份由印尼雅加达亚欧美银行发出的要求纽约瑞士联合银行保兑的电开信用证，金额为 600 万美元，受益人为广东某外贸公司，出口货物是 200 万条干蛇皮。但查银行年鉴，没有该开证行的资料。稍后，又收到苏黎世瑞士联合银行的保兑函，但其两个签字中，仅有一个相似，另一个无法核对。此时，受益人称货已备妥，急待装运，以免误了装船期。为慎重起见，该中国银行一方面劝阻受益人暂不出运，另一方面抓紧与纽约瑞士联合银行和苏黎世瑞士联系查询，先后得到答复："从未听说过此开证行，也从未保兑过这一信用证，请提供更详细资料以查此事。"至此可以确定，该证为伪造保兑信用证，诈骗分子企图凭以骗取我方出口货物。

资料来源：豆丁网，http://www.docin.com/p-1608204133.html；外销员考试网，http://www.233.com/wxy/zonghe/20060704/104715177-2.html.

二、备货报检（货）

信用证收妥无误后，就要立即进行出口备货。出口备货是指出口方根据合同或信用证的规定，按时、按质、按量地准备好应交货物，并做好申请报检和申领出口许可证工作。许多情况下，备货与催证之间并无严格的时间界限，出口报检手续也可在订舱之后办理。

（一）备货

1. 备货内容

出口方备货的主要内容包括：向生产部门或供货部门安排货物的生产、加工、收购和催交，核实应交货物的品质、规格、数量和交货时间，并进行必要的包装、刷唛等工作。

一般来说，有出口经营权的外贸企业可以根据交货期自行安排生产，没有生产加工实体的外贸公司，则要联系国内供应商委托其按合同或信用证的要求进行生产和包装。委托加工合同用中文填写，填写内容、方法与国际货物买卖合同大致相同。本部分内容可在"外贸跟单实务"课程中进一步学习，此处只做简单介绍。

2. 备货要求

（1）按时。备货时间应根据合同或信用证的规定，结合船期安排，以利于船货衔接。

（2）按质。货物的品质、规格应与合同或信用证的要求一致。货物的包装及唛头应符合合同或信用证的规定以及运输的要求，如果合同或信用证未作规定，应按同类货物通用的方式进行包装。在合同或信用证无特别要求时，卖方可以自行选择适宜的方式刷制唛头。

（3）按量。货物的数量必须满足合同或信用证的要求，并适当留有余地，保证能随时换货补货，以备运输仓储过程中可能发生的货损货差和适应舱容之用。

（4）先收证后备货。在客户资信不明或欠佳或产品不宜他售的情况下，卖方必须落实好信用证后才能安排生产，以防买方违约造成货物积压。

（二）报检

我国实施"先报检，后报关"的通关模式，凡属法定检验范围内的商品，在货物备妥后，应当先向当地商检局申请报检。检验合格后，商检局根据相关法律法规的规定对法检商品签发通关单，实时将通关单电子数据传输至海关，海关凭以验放，并在办结海关手续后将通关单使用情况反馈到商检局。凡经检验不合格的货物，一律不得出口。卖方须在通关单签发之日起 60 天内（一般货物为 60 天；植物和植物产品为 21 天，北方冬季可适当延长至 35 天；鲜活类货物为 14 天）装运出口；逾期仍未装运的，需重新检验取得合格证后方可出口。

1. 法定检验的含义

法定检验（statutory inspection），是指国家出入境检验检疫部门根据法律对规定的进出口商品或有关事项实施强制性检验检疫的制度。未经检验检疫或经检验检疫不合格的，不准输出或输入。我国的法定检验，由海关总署设在各地的出入境检验检疫部门负责办理。法定检验的主要目的是保证出入境的商品、动植物及其运输设备的安全卫生，防止有害商品、动植物、病虫害及传染病的输入或输出，保障生产建设安全和人类健康。

2. 法定检验的范围

我国法定检验的范围包括：

① 对列入《出入境检验检疫机构实施检验检疫的进出境商品目录》内的进出口商品的检验；

② 对出口食品和食品原料的卫生检验；

③ 对出口危险货物包装容器的性能鉴定和使用鉴定；

④ 对装运出口易腐烂变质食品、冷冻品的船舱与集装箱等运载工具的适载检验；

⑤ 对有关国际条约规定须经商检机构检验的进出口商品的检验；

⑥ 对其他法律、行政法规规定必须经商检机构检验的进出口商品、动植物的检验。

3. 法定检验的基本程序

出入境商品的法定检验主要包括以下四个环节。

（1）报检。进口或出口报检人员须在录单系统平台（目前报关、报检采用国际贸易单一窗口，下同），录入入境或出境货物报检的基本信息及货物信息，并进行电子申报，申报正确后打印纸质报检单，同时在无纸化系统中上传合同、发票、装箱单、厂检单等相关单据，商检机构在 ECIQ（中国电子检验检疫的简称，下同）系统平台审核上述单据后受理该批货物的报检。根据法定抽批规则，若未被 ECIQ 系统抽中则直接进行第（4）环节——出证放行；若被 ECIQ 抽中则需要如下的（2）（3）（4）环节。

（2）抽样。商检机构接受报检后，需及时派人进行现场检验鉴定。其内容包括货物的数量、重量、包装、外观等项目。现场检验一般采取国际贸易中普遍使用的抽样法。报检人员应提供存货地点情况，并配合商检人员做好抽样工作。

（3）检验。商检机构根据抽样和现场检验记录，仔细核对合同及信用证对品质、规格、包装的规定，弄清检验的依据、标准，采用合理的方法实施检验。

（4）出证。商检机构对检验合格的商品签发"入境货物通关单"或"出境货物通关单"（通关单号为全国统一编号，可在报检单上查询），实时将通关单电子数据传输至海关，海关凭此验放；如若客户需要则签发相关检验证书。

4. 出口商品主、辅施检

目前，结合 ECIQ 系统在全国的普遍实施，一般由内地运往口岸的法检商品，须在口岸和原产地商检机构分别进行主、辅施检，相关操作规范正在逐步统一中。

（三）申领出口许可证

出口许可证是国家管理货物出境的法律凭证。凡实行出口配额许可证管理和出口许可证管理的商品，各类进出口企业均应在出口前按规定向指定的发证机构申领出口许可证，海关凭出口许可证接受申报和验放。我国负责管理、签发出口许可证的机构，是商务部及其授权的省级对外贸易管理部门和商务部驻主要口岸特派员办事处。需要申领出口许可证的商品名录，由商务部指定并根据实际情况随时予以调整。

为了鼓励出口，我国对绝大多数外销产品不加限制。出口企业只需在装运出口前填写"出口货物报关单"向海关申报检放即可，一般不需要提供出口许可证。但有时国家为了合理配置资源、规范出口秩序、履行国际公约、维护国家经济利益和安全等特定目的，会对某些产品的出口实行出口许可证管理制度。

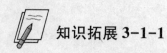

知识拓展 3-1-1

报关报检无纸化

（1）无纸化通关。又称为联网通关单无纸化，出入境检验检疫部门对法检商品，实行出入境货物通关单电子数据与进出口货物报关单电子数据的联网核查，进一步提高通关效率，实现严密监管。通关单联网核查的基本流程，即出入境检验检疫部门根据相关法律法规的规定对法检商品签发通关单，实时将通关单电子数据传输至海关，海关凭以验放法检商品，办结海关手续后将通关单使用情况反馈到海关总署。

（2）无纸化报检。出入境检验检疫部门根据企业信用状况和货物风险分析，改变原来验核纸质单证受理报检的方式，直接对企业申报的电子报检数据进行无纸化审核，主要包括合同、发票、提单、装箱单等贸易单证，报检时在无纸化报检系统上上传提交电子数据，由企业自行建档保存纸质单证。出入境检验检疫部门在受理报检、签证放行、检验检疫及监管过程中需要核验纸质随附单证的，可要求企业提交相关纸质单证。

（3）通关作业无纸化。海关以企业分类管理和风险分析为基础，按照风险等级对进出口货物实施分类，运用信息技术对企业联网申报的报关单及随附单证的电子数据进行无纸化审核、征税、验放的通关作业方式。无纸化报关操作企业需要登录中国电子口岸网站进行网上签约，将带企业公章的 PDF 格式报关所需的发票、箱单、合同等上传至海关无纸化系统。

无纸化报关操作企业具体注意事项。① 企业须在中国电子口岸平台上与报关地直属海关、中国电子口岸签订《通关作业无纸化三方协议》。以企业法人卡进入中国电子口岸，进入通关无纸化签约系统，选择要进行签约的直属海关，企业签约申请由海关审核通过后，方可在办理进出口货物通关手续时可采取"通关无纸化"方式进行通关。② 如委托报关企业代理报关的，报关企业和经营企业均需签订《通关作业无纸化三方协议》。此外，报关企业和经营企业也需要在中国电子口岸代理报关委托书系统建立委托关系。

知识拓展 3-1-2

国际贸易中的发票与装箱单

（1）商业发票。国际贸易中发票的种类很多，除商业发票外，还有海关发票、领事发票、厂商发票、形式发票等。

① 商业发票（commercial invoice），是出口商签发给进口商的发货价目清单。商业发票无统一格式，由各出口企业自行缮制，其主要内容包括：合同号码，货物的名称、数量、规格、单价、总值、包装等。商业发票是全套议付单据的中心，也是进出口双方办理支付、报关和交纳税款的依据。

② 海关发票（customs invoice）。海关发票是进口国海关要求出口商填写的一种发票，主要作为审查货物原产地、估价完税、征收差别关税或反倾销税的依据。海关发票由进口国提供空白格式，出口商填写后作为结汇单据之一。使用海关发票的国家主要有加拿大和美国。

③ 领事发票（consular invoice）。领事发票的作用与海关发票相似，拉美国家经常采用。这些国家规定，凡运往该国的货物，出口商必须提供经该国领事签证的发票。

④ 厂商发票（manufacturer's invoice）。厂商发票是由出口生产商出具的、用以证明出口国国内市场价格的发票，其作用与海关发票类似。

⑤ 形式发票（proform invoice）。或称预开发票，是出口方应进口方要求开立的一种非正式的参考性发票，供进口方向本国申请进口许可证和申领外汇之用。

此外，还有证实发票（certified invoice）、收妥发票（receipt invoice）、样品发票（sample invoice）、寄售发票（consignment invoice）等。

（2）装箱单（packing list）。又称包装单、码单，是用以说明货物包装细节的清单。装箱单的作用主要是补充发票内容的不足，详细记载包装方式、包装材料、包装件数、包装规格、数量、重量等内容，便于进口方和海关核准货物之用。装箱单无统一格式，由各出口企业自行缮制。与装箱单作用类似的还有重量单（weight memo）和尺码单（measurement list）。

三、订舱、报关与保险（船）

（一）订舱托运

出口企业在证、货齐备后，委托货运代理办理托运，并填写托运单（booking note 亦称订舱委托书），作为订舱依据。货代接受委托后向船公司办理订舱。货代确定船舶舱位后，向出口企业发出入货通知，并代表出口企业作为托运人办理托运手续。入货通知的主要信息包括船名、航次、提单号、入货地址、最晚入货时间、通关时间等。

（二）出口报关

出口方在货物装运前，要及时填写出口报关文件，自理或委托代理公司办理出口报关手续，接受海关查验。本部分内容可在"报关实务"课程中进一步学习，此处只做简单介绍。

1. 出口申报

出口货物的发货人或其代理人应在装货的 24 小时之前向运输工具所在地或出境地海关申报。报关前须准备好合同、箱单、发票、入货通知（单据中有提单号、船名/航次）、报检单（单据中有通关单号）及海关认为必要的其他有关证明，并在系统平台录入报关申报信息，进行电子申报及相关单据上传海关无纸化系统。

2. 查验放行

海关以出口报关单为依据，在海关监管区域内对出口货物进行查验。报关单位应派报关人员在现场负责开箱装箱，协助海关完成查验工作。经查验合格，在报关单位照章办理纳税手续后，海关在装货单或运单上盖上关印，即为结关放行。

以青岛口岸为例：当货物装箱完成后，港务局会通知各个堆场将集装箱送到码头前沿，就是所谓的集港。当集港完成后，报关人员到现场协助海关完成查验。海关放行后在原始报关单上盖放行章，此票业务顺利出运。

（三）出口保险

CIF 条件下，出口货物采用逐笔投保的方式，由出口方负责办理保险。保险办理在订妥舱位之后即可进行，但最迟不能晚于装船日（提单日）。

1. 填制投保单

卖方投保时要根据保险公司的规定填制投保单。投保单即投保申请书，是保险公司据以出立保险单的凭证。填制投保单时应注意以下几个问题。

（1）保险险别。险别不同，保险人的责任范围不同，被保险人支付的保险费也不同。在 CIF 条件下，卖方投保作为一种义务，在合同无明确约定保险险别时，按照国际惯例，只需投保最低险别即可。

（2）保险金额。是保险公司承担赔偿责任的最高限额，也是保险公司计算保险费的基础。投保人在填写投保单时应确定保险金额。按照国际保险市场的习惯做法，出口货物的保险金额一般为 CIF 货价的 110%。如果买方要求增加保险金额，卖方也可接受，但由此增加的保险费应由买方承担。计算保险金额时，如果以 CFR 价格为基础，则应首先换算成 CIF 价格，再进行计算。计算公式参见项目二重要公式 2-3-3。

2. 领取保险单

保险公司根据投保内容，签发保险单或保险凭证，并计算保险费。保险单（保险凭证）一式五份，其中一份留存，投保人付清保险费后取得四份正本，投保即告完成。被保险人按约定方式缴纳保险费是保险合同生效的条件。

（1）保险单（insurance policy）。又称大保单，是保险人与被保险人之间订立的保险合同的凭证，是被保险人索赔、保险人理赔的依据。在 CIF 合同中，保险单也是必备的议付单据之一。保险单除正面内容外，还在背面列明保险公司的责任范围，以及保险双方各自的权利、义务等详细条款。

（2）保险凭证（insurance certificate）。又称小保单，是一种简化的保险合同，其正面内容与保险单相同，背面空白。保险凭证与保险单具有同等的法律效力，但在信用证规定提交保险单时，一般不能以保险凭证代替。

（四）装船出运

货物经海关查验放行后，在装货单（shipping order，S/O）上盖放行章。装货单又叫关单。托运人持海关盖章的装货单要求船长装船，货物装船后即由船长或大副签收收货单，又称大副收据（mate's receipt，M/R）。收货单是船公司签发给托运人的、表明货物已装妥的临时收据。托运人凭收货单向船公司交付运费并换取正式提单。

 知识拓展 3-1-3

海运出口托运单

托运单（booking note，B/N），俗称下货纸，是托运人根据贸易合同和信用证条款内容填制的，向承运人或其代理办理货物托运的单证。承运人根据托运单内容，并结合船舶的航线、挂靠港、船期和舱位等条件考虑，认为合适后，即接受托运。

托运单是缮制提单的主要背景资料，是船公司制作提单的依据，如果托运单缮制有差错、延误等，就会影响到其他单证的流转。托运单的基本内容包括托运人、编号、目的港、装载船名、货名、标记及号码、件数、毛净重、尺码、运费计算、运费付款方式、信用证装效期和有关运输条款及要求。

四、制单结汇（款）

货物装船后，出口方应立即按照信用证的规定缮制各种单据，向银行交单结汇，办理出口收汇和退税手续。至此，一笔出口业务的合同履行基本完毕。

（一）缮制单据

缮制单据简称制单，是出口方按照信用证或合同的有关要求，缮制各种结汇单据的过程。本书只是简单地介绍制单的基本要求及单据的种类，至于各种单证缮制的具体要求，可在"外贸单证实务"课程中进一步学习。

1. 制单的基本要求

（1）正确。单证内容必须正确，既符合信用证的要求，又能真实反映货物的情况，且各单据的内容不能相互矛盾。

（2）完整。单据份数应符合信用证的规定，不能短少；单据本身的内容应当完备，不能出现项目短缺的情况。

（3）及时。制单应及时，以免错过交单期或信用证有效期；同时也可以使银行有足够的时间审单，发现问题及时处理。

（4）简明。单据内容应按信用证要求和国际惯例填写，力求简明；切勿加列不必要的内容，以免弄巧成拙。

（5）整洁。单据的布局要美观大方，缮写或打印的字迹要清楚醒目；单据表面要清洁，对更改的地方要加盖校对图章并签字；如果一份单据更改超过三处，应重新缮制；单据上的主要项目如金额、件数和重量等一般不宜改动。

2. 常见的结汇单据

一般情况下，常见的结汇单据有三类，但并不是每笔交易所需的单据都相同，这要根据信用证或合同的要求提供。

（1）出口商自行缮制的单证。包括汇票、商业发票、包装单据（主要有装箱单、重量单、尺码单）、其他单证（常见的有寄单证明、寄样证明、邮局收据、快递收据、装运通知、包装材料证明、船籍证明、船龄证明等）。

（2）各类服务机构出具的单证。如运输单据（包括海运提单、海运单、航空运单、铁路运单、货物承运收据及多式联运单据等）、保险单据等。

（3）官方机构出具的单证。如原产地证明、检验证书等。

（二）交单结汇

1. 交单

交单（presentation），是指出口商在规定时间内向银行提交信用证规定的全套单据，银行审核单据后，根据信用证条款规定的兑付方式办理结汇。规定时间是指在信用证规定的交单期和有效期之内。交单方式有两种。

（1）一次交单。即在货已发运、全套单据收齐后一次性送交银行。银行审单后若发现不符点需要退单修改；耗费时日，容易造成逾期而影响收汇安全。

（2）两次交单。也称预审交单，即在运输单据签发前，先将其他已备妥的单据交银行预审，发现问题及时更正，待货物装运后收到运输单据，可以当天议付并对外寄单。因此出口企业宜与银行密切配合，采用两次交单方式，可以加速收汇。

2. 结汇

结汇是指银行审核出口单据无误后，按信用证规定的兑付条件将外汇结转给出口企业。我国出口多数使用议付信用证，也有少量使用付款信用证和承兑信用证的。主要结汇方式有以下几种。

（1）出口押汇。适用于议付信用证。议付行收取单据作为质押，按汇票或发票面值，扣除从议付日起到估计收到开证行或偿付行票款之日的利息，将货款先行垫付给出口商。议付是可以追索的，如开证行拒付，议付行可向出口商追还已垫付的货款。开证行对议付行承担到期承兑和付款的责任。银行如仅仅审核单据而不支付价款不构成议付。

（2）收妥结汇。即银行收到单据后不叙做押汇，直接将单据寄交开证行，待开证行将货款划过来后再向出口商结汇。

（3）定期结汇。即收到单据后，在一定期限内向出口商结汇，此期限为估计索汇时间。

上述（2）、（3）种方式，对银行来说，都是先收后结，按《UCP 600》规定，银行不能取得议付行资格，只能算是代收行。

3. 单证不符的处理

在出口业务中，由于种种原因造成单证不符，即单据存在不符点，而受益人又因时间限制无法在规定期限内更正，则有下列处理方法。

（1）凭保议付。受益人出具保证书承认单据瑕疵，声明如开证行拒付，由受益人偿还议付行所垫付款项和费用，同时电请开证人授权开证行付款。

（2）表提。议付行把不符点开列在寄单函上，征求开证行意见，由开证行接洽申请人是否同意付款，接到肯定答复后议付行即行议付。如申请人不予接受，开证行退单，议付行照样退单给受益人。

（3）电提。议付行暂不向开证行寄单，而是用电传或传真通知开证行单据不符点。如开证行同意付款，再行议付并寄单；若不同意，受益人可及早收回单据，设法改正。

（4）有证托收。单据有严重不符点，或信用证有效期已过，已无法利用手上的信用证，只能委托银行在向开证行寄单函中注明："信用证项下单据作托收处理"，此为"有证托收"；而一般的托收，则称为"无证托收"。

（三）出口收汇与退税

为了大力推进贸易便利化，进一步改进货物贸易外汇服务和管理，国家外汇管理局、国家税务总局、海关总署决定，自 2012 年 8 月 1 日起在全国实施货物贸易外汇管理制度改革，取消出口收汇核销单，企业不再办理出口收汇核销手续，并相应调整出口报关流程，简化出口退税凭证，优化升级出口收汇与出口退税信息共享机制。出口企业收汇后，登录外汇管理局网上服务平台申报出口收汇情况。

出口收汇与退税的基本程序如下。

1. 办理出口货物退税认定

出口企业在办理《对外贸易经营者备案登记表》后 30 日内或者未取得进出口经营权的生产企业代理出口在发生首笔出口业务之日起 30 日内，必须到所在地主管退税的税务机关办理出口货物退税认定手续，纳入出口退税管理。未办理出口货物退税认定手续的出口企业一律不予办理出口货物退税或免税。

2. 退税申报

货物报关出口后，企业首先在电子口岸上提交报关单信息，收集有关退税单证及出口退税单证备案，然后登录国税局出口退税申报系统进行相关数据申报。出口企业应在货物出口之日（以报关单上注明出口日期为准）起 90 日内，向退税部门申报办理退（免）税申报手续。

3. 申报预检

出口企业将退税相关数据录入申报系统后，系统将自动对数据进行预先审核。

4. 正式申报

企业收到预审反馈信息无误后，持有关单证到所在地国税局正式申报出口退税。出口退税需要的单据一般包括增值税发票、出口报关单放行单和放行通知书等。

5. 审批与退税

国税局退税工作人员接受申报，对纸质材料审核无误后，将相关资料送交有关领导审核、审批。审批通过后，国税局把退税金额划转到企业的退税专户，企业即可查询退税款的到账情况。

 知识拓展 3-1-4

海关总署公告 2018 年第 26 号
（关于全面取消打印出口货物报关单证明联（出口退税专用）的公告）

为进一步深化海关通关作业无纸化改革，减少纸质单证流转，减轻企业负担，海关总署决定全面取消打印出口货物报关单证明联（出口退税专用）。对 2018 年 4 月 10 日（含）以后实施启运港退税政策的出口货物，海关不再签发纸质出口货物报关单证明联（出口退税专用）。请相关企业在 2018 年 4 月 30 日前尽快到海关打印 4 月 10 日之前预结关的、实施启运港退税政策的纸质出口货物报关单证明联（出口退税专用），原签发纸质出口货物报关单证明联（出口退税专用）相关系统将于 4 月 30 日起停止运行。

特此公告。

海关总署

2018 年 4 月 9 日

五、业务实例——赵丹的业务资料

（一）赵丹落实信用证的函电资料

1. 赵丹发出的催证函

赵丹与法国客商签订的贸易合同中规定：买方须于 2017 年 12 月 10 日前将不可撤销的即期付款信用证开到卖方。12 月 1 日赵丹发函催证，催证函如下。

发件人：orient < zhaodan@ orientelectric. com >
收件人：lucerna < markburton@ lucerna. com >
日　期：2017-12-1　09：09：35
主　题：OPEN L/C

Dear Sirs，

　　We wish to point out that the goods under our S/C NO. OE171120 have been ready for shipment. We are at a loss to understand why your covering L/C has not reached us yet and we haven't heard any information from you in this respect. Unless your L/C advice is faxed the soonest possible，both delays in shipment and L/C extension will be inevitable.

　　Best regards，
　　Yours sincerely，
　　ZHAO DAN
　　ORIENT ELECTRIC CO. , LTD

2. 客户发来的信用证

法国客商在赵丹的催促下，填写了开证申请书递交开证行，开证行开立信用证后通过通知行转交给东方电器有限公司。以下是对方开来信用证的主要内容。

27：SEQUENCE OF TOTAL：

　　1/1

40A：FORM OF DOCUMENTARY CREDIT：

　　IRREVOCABLE

20：DOCUMENTARY CREDIT NUMBER：

　　MKC4786323

31C：DATE OF ISSUE：

　　171208

31D：DATE AND PLACE OF EXPIRY：

　　REMAIN VALID UNTIL 15 DAYS AFTER THE TIME OF SHIPMENT IN APPLICANT'S COUNTRY.

50：APPLICANT：

　　LUCERNA TRADING CO. , LTD

59：BENEFICIARY：

　　ORIENT ELECTRIC CO. , LTD

　　No. 666 Fenjin Road Qingdao, Shandong, China

32B：CURRENCY CODE，AMOUNT：

　　USD 16 704. 00

41D：AVAILABLE WITH... BY... ：

　　ANY BANK IN CHINA

　　BY NEGOTIATION.

42C：DRAFTS AT：

SIGHT FOR 80% OF INVOICE VALUE

42A：DRAWEE：

BNP PARIBAS BANK

43P：PARTIAL SHIPMENTS：

NOT ALLOWED

43T：TRANSHIPMENT：

ALLOWED

44A：LOADING ON BOARD/DISPATCH/TAKING IN CHARGE AT/FROM：

QINGDAO PORT, CHINA

44B：FOR TRANSPORTATION TO：

MARSEILLES PORT, FRANCE

44C：LATEST DATE OF SHIPMENT：

171231

45A：DESCRIPTION OF GOODS AND/OR SERVICES：

7 200 PCS OF ORIENT BRAND ELECTRIC HAIR DRYER, UNIT PRICE USD 2. 90/PC

CIF Marseilles

46A：DOCUMENTS REQUIRED

1. ORIGINAL SIGNED COMMERCIAL INVOICE IN 5 FOLDS INDICATING S/C NO.

2. PACKING LIST IN 3 FOLDS.

3. FULL SET OF ORIGINAL CLEAN ON BOARD BILLS OF LADING MADE OUT TO ORDER OF SHIPPER AND BLANK ENDORSED, MARKED " FREIGHT TO COLLECT", NOTIFY APPLICANT (WITH FULL NAME AND ADDRESS).

4. INSURANCE POLICY OR CERTIFICATE IN 2 FOLDS, BLANK ENDORSED, FOR 120% OF THE INVOICE VALUE COVERING ALL RISKS AND WAR RISK, INSURANCE CLAIMS TO BE PAYABLE AT DESTINATION IN THE CURRENCY OF THE DRAFTS.

5. CERTIFICATE OF ORIGIN IN ONE ORIGINAL AND ONE COPY.

6. CE CERTIFICATE AND ROHS CERTIFICATE ISSUED BY PUBLIC RECOGNIZED SURVEYOR.

7. A DECLARATION OF NO – WOODEN PACKING MATERIAL IS REQUIRED IN NEGOTIATION.

47A：ADDITIONAL CONDITIONS：

ALL DOCUMENTS TO BE ISSUED IN ENGLISH LANGUAGE.

71B：CHARGES：

ALL BANKING CHARGES OUTSIDE FRANCE ARE FOR ACCOUNT OF BENEFICIARY.

48：PERIOD FOR PRESENTATION：

DOCUMENTS MUST BE PRESENTED WITHIN 21 DAYS AFTER B/L DATE, BUT WITHIN THE VALIDITY OF THE CREDIT.

49：CONFIRMATION INSTRUCTIONS：
WITHOUT

78：INSTRUCTIONS TO THE PAYING/ACCEPTING/NEGOTIATING BANK：
THE NEGOTIATION BANK MUST FORWARD THE DRAFTS AND ALL DOCUMENTS IN ORDER. WE WILL REMIT THE PROCEEDS AS INSTRUCTED BY THE NEGOTIATING BANK.

72：SENDER TO RECEIVER INFORMATION：
THIS CREDIT IS SUBJECT TO UCP 600.

3. 审证结果

赵丹收到信用证后，根据合同、《UCP 600》等进行了认真细致的审核，结果如下。

（1）信用证的到期地点在国外，与合同规定不符（合同规定在中国议付）。(31D)

（2）装运期太短，与合同规定不符（合同规定收到信用证45天内装运），没有足够的时间备货装运。(44C)

（3）运费预付误写为运费到付。(46A)

（4）保险金额为发票金额的120%，与合同规定不符（合同规定为110%）。(46A)

（5）合同数量和总值均有5%的增减，信用证中漏列，但因对履约影响不大，可不要求修改。

4. 赵丹撰写的修改函

发件人：orient < zhaodan@ orientelectric. com >
收件人：lucerna< markburton@ lucerna. com >
日　期：2017-12-09　09:08:30
主　题：AMEND THE L/C

Dear Sirs，

　　We have received your Letter of Credit No. MKC4786323. After checking up the clauses in it，we found four points did not conform to those in the relative contract. Please amend the L/C as follows：

　　1. The place of expiry should be amended as "in China" instead of "in applicant's country".

　　2. The latest date of shipment should be amended as "180122" instead of "171231".

　　3. "freight to collect" should be amended as "freight prepaid".

　　4. The insurance amount should be amended as "110%" instead of "120%".

　　We await your earliest amendment advice.

Yours sincerely，
ZHAODAN
ORIENT ELECTRIC CO. , LTD

（二）赵丹备货报验的相关单证

赵丹收到通知行转来的"信用证修改通知书后"，随即着手安排出口备货事宜。因东方电器有限公司是一家生产性外贸企业，可自行安排生产，无须委托加工，且小家电产品出口不涉及许可证管理范围，也无须办理出口许可证。查阅最新的 2018 年《出入境检验检疫机构实施检验检疫的进出境商品目录》，电吹风产品的监管条件为 A，所以该商品出口为非法检商品，免予查验，但客户需要的相关证书仍需要第三方检验机构出具。该环节赵丹需要缮制好商业发票、装箱单，以备后续环节使用；联系权威第三方检验机构进行 CE 认证和 ROHS 认证并出具相关证书。

1. 赵丹缮制的商业发票

东方电器有限公司

ORIENT ELECTRIC CO. , LTD

NO. 666 FENJIN ROAD QINGDAO, SHANDONG, CHINA

COMMERCIAL INVOIC

TO: LUCERNA TRADING CO. , LTD

INV. NO. : OE1130
INV. DATE: Dec. 29, 2017
S/C NO. : OE171120
L/C NO. : MKC4786323

FROM: QINGDAO

TO: MARSEILLES

MARKS AND NUMBERS	DESCRIPTION OF GOODS	QUANTITY	UNIT PRICE	AMOUNT
	ORIENT BRAND ELECTRIC HAIR DRYER		CIF Marseilles	
LUCERNA	MT201Y	1, 800 PCS	USD 2. 90/PC	USD 5, 220. 00
OE171120	MT202Y	1, 800 PCS	USD 2. 90/PC	USD 5, 220. 00
MARSEILLES	MT203Y	1, 800 PCS	USD 2. 90/PC	USD 5, 220. 00
C/NO. 1–600	MT204Y	1, 800 PCS	USD 2. 90/PC	USD 5, 220. 00
	**********	**********	**********	**********
	TOTAL:	7, 200 PCS		USD 20, 880. 00

TOTAL VALUE:
SAY US DOLLARS TWENTY THOUSAND EIGHT HUNDRED AND EIGHTY ONLY.

20% DEPOSIT HAVE BEEN REMITTED, THE BALANCE ARE PAID BY DRAFT.
WE HEREBY CERTIFY THAT CONTENTS OF INVOICE ARE TRUE AND CORRECT.

ORIENT ELECTRIC CO. , LTD（公章）

2. 赵丹缮制的装箱单

东方电器有限公司
ORIENT ELECTRIC CO. , LTD
NO. 666 FENJIN ROAD QINGDAO, SHANDONG, CHINA
PACKING LIST

TO: LUCERNA TRADING CO. , LTD

INV. NO. : OE1130
INV. DATE: Dec. 29, 2017
S/C NO. : OE171120
L/C NO. : MKC4786323
TO: MARSEILLES

FROM: QINGDAO
CONTAINER TYPE/QUANTITY. : 1×40′

CONTAINER NO. : CRLU1357272

MARKS AND NUMBERS	DESCRIPTION OF GOODS; NUMBER AND KIND OF PKGS	QUANTITY	PKGS	N. W.	G. W.	MEAS.
LUCERNA OE171120 MARSEILLES C/NO. 1-600	ORIENT BRAND ELECTRIC HAIR DRYER; ONE CARTON OF 12 PIECES EACH	7, 200 PCS	600 CTNS	7, 200 KGS	7, 800 KGS	57. 42 M³

TOTAL: SIX HUNDRED CARTONS ONLY.

ORIENT ELECTRIC CO. , LTD（公章）

（三）赵丹订舱、报关与保险的相关单证

赵丹备货、报检完毕后，仍然委托青岛锦程代为办理订舱及报关事宜，与青岛锦程在中国电子口岸代理报关委托书系统建立委托关系，同时自己联系保险公司，办理出口货物运输保险。

1. 赵丹缮制的托运单

		B/L No.：
Shipper（complete name and address） ORIENT ELECTRIC CO.，LTD NO.666 FENJIN ROAD QINGDAO, SHANDONG, CHINA		锦程订舱
Consignee（complete name and address） TO ORDER OF SHIPPER		于文 Tel：80972678 Fax：83107000 MSN：batheny_ cui@ live. cn E-mail：bathenycui-qdlbc @ jctrans. com TO：张忠义 请定 1 月 12 日船期
Notify Party（complete name and address） LUCERNA TRADING CO.，LTD CHUNG-KU 75011 PARIS, FRANCE		

Pre-carriage by		Place of Receipt	**Booking Order**
Vessel	Voy No.	Port of Loading QINGDAO，CHINA	
Port of Discharge MARSEILLES，FRANCE		Port of Delivery	Final Destination

Marks & No. LUCERNA OE171120 MARSEILLES C/NO. 1–600	No. of Container 1×40′FCL （600 CTNS）	Description of Goods；Number and Kind of Pkgs ORIENT BRAND ELECTRIC HAIR DRYER；ONE CARTON OF 12 PIECES EACH	G. W. 7，800 KGS	Meas 57. 42 CBM

Total Number of Container or Packages：SIX HUNDRED CARTONS ONLY.

ATTN：

2. 赵丹缮制的投保单

中保财产保险有限公司青岛市分公司
The People's Insurance (Property) Company of China, Ltd. Qingdao Branch

进出口货物运输保险投保单
Application From for I/E MARINE CARGO INSURANCE

被保险人　东方电器有限公司
Insured's Name：ORIENT ELECTRIC CO. , LTD

发票号码（出口用） 或合同号码（进口用） Invoice No. or Contract No.	包装及数量 Quantity	保险货物项目 Descriptions of Goods	保险金额 Amount Insured
Invoice No. OE1130	600 CARTONS	ORIENT BRAND ELECTRIC HAIR DRYER	USD 22,968

装载运输工具　AS PER B/L　航次、航班或车号　AS PER B/L　开航日期　AS PER B/L

Per conveyance　　　　　Voy. No.　　　　　　Slg. Date

自　QINGDAO　至　MARSEILLES　转运地　　　　　　赔款地　MARSEILLES

From　　　　To　　　　　W/T at　　　　　Claim Payable at

承保险别：

Conditions &/or Special Coverage：FOR 110% OF TOTAL INVOICE VALUE AGAINST ALL RISKS AND WAR RISK, AS PER PICC DATED 1/1/1981.

投保人签章及公司名称、电话、地址：

Applicant's Signature and Co. 's Name, Add. and Tel. No.

ORIENT ELECTRIC CO. , LTD （公章）

No. 666 Fenjin Road Qingdao, Shandong, China

0531-87889912

备注：　投保日期：2018. 01. 10

Remarks：　Date：2018. 01. 10

3. 赵丹收到的保险单

中保财产保险有限公司
The People's Insurance（Property）Company of China，Ltd

发票号码
Invoice No.：OE1130

保险单号次
Policy No.：QD113102018

海洋货物运输保险单
MARINE CARGO TRANSPORTATION INSURANCE POLICY

被保险人
Insured：ORIENT ELECTRIC CO.，LTD

　　中保财产保险有限公司（以下简称本公司）根据被保险人的要求，及其所缴付约定的保险费，按照本保险单承担险别和背面所载条款与下列特别条款承保下列货物运输保险，特签发本保险单。

This policy of Insurance witnesses that the People's Insurance（Property）Company of China，Ltd.（hereinafter called "The Company"），at the request of the Insured and in consideration of the agreed premium paid by the Insured，undertakes to insure the under mentioned goods in transportation subject to conditions of the Policy as per the Clauses printed overleaf and other special clauses attached hereon.

保险货物项目 Descriptions of Goods	包装及数量 Quantity	保险金额 Amount Insured
ORIENT BRAND ELECTRIC HAIR DRYER	600 CARTONS	USD 22，968.00

承保险别： Conditions： FOR 110% OF TOTAL INVOICE VALUE AGAINST ALL RISKS AND WAR RISK， AS PER PICC DATED1/1/1981.	货物标记： Marks of Goods： AS PER INVOICE No. OE1130

总保险金额：
Total Amount Insured：
SAY US DOLLARS TWENTY TWO THOUSAND NINE HUNDRED AND SIXTY EIGHT ONLY.

保费 Premium AS ARRANGED	载运输工具 Per conveyance S. S AS PER B/L	开航日期 Slg. on or abt. AS PER B/L

起运港 Form　　QINGDAO	目的港 To　　MARSEILLES

　　所保货物，如发生本保险单项下可能引起索赔的损失或损坏，应立即通知本公司下述代理人查勘。如有索赔，应向本公司提交保险单正本（本保险单共有　份正本）及有关文件。如一份正本已用于索赔，其余正本则自动失效。

　　In the event of loss or damage which may result in acclaim under this Policy，immediate notice must be given to the Company's Agent as mentioned hereunder. Claims，if any，one of the Original Policy which has been issued in original（s）together with the relevant documents shall be surrendered to the Company. If one of the Original Policy has been accomplished，the others to be void.

赔款偿付地点：
Claim payable at：MARSEILLES IN FRANCE

日期： Date：　Jan. 10，2018	在： At：　QINGDAO	General manager：马丽娟

地址： Address：		

4. 该批货物的报关单

<table>
<tr><td colspan="5" align="center">中华人民共和国海关出口货物报关单</td></tr>
<tr><td colspan="3">预录入编号：</td><td colspan="2" align="right">海关编号：</td></tr>
<tr>
<td colspan="2">收发货人（3702258723）（913702025797711882）
东方电器有限公司</td>
<td>出口口岸（4200）
青岛关区</td>
<td>出口日期
20180112</td>
<td>申报日期
20180110</td>
</tr>
<tr>
<td colspan="2">生产销售单位（3702258723）
（913702025797711882）东方电器有限公司</td>
<td>运输方式（2）
水路运输</td>
<td>运输工具名称
JIXIANG V. 501</td>
<td>提运单号
COSU 142939</td>
</tr>
<tr>
<td colspan="2">申报单位（3702980302）（913702006752878632）
锦程国际物流服务有限公司青岛分公司</td>
<td>监管方式（0110）
一般贸易</td>
<td>征免性质（101）
一般征税</td>
<td>备案号</td>
</tr>
<tr>
<td>贸易国（地区）（305）
法国</td>
<td>运抵国（地区）（305）
法国</td>
<td colspan="2">指运港（305）
法国</td>
<td>境内货源地（37022）
青岛</td>
</tr>
<tr>
<td>许可证号</td>
<td>成交方式（1）
CIF</td>
<td>运费</td>
<td>保费</td>
<td>杂费</td>
</tr>
<tr>
<td>合同协议号
OE171120</td>
<td>件数
600</td>
<td>包装种类（2）
纸箱</td>
<td>毛重（千克）
7 800</td>
<td>净重（千克）
7 200</td>
</tr>
<tr>
<td>集装箱号
CRLU1357272</td>
<td colspan="4">随附单据 出境货物通关单</td>
</tr>
<tr>
<td colspan="5">标记唛码及备注
LUCERNA
OE171120
MARSEILLES
C/NO. 1~600</td>
</tr>
</table>

<table>
<tr>
<th>项号</th>
<th>商品编号</th>
<th>商品名称、规格型号</th>
<th>数量及单位</th>
<th>最终目的国（地区）</th>
<th>单价</th>
<th>总价</th>
<th>币制</th>
<th>征免</th>
</tr>
<tr>
<td>1</td>
<td>85163100. 00</td>
<td>东方牌电吹风
ORIENT BRAND
ELECTRIC HAIR DRYER</td>
<td>7 200 件</td>
<td>法国
（305）</td>
<td>2. 90</td>
<td>20 880. 00</td>
<td>（502）
美元</td>
<td>（1）照章征税</td>
</tr>
<tr><td></td><td></td><td></td><td></td><td></td><td></td><td></td><td></td><td></td></tr>
<tr><td></td><td></td><td></td><td></td><td></td><td></td><td></td><td></td><td></td></tr>
</table>

<table>
<tr><td colspan="2">特殊关系确认：否</td><td>价格影响确认：否</td><td colspan="2">与货物有关的特许权使用费支付确认：否</td></tr>
<tr>
<td>录入员　录入单位</td>
<td colspan="2" rowspan="2">兹申明对以上内容承担如实申报、依法纳税之法律责任</td>
<td colspan="2" rowspan="3">海关审单批注及签章</td>
</tr>
<tr><td rowspan="2">报关人员</td></tr>
<tr><td align="center">申报单位（签章）</td></tr>
</table>

5. 赵丹收到的海运提单

SHIPPER ORIENT ELECTRIC CO. , LTD NO. 666 FENJIN ROAD QINGDAO, SHANDONG, CHINA	B/L NO. COSU 142939	COSCO

CONSIGNEE
TO ORDER OF SHIPPER

中国远洋运输（集团）总公司
CHINA OCEAN SHIPPING (GROUP) CO.

NOTIFY PARTY
LUCERNA TRADING CO. , LTD
CHUNG-KU 75011 PARIS FRANCE

PRE-CARRIAGE BY	PLACE OF RECEIPT	ORIGINAL Combined Transport Bill of Lading
OCEAN VESSEL VOY. NO. JIXIANG V. 501	PORT OF LOADING QINGDAO	
PORT OF DISCHARGE MARSEILLES, FRANCE	PLACE OF DELIVERY	FINAL DESTINATION (FOR THE MERCHANT'S REFERENCE)

MARKS LUCERNA OE171120 MARSEILLES C/NO. 1-600	NOS & KINDS OF PKGS 1×40′FCL (600 CTNS)	DESCRIPTION OF GOODS ORIENT BRAND ELECTRIC HAIR DRYER	G. W. (KG) 7, 800 KGS	MEAS (M³) 57. 42 M³

TOTAL NUMBER OF CONTAINERS OR PACKAGES (IN WORDS)：SIX HUNDRED CARTONS ONLY.

FREIGHT & CHARGES FREIGHT PREPAID	REVENUE TONS	RATE	PER	PREPAID	COLLECT
PREPAID AT	PAYABLE AT QINGDAO, CHINA	PLACE AND DATE OF ISSUE QINGDAO Jun. 15, 2011			
TOTAL PREPAID	NO. OF ORIGINAL B (S) L THREE	SIGNED FOR THE CARRIER			
LOADING ON BOARD THE VESSEL DATE Jan. 12, 2018	BY JIXIANG V. 501	中国远洋运输（集团）总公司 CHINA OCEAN SHIPPING (GROUP) CO. ×××（签字）			

（四）赵丹制单结汇的相关单证

根据信用证的要求，赵丹的结汇单据包括汇票、发票、装箱单、海运提单、保险单、产地证、CE 证书、非木质包装证明。其中，已经缮制好的单据有发票、装箱单、海运提单和保险单四种，另有 CE 证书和 ROHS 证书（证书样本略）需要由权威第三方检验机构出具，产地证需要由当地商检机构出具，汇票和非木质包装证明需要自行缮制。

赵丹在舱位订妥后，即按信用证的要求准备好相关单证交议付行预审，货物装船取得提单后，立即办理了议付手续，随后按规定进行了出口收汇及退税。至此，赵丹的第一笔业务顺利完成。

1. 商检机构出具的产地证明书

ORIGINAL

1. Goods consigned from (Exporter's business name, address, country) ORIENT ELECTRIC CO., LTD NO. 666 FENJIN ROAD QINGDAO, SHANDONG, CHINA	Reference No. **GENERALIZED SYSTEM OF PREFERENCES** **CERTIFICATE OF ORIGIN** (Combined declaration and certificate) **FORM A** Issued in THE PEOPLE'S REPUBLIC OF CHINA (country) See Notes overleaf
2. Goods consigned to (Consignee's name, address, country) LUCERNA TRADING CO., LTD CHUNG-KU 75011 PARIS FRANCE	
3. Means of transport and route (as far as known) SHIPMENT FROM QINGDAO PORT TO MARSEILLES BY SEA	4. For official use

5. Item number	6. Marks and numbers of packages	7. Number and kind of packages; description of goods	8. Origin criterion (see Notes overleaf)	9. Gross weight or other quantity	10. Number and date of invoices
1	LUCERNA OE171120 MARSEILLES C/NO. 1-600	SIX HUNDRED (600) CARTONS OF ELECTRIC HAIR DRYER, ONE CARTON OF 12 PIECES EACH. ******************	P	7,200PCS	OE1130 Dec. 29, 2017

11. Certification It is hereby certified, on the basis of control carried out, that the declaration by the exporter is correct. QINGDAO, CHINA Jan. 5, 2018	12. Declaration by the exporter The undersigned hereby declares that the above details and statements are correct, that all the goods were produced in _____CHINA_____ (country) and that they comply with the origin requirements specified for those goods in the Generalized System of Preferences for goods exported to _____FRANCE_____ (importing country) QINGDAO, CHINA Jun. 8, 2011
Place and date, signature and stamp of certifying authority	Place and date, signature and stamp of authorized signatory

2. 赵丹缮制的非木质包装材料证明

DECLARATION OF NO-WOODEN
PACKING MATERIAL

TO：

LUCERNA TRADING CO. , LTD

IT IS DECLARED THAT THIS SHIPMENT

COMMODITY： ELECTRIC HAIR DRYER

QUANTITY： 600 CTNS

INVOICE NO. ：OE1130

  DO NOT CONTAIN WOOD PACKING MATERIALS.

ORIENT ELECTRIC CO. , LTD （公章）

Jan. 5, 2018

3. 赵丹缮制的汇票

BILL OF EXCHANGE

No. OE1130

For USD 16,704.00 QINGDAO, Jan. 22, 2018

At ＊ ＊ ＊ ＊ sight of this FIRST Bill of Exchange（Second bill of Exchange being unpaid）

Pay to the order of BANK OF CHINA, QINGDAO BRANCH the sum of US DOLLARS SIXTEEN THOUSAND SEVEN HUNDRED AND FOUR ONLY.

Drawn under BNP PARIBAS PARIS

L/C No. MKC4786323 Dated Dec. 08, 2017

To BNP PARIBAS PARIS

ORIENT ELECTRIC CO. , LTD （公章）

赵 丹

同 步 训 练

（一）单项选择

1. 出口商审核信用证的依据是_____。

A. 合同及《UCP 600》的规定　　　　　B. 一整套单据

C. 开证申请书　　　　　　　　　　　　D. 商业发票

2. 在出口业务中，通知行审核信用证的重点是_____。

A. 信用证的真伪　　　　　　　　　　　B. 申请人的信用

C. 船期是否合适　　　　　　　　　　　D. 货物名称是否正确

3. 对于一份信用证的多处修改，受益人_____。

A. 可以全部接受　　　　　　　　　　　B. 可以部分接受

C. 可以部分拒绝　　　　　　　　　　　D. 以上均不对

4. 受益人如果要求修改信用证，必须向_____发出修改函。

A. 开证行　　　　　B. 通知行　　　　　C. 议付行　　　　　D. 开证申请人

5. 如果合同只规定了最后装运期，那么买方开证的合理时间是_____。

A. 在发票日前

B. 装运期的最后一天

C. 不晚于保险单日期

D. 合同规定的交货期前一个月开到卖方

6. 以 CIF 术语成交的出口合同中，卖方投保的最晚期限是_____。

A. 货物备妥后　　　B. 货物订舱前　　　C. 货物报关前　　　D. 不晚于提单日

7. 受益人交单议付的最长期限是提单日后_____。

A. 15 天　　　　　　B. 21 天　　　　　　C. 30 天　　　　　　D. 信用证到期日

8. 出口业务中，海运提单的正本通常有三份，那么收货人提货时_____。

A. 三份必须同时出示

B. 出示任何一份即可提货，其他两份自动失效

C. 至少需要出示两份

D. 一份正本只能提取三分之一货物

9. 出口人向船公司换取正本已装船提单的凭证是_____。

A. shipping order　　B. freight receipt　　C. mate's receipt　　D. dock receipt

10. 办理出口报关手续时，发货人必须出示的是_____。

A. 海运提单　　　　　B. 装货单　　　　　　C. 大副收据　　　　　D. 保险单

11. CIF 合同下，保险单上的被保险人，通常应该填写_____。

A. 进口商　　　　　　B. 承运人　　　　　　C. 供货商　　　　　　D. 出口商

12. 为加速收汇，出口企业可采取_____的交单方式。

A. 一次交单　　　　　B. 两次交单　　　　　C. 先收后结　　　　　D. 定期结汇

13. 在商业单据中处于中心单据地位的是_____。

A. 商业发票　　　　　B. 海关发票　　　　　C. 海远提单　　　　　D. 保险单

14. 法定检验的出口货物应填写_____。

A. 出境货物报检单　　　　　　　　　　B. 入境货物报检单

C. 检验证书　　　　　　　　　　　　　D. 原产地证书

15. 银行审单的依据是_____。

A. 合同及《UCP 600》的规定　　　　　B. 一整套单据

C. 信用证　　　　　　　　　　　　　　D. 商业发票

（二）判断正误

1. （　　）出口业务中收到的信用证必须与合同完全一致。

2. （　　）如果合同未规定开证期，则应在合理的时间内开证，一般为装运期前 30～45 天，以便出口方在收到信用证后有较宽裕的时间安排装运。

3. （　　）修改信用证时不必经过开证行，由申请人修改后直接交给受益人即可。

4. （　　）凡迟于信用证有效期提交的单据，银行有权拒付。

5. （　　）合同规定"2017 年 9 月前装运"，来证规定"2017 年 10 月前装运"，这种情况下，可以认为信用证和合同是相一致的。

6. （　　）受益人接受银行转交的信用证修改书时，可以接受其中对受益人有利的一点或几点，而将其中不同意之点通知银行转告开证行撤销。

7. （　　）在信用证有效期内，理论上修改信用证可以是无限次，但作为受益人来说，为了业务的顺利进行，应该尽量一次提出。

8. （　　）信用证中规定装运港为 Chinese Port，缮制提单时，装运港一栏应该照样填 Chinese Port，以免单证不符。

9. （　　）在买方已经支付货款的情况下，即使买方享有复验权，也无法向卖方索赔。

10. （　　）各种结汇单证签发日期应先后有序，才不致造成逻辑上的混乱和单单不符。这就是：商检证应先于保险单，保险单不应迟于提单，发票不应迟于汇票。

（三）简答题

1. 简述出口商审核信用证的重点。

2. 简述订舱托运的一般程序。

3. 简述常见的出口结汇单据。

4. 简述我国的主要结汇方式。

5. 简述单证不符的处理。

任务二　进口合同的履行

知识目标：掌握进口合同履行的基本程序，熟悉"证、船、款、货"各环节的相关要求，了解各种相关单证。

能力目标：初步掌握开立信用证、订舱与保险、审单付款、报关提货各个环节的基本操作要求。

进口贸易中，采用的价格术语和支付方式不同，合同履行的程序也不同。以 FOB 条件成交和 L/C 支付方式为例，其程序可以简单地归结为"证、船、款、货"四个基本环节。下面将以潍坊枫歌有限公司的进口合同履行为例，介绍 FOB 成交、L/C 支付方式下进口合同的履行程序，其他条件达成的合同可以参照执行。

一、开立信用证（证）

进口合同签订以后，如果采用信用证支付方式，进口商应该根据合同规定按时开证，以使卖方有足够时间备货出运。开证时间通常掌握在交货期前一个月至一个半月左右。在向银行办理开证手续时，应填写开证申请书。

（一）信用证的开立程序

（1）申请人填写开证申请书，向开证行交纳保证金、手续费、邮电费。

（2）开证行开出信用证，并将正本寄送通知行，副本交开证申请人。

（3）如需修改信用证，申请人应提交信用证修改申请书，并交纳修改手续费和邮电费。

（4）银行审核同意后，向通知行发出信用证修改通知书，并将通知书副本交申请人。

（二）开证申请书的内容

开证申请书的主要内容包括两部分。

（1）信用证条款的内容。其基本内容与买卖合同的条款相符，包括受益人名称地址，信用证的性质、金额，汇票内容，货物描述，运输条件，所需单据种类份数，信用证的交单期、到期日和地点，信用证通知方式等。

（2）申请人对开证行的声明。其内容通常固定印制在开证申请书上，基本内容是保证向银行支付信用证项下的货款、手续费、利息及其他费用；在申请人付款赎单前，单据及货物所有权属银行所有；承认银行可以接受"表面上合格"的单据，对于伪造单据、货物与单据不符等银行概不负责；开证人保证单据到达后要如期付款赎单，否则开证行有权没收开证人所交的押金和抵押品；开证行收下不符信用证规定的单据时申请人有权拒绝赎单；承认遵守《UCP 600》的规定等。

二、订舱与保险（船）

以 FOB 条件成交，应由买方负责租船订舱。我国外贸公司大都通过货运代理机构办理此项业务。在办理运输中，应注意船货衔接。货物装船后，买方应及时办理保险手续。

订舱与保险的业务程序如下。

（1）租船订舱。买方缮制订舱委托书，通过货运代理向船公司办理订舱手续。

（2）派船通知。买方订妥舱位后，立即向卖方发出派船通知，告之船名及船期，以便卖方按照船期安排装船。

（3）保险办理。买方收到卖方的装船通知后，向保险公司办理投保手续。

为了简化投保手续，得到更充分的保险保障，一些经常有货物进口的企业往往采用与保险公司签订预约保险合同的办法。预约保险合同又称开口保险单，是保险凭证的一种特殊形式，合同订立生效后，保险公司对合同范围内凡以 CFR、CPT 或 FOB、FCA 价格条件的进口货物自动承担保险责任，但同时要求投保人在接到国外出口商装船通知后，立即填制"起运通知书"（或以出口商的"装船通知"代替）送达保险公司，完成投保手续。未与保险公司签订预约保险合同的企业，对进口货物需逐笔办理投保手续。

三、审单付款（款）

进口方收到全套议付单据核准无误后付款（承兑）赎单。在不符点不构成风险且急需进口商品的条件下，可要求出口商提供担保后付款赎单。

（一）审单

以信用证方式结算，出口商必须提交与信用证相符合的单据。开证行和进口方都必须对全套单据进行审核，银企双方应密切配合。主要单据审核要点如下。

1. 汇票

（1）信用证名下汇票，应加列出票条款（drawn clause），说明开证行、信用证号码及开证日期。

（2）金额应与信用证规定相符，一般应为发票金额。如单据内含有佣金或货款部分托收，则按信用证规定的发票金额的百分比开列，金额的大小写应一致。

（3）汇票付款人应为开证行或指定的付款行。若信用证未规定，应为开证行，不应以申请人为付款人。

（4）出票人应为信用证受益人，通常为出口商，收款人通常为议付银行。

（5）付款期限应与信用证规定相符。

（6）出票日期必须在信用证有效期内，不应早于发票日期。

2. 提单

（1）提单必须按信用证规定的份数全套提交。如信用证未规定份数，则一份也算全套。

（2）提单应注明承运人名称，并经承运人或其代理人签名，或船长或其代理人签名。

（3）除非信用证特别规定，提单应为清洁已装船提单。若为备运提单，则必须加上装船注记（shipped on board），并由船方签署。

（4）以 CFR 或 CIF 方式成交，提单上应注明运费已付（freight prepaid）。

（5）提单的日期不得迟于信用证所规定的最迟装运日期。

（6）提单上所载件数、唛头、数量、船名等应和发票相一致，货物描述可用总称，但不得与发票货名相抵触。

3. 商业发票

（1）发票应由信用证受益人出具，无须签字，除非信用证另有规定。

（2）商品的名称、数量、单价、包装、价格条件、合同号码等必须与信用证严格一致。

（3）发票抬头应为开证申请人。

（4）必须记载合同号码和发票日期。

4. 保险单

（1）保险单正本份数应符合信用证要求，全套正本应提交开证行。

（2）投保金额、险别应符合信用证规定。

（3）保险单上所列船名、航线、港口、起运日期应与提单一致。

（4）应列明货物名称、数量、唛头等，并应与发票、提单及其他货运单据一致。

5. 产地证

（1）应由信用证指定机构签署。

（2）货物名称、品质、数量及价格等有关商品的记载应与发票一致。

（3）签发日期不迟于装船日期。

6. 检验证书

（1）应由信用证指定机构签发。

（2）检验项目及内容应符合信用证的要求，检验结果如有瑕疵者，可拒绝受理。

（3）检验日期不得迟于装运日期，但也不得距装运日期过早。

（二）付款和拒付

1. 付款程序

（1）信用证受益人在发运货物后，将全套单据经议付行寄交开证行（或保兑行）。

（2）如开证行经审单后认为单证一致、单单一致，即应予以即期付款或承兑，或于信用证规定的到期日付款，开证行付款后无追索权。

（3）如开证行审单后发现单证不符或单单不符，应于收到单据次日起五个工作日内，以电信方式通知寄单银行，说明单据的所有不符点，并说明是否保留单据以待交单人处理或退还交单人。

2. 拒付情形

（1）银行拒付。对于单证不符的处理，按《UCP 600》规定，银行有权拒付。在实际业务中，银行需将不符点征求开证申请人的意见，以确定拒绝或仍可接受。作为开证申请人的进口方，对此应持慎重态度。因为银行一经付款，即无追索权。

（2）企业拒付。开证行对外付款的同时，即通知进口企业付款赎单。进口企业付款赎单前，同样需审核单据，若发现单证不一，有权拒绝赎单。如果进口商决定付款，必须要填写"对外付款/承兑通知书"，委托开证行支付。

四、报关提货（货）

收货人接到船公司的到货通知后，应及时办理进口报关手续，如属法定检验的商品应首先报检，并凭提单到港口码头提货。至此，一笔进口业务的合同履行基本完毕。

（一）进口报关

进口企业可自行报关，也可委托货运代理公司或报关行代理报关。

1. 报关时限

我国《海关法》规定，进口货物收货人应当自载运该货物的运输工具申报进境之日起14日内向海关办理进口申报手续；超过14日期限来向海关申报的，从第15日起按日征收CIF价格5‰的滞报金。

2. 报关单据

进口报关需在系统平台上录入报关信息进行电子申报，并将进口许可证（和国家规定的其他批准文件）、提单或运单（结关后由海关加盖放行章发还）、发票、装箱单、减免税或免验证明、报检单或检验证书、产地证以及其他海关认为有必要提供的文件上传海关无纸化系统。

3. 查验放行

进口货物接受海关查验、缴纳关税后，由海关在货运单据上签章放行，即为结关。收货人或其代理可持海关签章的货运单据提取货物。实务中一般是先拿着提单去船公司换取提货单，拿着提货单去海关放行。

4. 担保放行

进口公司如果因各种原因不能在报关时交验有关单证，可以向海关提交保证金或保证函，申请海关先放行货物，但必须及时补办报关纳税手续。在此之前，不得出售、转让或移作他用。

（二）提货检验

进口商可以在合同和信用证中指定接货代理。填写提单时，在被通知人栏内可直接填上被指定的货运代理公司的名称和地址。

1. 监卸

船只抵港后，船方按提单上的地址，将"准备卸货通知"寄交接货代理，接货代理应负责现场监卸。如果未在合同或信用证中明示接货代理，则由进口方收到"准备卸货通知"后自行监卸，但大多情况下，仍可委托货运代理公司作为收货人代表现场监卸。监卸时如发现货损货差，应会同船方和港务当局，填制货损货差报告。

2. 检验

卸货后，货物可以在港口申请检验，也可在用货单位所在地检验。但下列情况之一的，应在卸货港口向商检机构报验：① 法定检验的货物；② 合同规定应在卸货港检验；③ 发现货损货差情况。

（三）进口索赔

买方收到货物后，应在合同规定的索赔期限内对货物进行检验。进口货物经检验后，如果发现卖方所交货物与合同不符，应及时向有关方面提出索赔。我国的进口索赔，属于船方和保险公司责任的一般由货运代理公司代办，属于卖方责任的则由进口企业直接办理。

1. 向卖方索赔

向卖方索赔的情况主要有：原装数量不足；货物的品质、规格与合同规定不符；包装不良致使货物受损；未按期交货或拒不交货等。索赔应在进口合同规定的索赔期限内提出。如果合同中未规定索赔期限，根据《联合国国际货物销售合同公约》，买方应在收到货物起两年内向卖方提出索赔。

2. 向承运人索赔

向承运人索赔的情况主要有：货物数量少于提单所载数量；提单是清洁提单，而货物有残缺情况，并且属于承运人过失所致；货物所受的损失根据租船公约有关条款应由承运人负责等。向承运人索赔时，按《海牙规则》的规定，索赔最长期限为货物到达目的港后 1 年内。

3. 向保险公司索赔

向保险公司索赔的情况主要有：由于自然灾害、意外事故或运输中其他事故的发生致使货物受损，并且属于承保险别范围以内的；凡轮船公司不予赔偿或赔偿金额不足抵补损失的部分，并且属于承保险别范围以内的；等等。向保险公司索赔，根据《中国人民保险公司海洋运输货物保险条款》，索赔最长期限为被保险货物在卸货港全部卸离海轮后 2 年。

索赔时，被保险人必须履行如下手续。

（1）损失通知。一旦获悉保险货物受损，被保险人应立即向保险人或其指定的代理人发出损失通知。

（2）申请检验。发出损失通知的同时，还应向其申请货物检验。

（3）提交有关的单证。包括正本保险单、运输单据、发票、装箱单或重量单、货损证明、检验报告、索赔清单、海事报告等。

（四）进口付汇核销

进口付汇核销是以付汇的金额为标准核对是否有相应的货物进口到国内或有其他证明抵冲付汇的一种事后管理措施。货物报关后一个月内到外汇管理局办理进口付汇核销报审手续。

进口付汇核销单是根据国家外汇管理局的规定，进口商在对国外客户支付货款时需要填写的单据。经过签章的核销单由进口商定期汇总向当地外汇管理局申报核销。国家通过核销的手段控制和管理外汇的输出（防止洗钱），确保贸易的真实性。

五、业务实例——潍坊枫歌有限公司的业务资料

（一）开证申请书

潍坊枫歌有限公司从美国进口 1 台数控龙门加工中心设备，在规定的时间内向中国银行潍坊分行申请开立信用证，以下是该公司的开证申请书。

IRREVOCABLE DOCUMENTARY CREDIT APPLICATION		
TO：BANK OF CHINA WEIFANG BRANCH		DATE：171025
Beneficiary（full name and address） ABC TRADING CO. LTD 15th ROAD NEWYORK USA	L/C NO. Ex−Card No.	
	Contract No. FGPO1015	
	Date and place of expiry of the credit Jan. 15, 2018 USA	
Partial shipments ☒ allowed ☐ not allowed	Transshipment ☒ allowed ☐ not allowed	☐ Issue by airmail ☐ With brief advice by teletransmission ☐ Issue by express delivery ☒ Issue by teletransmission（which shall be the operative instrument）
Loading on board / dispatch / taking in NEW YORK	Amount（both in figures and words） USD 167,000.00 SAY US DOLLARS ONE HUNDRED AND SIXTY SEVEN THOUSAND ONLY.	
Not later than Dec. 30, 2017		
for transportation to QIANGDAO PORT, CHINA		
Description of goods： CNC DOUBLE COLUMN VERTICAL MACHINING CENTER PRO−3210 USD 167,000.00/SET FOB NEWYORK	Credit available with ☐ by sight payment ☐ by acceptance ☒ by negotiation ☐ by deferred payment at against the documents detailed herein ☒ and beneficiary's draft for 100% of the invoice value at ******sight on BANK OF CHINA WEIFANG BRANCH	
	☒ FOB ☐ CFR ☐ CIF ☐ or other terms	

续表

Documents required: (marked with x)

(×) Signed Commercial Invoice in __3__ copies indicating invoice no. , contract no.

(×) Full set of clean on board ocean Bills of Lading made out to order and blank endorsed, marked "freight (×) to collect / ( ) prepaid ( ) showing freight amount" notifying WEIFANG FENGGE CO. LTD TEL: (86) 0536-2600170

( ) Air Waybills showing "freight ( ) to collect / ( ) prepaid ( ) indicating freight amount" and consigned to _____ .

( ) Memorandum issued by _____ consigned to _____

( ) Insurance Policy / Certificate in ____ copies for _____% of the invoice value showing claims payable in China in currency of the draft, bank endorsed, covering ( ) Ocean Marine Transportation / ( ) Air Transportation / ( ) Over Land Transportation All Risks, War Risks.

(×) Packing List / Weight Memo in __4__ copies indicating quantity / gross and net weights of each package and packing conditions as called for by the L/C.

( ) Certificate of Quantity / Weight in _____ copies issued an independent surveyor at the loading port, indicating the actual surveyed quantity / weight of shipped goods as well as the packing condition.

(×) Certificate of Quality in __2__ copies issued by ( ) manufacturer / (×) public recognized surveyor / ( )

(×) Beneficiary's certified copy of FAX dispatched to the accountees with __2__ days after shipment advising (×) name of vessel / (×) date, quantity, weight and value of shipment.

( ) Beneficiary's Certificate certifying that extra copies of the documents have been dispatched according to the contract terms.

( ) Shipping Co. 's Certificate attesting that the carrying vessel is chartered or booked by accountee or their shipping agents:

( ) Other documents, if any:

a) Certificate of Origin in _____ copies issued by authorized institution.

b) Certificate of Health in _____ copies issued by authorized institution.

Additional instructions:

(×) All banking charges outside the opening bank are for beneficiary's account.

(×) Documents must be presented with __15__ days after the date of issuance of the transport documents but within the validity of this credit.

( ) Third party as shipper is not acceptable. Short Form / Blank Back B/L is not acceptable.

( ) Both quantity and amount 10% more or less are allowed.

(×) prepaid freight drawn in excess of L/C amount is acceptable against presentation of original charges voucher issued by Shipping Co. / Air line / or it's agent.

( ) All documents to be forwarded in one cover, unless otherwise stated above.

( ) Other terms, if any:

Advising bank: BANK OF CHINA NEW YORK BRANCH

Account No. :	with_____ (name of bank) _____
Transacted by:	Applicant: name, signature of authorized person)
Telephone No. :	(with seal)

(二) 订舱保险的有关单证

根据业务需要，潍坊枫歌有限公司填制进口订舱委托书办理订舱手续，订好舱后及时向出口方发出了派船通知，并于收到对方的装船通知后办理了保险手续。

1. 进口订舱委托书

<table>
<tr><td colspan="4" align="center">进口订舱委托书</td></tr>
<tr><td>编号：</td><td></td><td>日期：</td><td>2017 年 11 月 20 日</td></tr>
<tr><td>货名
（英 文）</td><td colspan="3">CNC DOUBLE COLUMN VERTICAL MACHINING CENTER PRO-3210</td></tr>
<tr><td>重量</td><td>32,000.00 KGS</td><td>尺码</td><td>149.410 CBM（876 CM * 416 CM * 410 CM）</td></tr>
<tr><td>合同号</td><td>FGPO1015</td><td>包装</td><td>木箱</td></tr>
<tr><td>装卸港</td><td>FROM NEWYORK TO QINGDAO</td><td>交货期</td><td>Dec. 23, 2017</td></tr>
<tr><td>装货条款</td><td colspan="3"></td></tr>
<tr><td>发货人
名称地址</td><td colspan="3">ABC TRADING CO. LTD
15th ROAD NEWYORK USA</td></tr>
<tr><td>发货人
电挂</td><td colspan="3"></td></tr>
<tr><td>订妥船名</td><td>DONGFENG 368</td><td>预抵港口</td><td>NEWYORK PORT</td></tr>
<tr><td>备注</td><td></td><td>委托单位</td><td>张贵匀
WEIFANG FENGGE CO. LTD
2798 QINGNIAN ROAD WEIFANG CHINA</td></tr>
<tr><td colspan="4">① 危险品须注明性能，重大物件注明每件重量及尺码。
② 装货条款须详细注明。</td></tr>
</table>

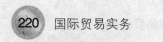

2. 装船通知

ABC TRADING CO. LTD
15th ROAD NEWYORK USA

SHIPPING ADVICE

DATE：DEC. 23，2017

DEAR SIR，

WE ARE PLEASED TO INFORM YOUR COMPANY THAT THE FOLLOWING MENTIONED GOODS WILL BE SHIPPED OUT ON THE DEC. 23，2017，FULL DETAILS WERE SHOWN AS FOLLOWS：

1. INVOICE NO.：A1078642

2. BILL OF LADING NO.：10070055

3. OCEAN VESSEL：DONGFENG 368

4. PORT OF LOADING：NEWYORK PORT，USA

5. DATE OF SHIPPMENT：DEC. 23，2017

6. PORT OF DESTINATION：QINGDAO PORT，CHINA

7. DESCRIPTION OF GOODS：CNC DOUBLE COLUMN VERTICAL MACHINING CENTER PRO-3210

8. MARKS AND NUMBER ON B/L：N/M

9. L/C NO.：LCWF45873212

ABC TRADING CO. LTD

DAVID SMITH

---

3. 预约保险单

进口货物运输预约保险合同

合同编号：FGPO1015

甲方：潍坊枫歌有限公司

地址：山东潍坊市潍城区

电话：　　　　传真：

联系人：

乙方：中国人民财产保险股份有限公司

地址：潍坊市

电话：　　　　传真：

联系人：

为保障甲方货物运输过程中，发生保险责任范围内的灾害事故损失，获得经济补偿，经双方协商同意，实行预约保险，特订立本合同，以资共同遵守。

保险范围：甲方从国外进口的全部货物，不论运输方式，凡贸易条件规定由买方办理保险的，都属于本合同范围之内。甲方应根据本合同规定，向乙方办理投保手续并支付保险费。

保险货物：数控龙门加工中心设备

保险条款及投保险别：甲方可选择使用中国人民财产保险股份有限公司海洋货物运输保险一切险，或协会 A 条款。

保险金额：保险金额以进口货物的到岸价格（CIF）即货价加运费加保险费为准，单次运输金额不超过 RMB：2 000 万

年预计运输量：RMB 2.2 亿（以发票价格加成 10%）

运输工具：适航或适运的海洋及内陆运输工具

运输航程：自亚洲、欧美等国家运到中国及中国各地区的内陆运输

保险费率：

进口/国内货物费率：%

免赔额/率：RMB 3 000.00 或损失额的 5%（以高者为准）

投保手续：所有货物自起运时保险生效。无论是进口还是国内货物保险，甲方每周传真本周之出货清单（或提单和发票）至乙方。乙方盖章确认后回传

全年预计保险费：RMB 100 000.00 元

结算方式：该保单签发后甲方 15 天内一次性支付预计保费 60%，此亦为此单的最低保费，即为：RMB 63 360.00，具体金额以甲方申报为准，年底以实际运量结算，多出部分补交保费。

特别约定：被保险货物的自然氧化、自然锈损、自然褪色为除外责任；进口货物、国内货物运输分别计费；船龄不能超过 25 年，20 年以上费率为　%。

索赔程序：如发生保险责任范围内的货损，甲方应立即通知乙方或保单上指定的乙方代理人或有资质的公估人进行查勘，采取相应的措施以减少货物损失，并提供下列单证：

1. 保险单正本（出险后按预约合同补出保单）；

2. 甲方向乙方的索赔清单；

3. 发票正本；

4. 装箱单/磅码单正本；

5. 检验报告及反映货损程度的照片；

6. 货损货差证明；

7. 贸易合同；

8. 如货物买卖是采用信用证方式付款，还需要提供信用证。

协议期限：本合同的有效期从 2017 年 12 月 19 日零时起至 2018 年 12 月 18 日 24 时止。如任何一方在协议有效期内终止协议，必须提前一个月向对方发出注销通知；在协议正式终止之前双方继续享受和履行各自的权利义务。

附则：本协议一式二份，甲乙双方各执一份留存。其中一方对本合同条款有修改或补充意见，则应通过书面形式通知对方，在得到双方认可并签章确认后作为本合同的附件生效。甲、乙双方之间的一切争议，应本着实事求是、平等互利的原则，通过友好协商解决。如经协商无法解决，可以采取仲裁或诉讼的方式解决。

甲方签章：潍坊枫歌有限公司　　　　乙方签章：中国人民财产保险股份有限公司

日期：2017 年 12 月 19 日　　　　　日期：2017 年 12 月 19 日

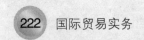

（三）付汇/承兑通知书

中国银行潍坊分行
BANK OF CHINA WEIFANG BRANCH
进口信用证付汇/承兑通知书

申请人 潍坊枫歌有限公司	信用证号码：L/CNO.：LCWF45873212
	汇票金额：USD 167,000.00
	汇票期限：AT SIGHT
	汇票到期日：

寄单行：BANK OF CHINA NEWYORK BRANCH

受益人：ABC TRADING CO. LTD

单据	汇票	发票	海运提单	空运提单	保险单	装箱单	重量单	产地证	装船通知			
	2	3	3			4		2	1			

货物：CNC DOUBLE COLUMN VERTICAL MACHINING CENTER PRO-3210

不符点：无

 上述单据已收到，现将影印单据提交贵公司：
 请审核并备妥票款于 2018 年 1 月 8 日前来我行。如不在上述期限来我行付款，则作为你公司同意授权我行在公司存款账户内支出票款对寄单行付款。
 对于上述不符点，你公司如不同意接受，请于 2018 年 1 月 8 日前书面通知我行。如不在上述期限来我行办理拒付，又不将单据退回我行，即作为你公司接受不符点并授权我行在你公司存款账户内支出票款对寄单行付款。

同意付款（单位公章）   中国银行潍坊分行
潍坊枫歌有限公司   2018 年 1 月 4 日

（四）通关单证

1. 入境货物报检单

中华人民共和国出入境检验检疫		
入境货物报检单		

通关单号：370900218105788000

报检单位（加盖公章）：潍坊枫歌有限公司	＊ 编 号 218000000299502

报检单位登记号：37048000123　　联系人：翟宇环　　电话：8571798　　报检日期：2018 年 1 月 17 日

发货人	（中文）潍坊枫歌有限公司	企业性质（划"✓"）	□ 合资　□ 合作　□ 外资
	（外文）WEIFANG FENGGE CO. LTD		
收货人	（中文）＊＊＊		
	（外文）ABC TRADING CO. LTD		

货物名称（中/外文）	H.S. 编码	原产国/地区	数量/重量	货物总值	包装种类及数量
数控龙门加工中心 CNC DOUBLE COLUMN VERTICAL MACHINING CENTER PRO-3210	8457101000 M/	美国	1 台 27 000 千克	167 000 美元	1 大木箱

运输工具名称号码	船舶 DONGFENG 368	合同号	FGPO1015
贸易方式	一般贸易	贸易国别（地区）　美国	提单/运单号　10070055
到货日期	2018-01-17	起运国家（地区）　美国	许可证/审批号　＊＊＊＊＊＊
卸毕日期	2018-01-17	起运口岸　美国纽约	入境口岸　黄岛口岸
索赔有效期至	五天	经停口岸　＊＊＊＊＊＊	目的地　潍坊市
集装箱规格、数量及号码	海运 40 尺普通×1，BHCU5684327		

合同订立的特殊条款或其他要求	无纸化报检，无纸通关	货物存放地点	潍坊枫歌有限公司
		用途	其他

随附单据（划"✓"或补填）		标记及号码	外商投资财产（划"✓"）	□ 是　□ 否
☑ 合同　　□ 到货通知		N/M 有 IPPC 标识	＊检验检疫费	
☑ 发票　　☑ 装箱单				
☑ 提/运单　□ 质保书			总金额（人民币）	
□ 兽医卫生证书　□ 理货清单				
□ 植物检疫证书　□ 磅码单				
□ 动物检疫证书　□ 验收报告			计费人	
□ 卫生证书　　□				
□ 原产地证　　□			收费人	
□ 许可/审批文件　□				

报检人郑重声明：	领取证书	
1. 本人被授权报检。	日期	
2. 上列填写内容正确属实。		
3. 未经检验检疫合格不销售使用。签名 翟宇环	签名	

注：有"＊"号栏由出入境检验检疫机关填写　　　　　　　　　　◆◆国家出入境检验检疫局制

2. 进口货物报关单

中华人民共和国海关进口货物报关单							
预录入编号：					海关编号：		
收发货人（3707128520）（913702023943414214） 潍坊枫歌有限公司			进口口岸（4218） 黄岛海关	进口日期 20180117		申报日期 20180118	
消费单位（3707128520）（913702023943414214） 潍坊枫歌有限公司			运输方式（2） 水路运输	运输工具名称 DONGFENG 368		提运单号 10070055	
申报单位（3702980302）（913702006752878632） 锦程国际物流服务有限公司青岛分公司			监管方式（0110） 一般贸易	征免性质（101） 一般征税		备案号	
贸易国（地区）（502） 美国	启运国（地区）（502） 美国		装货港（502） 美国			境内目的地（37079） 潍坊其他	
许可证号	成交方式（3） FOB		运费	保费		杂费	
合同协议号 FGPO1015	件数 1	包装种类（7） 其他		毛重（千克） 32 000		净重（千克） 27 000	
集装箱号 BHCU5684327	随附单据 入境货物通关单						
标记唛码及备注 N/M							

项号	商品编号	商品名称、规格型号	数量及 单位	最终目的国 （地区）	单价	总价	币制	征免
1	84571010.00	数控龙门加工中心	1 台	美国	167 000	167 000	（502） 美元	（1）照 章征税

特殊关系确认：否　　　价格影响确认：否　　　与货物有关的特许权使用费支付确认：否		
录入员　录入单位	兹申明对以上内容承担如实申报、依法纳税 之法律责任	
报关人员 申报单位（签章）	海关审单批注及签章	

同 步 训 练

根据下面提供的合同资料，填写开证申请书。

合同资料

潍坊鸿发进出口公司
WEIFANG HONGFA IMPORT & EXPORT CO., LTD.
NO. 110 RENMIN RD., WEIFANG, SHANDONG, CHINA

TEL: 0536-8578868

FAX: 0536-8578869

销售确认书

SALES CONFIRMATION

S/C NO.: HFSC0905

DATE: Feb. 30, 2017

THE BUYER: YOUDA TRADE Co., Ltd.

101 QUEENS ROAD CENTRAL, HONGKONG

Tel: 852-2856666

We hereby confirm having sold to you the following goods on terms and conditions as specified below:

SHIPPING MARKS	SPECIFICATIONS OF GOODS	QUANTITY	UNIT PRICE	AMOUNT
YOUDA HFSC0905 HONGKONG R/No.: 1-3298	100PCT NYLON FABRICS	100,000 YARDS	CIFHONGKONG USD 0.3368/YD	USD 33,680.00

SHIPMENT: Latest Apr. 11, 2017

INSURANCE: To be covered by the Seller for 110% of total invoice value against All Risks and War Risk, as per CCIC. 1/1/1981.

PAYMENT: L/C at sight.

REMARKS: Please sign and return one for our file.

BUYER: YOUDA TRADE Co., Ltd.

SELLER: WEIFANG HONGFA IMPORT & EXPORT CO., LTD.

附录 A 联合国国际货物销售合同公约

(1980 年 4 月 11 日订于维也纳)

本公约各缔约国，铭记联合国大会第六届特别会议通过的关于建立新的国际经济秩序的各项决议的广泛目标，考虑到在平等互利基础上发展国际贸易是促进各国间友好关系的一个重要因素，认为采用照顾到不同的社会、经济和法律制度的国际货物销售合同统一规则，将有助于减少国际贸易的法律障碍，促进国际贸易的发展，兹协议如下。

第一部分 适用范围和总则

第一章 适 用 范 围

第一条

（1）本公约适用于营业地在不同国家的当事人之间所订立的货物销售合同：

（a）如果这些国家是缔约国；或

（b）如果国际私法规则导致适用某一缔约国的法律。

（2）当事人营业地在不同国家的事实，如果从合同或从订立合同前任何时候或订立合同时，当事人之间的任何交易或当事人透露的情报均看不出，应不予考虑。

（3）在确定本公约的适用时，当事人的国籍和当事人或合同的民事或商业性质，应不予考虑。

第二条

本公约不适用于以下的销售：

（a）购供私人、家人或家庭使用的货物的销售，除非卖方在订立合同前任何时候或订立合同时不知道而且没有理由知道这些货物是购供任何这种使用；

（b）经由拍卖的销售；

（c）根据法律执行令状或其他令状的销售；

（d）公债、股票、投资证券、流通票据或货币的销售；

（e）船舶、船只、气垫船或飞机的销售；

（f）电力的销售。

第三条

（1）供应尚待制造或生产的货物的合同应视为销售合同，除非订购货物的当事人保证供应这种制造或生产所需的大部分重要材料。

（2）本公约不适用于供应货物一方的绝大部分义务在于供应劳力或其他服务的合同。

第四条

本公约只适用于销售合同的订立和卖方、买方因此种合同而产生的权利和义务。特别是，本公约除非另有明文规定，与以下事项无关：

（a）合同的效力，或其任何条款的效力，或任何惯例的效力；

（b）合同对所售货物所有权可能产生的影响。

第五条

本公约不适用于卖方对于货物对任何人所造成的死亡或伤害的责任。

第六条

双方当事人可以不适用本公约，或在第十二条的条件下，减损本公约的任何规定或改变其效力。

第二章　总　　则

第七条

（1）在解释本公约时，应考虑到本公约的国际性质和促进其适用的统一以及在国际贸易上遵守诚信的需要。

（2）凡本公约未明确解决的属于本公约范围的问题，应按照本公约所依据的一般原则来解决，在没有一般原则的情况下，则应按照国际私法规定适用的法律来解决。

第八条

（1）为本公约的目的，一方当事人所作的声明和其他行为，应依照他的意旨解释，如果另一方当事人已知道或者不可能不知道此意旨。

（2）如果上一款的规定不适用，当事人所作的声明和其他行为，应按照一个与另一方当事人同等资格、通情达理的人处于相同情况中，应有的理解来解释。

（3）在确定一方当事人的意旨或一个通情达理的人应有的理解时，应适当地考虑到与事实有关的一切情况，包括谈判情形、当事人之间确立的任何习惯做法、惯例和当事人其后的任何行为。

第九条

（1）双方当事人业已同意的任何惯例和他们之间确立的任何习惯做法，对双方当事人均有约束力。

（2）除非另有协议，双方当事人应视为已默示地同意对他们的合同或合同的订立适用双方当事人已知道或理应知道的惯例，而这种惯例，在国际贸易上，已为有关特定贸易所涉同类合同的当事人所广泛知道并为他们所经常遵守。

第十条

为本公约的目的：

（a）如果当事人有一个以上的营业地，则以与合同及合同的履行关系最密切的营业地为其营业地，但要考虑到双方当事人在订立合同前任何时候或订立合同时所知道或所设想的情况；

（b）如果当事人没有营业地，则以其惯常居住地为准。

第十一条

销售合同无须以书面订立或书面证明，在形式方面也不受任何其他条件的限制。销售合同可以用包括人证在内的任何方法证明。

第十二条

本公约第十一条、第二十九条或第二部分准许销售合同或其更改或根据协议终止，或者任何发价、接受或其他意旨表示得以书面以外任何形式作出的任何规定不适用，如果任何一方当事人的营业地是在已按照本公约第九十六条作出了声明的一个缔约国内，各当事人不得减损本条或改变其效力。

第十三条

为本公约的目的，"书面"包括电报和电传。

第二部分　合同的订立

第十四条

（1）向一个或一个以上特定的人提出的订立合同的建议，如果十分确定并且表明发盘人在得到接受时承受约束的意旨，即构成发盘。一个建议如果写明货物并且明示或暗示地规定数量和价格或规定如何确定数量和价格，即为十分确定。

（2）非向一个或一个以上特定的人提出的建议，仅应视为邀请作出发盘，除非提出建议的人明确地表示相反的意向。

第十五条

（1）发盘于送达被发盘人时生效。

（2）一项发盘，即使是不可撤销的，得予撤回，如果撤回通知于发盘送达被发盘人之前或同时，送达被发盘人。

第十六条

（1）在未订立合同之前，发盘得予撤销，如果撤销通知于被发盘人发出接受通知之前送达被发盘人。

（2）但在下列情况下，发盘不得撤销：

（a）发盘写明接受发盘的期限或以其他方式表示发盘是不可撤销的；或

（b）被发盘人有理由信赖该项发盘是不可撤销的，而且被发盘人已本着对该项发盘的信赖行事。

第十七条

一项发盘，即使是不可撤销的，于拒绝通知送达发盘人时终止。

第十八条

（1）被发盘人声明或作出其他行为表示同意一项发盘，即是接受，缄默或不行动本身不等于接受。

（2）接受发盘于表示同意的通知送达发盘人时生效。如果表示同意的通知在发盘人所规定的时间内，如未规定时间，在一段合理的时间内，未曾送达发盘人，接受就成为无效，但须适当地考虑到交易的情况，包括发盘人所使用的通信方法的迅速程序。对口头发盘必须立即接受，但情况有别者不在此限。

（3）但是，如果根据该项发盘或依照当事人之间确立的习惯做法和惯例，被发盘人可以作出某种行为，如与发运货物或支付价款有关的行为，来表示同意，而无须向发盘人发出通知，则接受于该项行为作出时生效，但该项行为必须在上一款所规定的期间内作出。

第十九条

（1）对发盘表示接受但载有添加、限制或其他更改的答复，即为拒绝该项发盘，并构成还价。

（2）但是，对发盘表示接受但载有添加或不同条件的答复，如所载的添加或不同条件在实质上并不变更该项发盘的条件，除发盘人在不过分迟延的期间内以口头或书面通知反对其间的差异外，仍构成接受。如果发盘人不作出这种反对，合同的条件就以该项发盘的条件以及接受通知内所载的更改为准。

（3）有关货物价格、付款、货物质量和数量、交货地点和时间、一方当事人对另一方当事人的赔偿责任范围或解决争端等的添加或不同条件，均视为在实质上变更发盘的条件。

第二十条

（1）发盘人在电报或信件内规定的接受期间，从电报交发时刻或信上载明的发信日期起算，如信上未载明发信日期，则从信封上所载日期起算。发盘人以电话、电传或其他快速通信方法规定的接受期间，从发盘送达被发盘人时起算。

（2）在计算接受期间时，接受期间内的正式假日或非营业日应计算在内。但是，如果接受通知在接受期间的最后1天未能送到发盘人地址，因为那天在发盘人营业地是正式假日或非营业日，则接受期间应顺延至下一个营业日。

第二十一条

（1）逾期接受仍有接受的效力，如果发盘人毫不迟延地用口头或书面将此种意见通知被发盘人。

（2）如果载有逾期接受的信件或其他书面文件表明，它是在传递正常、能及时送达发盘人的情况下寄发的，则该项逾期接受具有接受的效力，除非发盘人毫不迟延地用口头或书面通知被发盘人：他认为他的发盘已经失效。

第二十二条

接受得予撤回，如果撤回通知于接受原应生效之前或同时，送达发盘人。

第二十三条

合同于按照本公约规定对发盘的接受生效时订立。

第二十四条

为公约本部分的目的，发盘、接受声明或任何其他意旨表示"送达"对方，系指用口头通知对方或通过任何其他方法送交对方本人，或其营业地或通信地址，如无营业地或通信地址，则送交对方惯常居住地。

第三部分　货物销售

第一章　总　则

第二十五条

一方当事人违反合同的结果，如使另一方当事人蒙受损害，以至于实际上剥夺了他根据合同规定有权期待得到的东西，即为根本违反合同，除非违反合同一方并不预知而且一个同等资格、通情达理的人处于相同情况中也没有理由预知会发生这种结果。

第二十六条

宣告合同无效的声明，必须向另一方当事人发出通知，方始有效。

第二十七条

除非公约本部分另有明文规定，当事人按照本部分的规定，以适合情况的方法发出任何通知、要求或其他通知后，这种通知如在传递上发生耽搁或错误，或者未能到达，并不使该当事人丧失依靠该项通知的权利。

第二十八条

如果按照本公约的规定，一方当事人有权要求另一方当事人履行某一义务，法院没有义务作出判决，要求具体履行此义务，除非法院依照其本身的法律对不属本公约范围的类似销售合同愿意这样做。

第二十九条

（1）合同只需双方当事人协议，就可更改或终止。

（2）规定任何更改或根据协议终止必须以书面作出的书面合同，不得以任何其他方式更改或根据协议终止。但是，一方当事人的行为，如经另一方当事人寄以信赖，就不得坚持此项规定。

第二章　卖方的义务

第三十条

卖方必须按照合同和本公约的规定，交付货物，移交一切与货物有关的单据并转移货物所有权。

第一节　交付货物和移交单据

第三十一条

如果卖方没有义务要在任何其他特定地点交付货物，他的交货义务如下：

（a）如果销售合同涉及货物的运输，卖方应把货物移交给第一承运人，以运交给买方；

（b）在不属于上款规定的情况下，如果合同指的是特定货物或从特定存货中提取的或尚待制造或生产的未经特定化的货物，而双方当事人在订立合同时已知道这些货物是在某一特定地点，或将在某一特定地点制造或生产，卖方应在该地点把货物交给买方处置；

（c）在其他情况下，卖方应在他于订立合同时的营业地把货物交给买方处置。

第三十二条

（1）如果卖方按照合同或本公约的规定将货物交付给承运人，但货物没有以货物上加标记，或以装运单据或其他方式清楚地注明有关合同，卖方必须向买方发出列明货物的发货通知。

（2）如果卖方有义务安排货物的运输，他必须订立必要的合同，以按照通常运输条件，用适合情况的运输工具，把货物运到指定地点。

（3）如果卖方没有义务对货物的运输办理保险，他必须在买方提出要求时，向买方提供一切现有的必要资料，使他能够办理这种保险。

第三十三条

卖方必须按以下规定的日期交付货物：

（a）如果合同规定有日期，或从合同可以确定日期，应在该日期交货；

（b）如果合同规定有一段时间，或从合同可以确定一段时间，除非情况表明应由买方选定一个日期外，应在该段时间内任何时候交货；或者

（c）在其他情况下，应在订立合同后一段合理时间内交货。

第三十四条

如果卖方有义务移交与货物有关的单据，他必须按照合同所规定的时间、地点和方式移

交这些单据。如果卖方在那个时间以前已移交这些单据，他可以在那个时间到达前纠正单据中任何不符合同规定的情形，但是，此权利的行使不得使买方遭受不合理的不便或承担不合理的开支。但是，买方保留本公约所规定的要求损害赔偿的任何权利。

第二节 货物相符与第三方要求

第三十五条

（1）卖方交付的货物必须与合同所规定的数量、质量和规格相符，并须按照合同所规定的方式装箱或包装。

（2）除双方当事人业已另有协议外，货物除非符合以下规定，否则即为与合同不符：

（a）货物适用于同一规格货物通常使用的目的；

（b）货物适用于订立合同时曾明示或默示地通知卖方的任何特定目的，除非情况表明买方并不依赖卖方的技能和判断力，或者这种依赖对他是不合理的；

（c）货物的质量与卖方向买方提供的货物样品或样式相同；

（d）货物按照同类货物通用的方式装箱或包装，如果没有此种通用方式，则按照足以保全和保护货物的方式装箱或包装。

（3）如果买方在订立合同时知道或者不可能不知道货物不符合同，卖方就无须按上一款（a）项至（d）项负有此种不符合同的责任。

第三十六条

（1）卖方应按照合同和本公约的规定，对风险移转到买方时所存在的任何不符合同情形，负有责任，即使这种不符合同情形在该时间后方始明显。

（2）卖方对在上一款所述时间后发生的任何不符合同情形，也应负有责任，如果这种不符合同情形是由于卖方违反他的某项义务所致，包括违反关于在一段时间内货物将继续适用于其通常使用的目的或某种特定目的，或将保持某种特定质量或性质的任何保证。

第三十七条

如果卖方在交货日期前交付货物，他可以在那个日期到达前，交付任何缺漏部分或补足所交付货物的不足数量，或交付用以替换所交付不符合同规定的货物，或对所交付货物中任何不符合同规定的情形作出补救，但是，此权利的行使不得使买方遭受不合理的不便或承担不合理的开支。但是，买方保留本公约所规定的要求损害赔偿的任何权利。

第三十八条

（1）买方必须在按情况实际可行的最短时间内检验货物或由他人检验货物。

（2）如果合同涉及货物的运输，检验可推迟到货物到达目的地后进行。

（3）如果货物在运输途中改运或买方须再发运货物，没有合理机会加以检验，而卖方在订立合同时已知道或理应知道这种改运或再发运的可能性，检验可推迟到货物到达新目的地后进行。

第三十九条

（1）买方对货物不符合同，必须在发现或理应发现不符情形后一段合理时间内通知卖方，说明不符合同情形的性质，否则就丧失声称货物不符合同的权利。

（2）无论如何，如果买方不在实际收到货物之日起两年内将货物不符合同情形通知卖方，他就丧失声称货物不符合同的权利，除非这一时限与合同规定的保证期限不符。

第四十条

如果货物不符合同规定指的是卖方已知道或不可能不知道而又没有告知买方的一些事实，则卖方无权援引第三十八条和第三十九条的规定。

第四十一条

卖方所交付的货物，必须是第三方不能提出任何权利或要求的货物，除非买方同意在这种权利或要求的条件下，收取货物。但是，如果这种权利或要求是以工业产权或其他知识产权为基础的，卖方的义务应依照第四十二条的规定。

第四十二条

（1）卖方所交付的货物，必须是第三方不能根据工业产权或其他知识产权主张任何权利或要求的货物，但以卖方在订立合同时已知道或不可能不知道的权利或要求为限，而且这种权利或要求根据以下国家的法律规定是以工业产权或其他知识产权为基础的：

（a）如果双方当事人在订立合同时预期货物将在某一国境内转售或做其他使用，则根据货物将在其境内转售或做其他使用的国家的法律；或者

（b）在任何其他情况下，根据买方营业地所在国家的法律。

（2）卖方在上一款中的义务不适用于以下情况：

（a）买方在订立合同时已知道或不可能不知道此项权利或要求；或者

（b）此项权利或要求的发生，是由于卖方要遵照买方所提供的技术图样、图案、程式或其他规格。

第四十三条

（1）买方如果不在已知道或理应知道第三方的权利或要求后一段合理时间内，将此权利或要求的性质通知卖方，就丧失援引第四十一条或第四十二条规定的权利。

（2）卖方如果知道第三方的权利或要求以及此权利或要求的性质，就无权援引上一款的规定。

第四十四条

尽管有第三十九条第（1）款和第四十三条第（1）款的规定，买方如果对他未发出所需的通知具备合理的理由，仍可按照第五十条规定减低价格，或要求利润损失以外的损害赔偿。

第三节　卖方违反合同的补救办法

第四十五条

（1）如果卖方不履行他在合同和本公约中的任何义务，买方可以：

（a）行使第四十六条至第五十二条所规定的权利；

（b）按照第七十四条至第七十七条的规定，要求损害赔偿。

（2）买方可能享有的要求损害赔偿的任何权利，不因他行使采取其他补救办法的权利而丧失。

（3）如果买方对违反合同采取某种补救办法，法院或仲裁庭不得给予卖方宽限期。

第四十六条

（1）买方可以要求卖方履行义务，除非买方已采取与此要求相抵触的某种补救办法。

（2）如果货物不符合同，买方只有在此种不符合同情形构成根本违反合同时，才可以要求交付替代货物，而且关于替代货物的要求，必须与依照第三十九条发出的通知同时提

出，或者在该项通知发出后一段合理时间内提出。

（3）如果货物不符合同，买方可以要求卖方通过修理对不符合同之处作出补救，除非他考虑了所有情况之后，认为这样做是不合理的。修理的要求必须与依照第三十九条发出的通知同时提出，或者在该项通知发出后一段合理时间内提出。

第四十七条

（1）买方可以规定一段合理时限的额外时间，让卖方履行其义务。

（2）除非买方收到卖方的通知，声称他将不在所规定的时间内履行义务，买方在这段时间内不得对违反合同采取任何补救办法。但是，买方并不因此丧失他对迟延履行义务可能享有的要求损害赔偿的任何权利。

第四十八条

（1）在第四十九条的条件下，卖方即使在交货日期之后，仍可自付费用，对任何不履行义务作出补救，但这种补救不得造成不合理的迟延，也不得使买方遭受不合理的不便，或无法确定卖方是否将偿付买方预付的费用。但是，买方保留本公约所规定的要求损害赔偿的任何权利。

（2）如果卖方要求买方表明他是否接受卖方履行义务，而买方不在一段合理时间内对此要求作出答复，则卖方可以按其要求中所指明的时间履行义务。买方不得在该段时间内采取与卖方履行义务相抵触的任何补救办法。

（3）卖方表明他将在某一特定时间内履行义务的通知，应视为包括根据上一款规定要买方表明决定的要求在内。

（4）卖方按照本条第（2）和第（3）款作出的要求或通知，必须在买方收到后，始生效力。

第四十九条

（1）买方在以下情况下可以宣告合同无效：

（a）卖方不履行其在合同或本公约中的任何义务，等于根本违反合同；或

（b）如果发生不交货的情况，卖方不在买方按照第四十七条第（1）款规定的额外时间内交付货物，或卖方声明他将不在所规定的时间内交付货物。

（2）但是，如果卖方已交付货物，买方就丧失宣告合同无效的权利，除非：

（a）对于迟延交货，他在知道交货后一段合理时间内这样做；

（b）对于迟延交货以外的任何违反合同事情：

① 他在已知道或理应知道这种违反合同后一段合理时间内这样做；或

② 他在买方按照第四十七条第（1）款规定的任何额外时间期满后，或在卖方声明他将不在这一额外时间履行义务后一段合理时间内这样做；或

③ 他在卖方按照第四十八条第（2）款指明的任何额外时间期满后，或在买方声明他将不接受卖方履行义务后一段合理时间内这样做。

第五十条

如果货物不符合同，不论价款是否已付，买方都可以减低价格，减价按实际交付的货物在交货时的价值与符合合同的货物在当时的价值两者之间的比例计算。但是，如果卖方按照第三十七条或第四十八条的规定对任何不履行义务作出补救，或者买方拒绝接受卖方按照该两条规定履行义务，则买方不得减低价格。

第五十一条

（1）如果卖方只交付一部分货物，或者交付的货物中只有一部分符合合同规定，第四十六条至第五十条的规定适用于缺漏部分及不符合同规定部分的货物。

（2）买方只有在完全不交付货物或不按照合同规定交付货物等于根本违反合同时，才可以宣告整个合同无效。

第五十二条

（1）如果卖方在规定的日期前交付货物，买方可以收取货物，也可以拒绝收取货物。

（2）如果卖方交付的货物数量大于合同规定的数量，买方可以收取也可以拒绝收取多交部分的货物。如果买方收取多交部分货物的全部或一部分，他必须按合同价格付款。

第三章　买方的义务

第五十三条

买方必须按照合同和本公约规定支付货物价款和收取货物。

第一节　支　付　价　款

第五十四条

买方支付价款的义务包括根据合同或任何有关法律和规章规定的步骤和手续，以便支付价款。

第五十五条

如果合同已有效地订立，但没有明示或暗示地规定价格或规定如何确定价格，在没有任何相反表示的情况下，双方当事人应视为已默示地引用订立合同时此种货物在有关贸易的类似情况下销售的通常价格。

第五十六条

如果价格是按货物的重量规定的，如有疑问，应按净重确定。

第五十七条

（1）如果买方没有义务在任何其他特定地点支付价款，他必须在以下地点向卖方支付价款：

（a）卖方的营业地；或者

（b）如凭移交货物或单据支付价款，则为移交货物或单据的地点。

（2）卖方必须承担因其营业地在订立合同后发生变动而增加的支付方面的有关费用。

第五十八条

（1）如果买方没有义务在任何其他特定时间内支付价款，他必须于卖方按照合同和本公约规定将货物或控制货物处置权的单据交给买方处置时支付价款。卖方可以支付价款作为移交货物或单据的条件。

（2）如果合同涉及货物的运输，卖方可以在支付价款后方可把货物或控制货物处置权的单据移交给买方作为发运货物的条件。

（3）买方在未有机会检验货物前，无义务支付价款，除非这种机会与双方当事人议定的交货或支付程序相抵触。

第五十九条

买方必须按合同和本公约规定的日期或从合同和本公约可以确定的日期支付价款，而无需卖方提出任何要求或办理任何手续。

第二节　收 取 货 物

第六十条

买方收取货物的义务如下：采取一切理应采取的行动，以期卖方能交付货物和接收货物。

第三节　买方违反合同的补救办法

第六十一条

（1）如果买方不履行他在合同和本公约中的任何义务，卖方可以：

（a）行使第六十二条至第六十五条所规定的权利；

（b）按照第七十四条至第七十七条的规定，要求损害赔偿。

（2）卖方可能享有的要求损害赔偿的任何权利，不因他行使采取其他补救办法的权利而丧失。

（3）如果卖方对违反合同采取某种补救办法，法院或仲裁庭不得给予买方宽限期。

第六十二条

卖方可以要求买方支付价款、收取货物或履行他的其他义务，除非卖方已采取与此要求相抵触的某种补救办法。

第六十三条

（1）卖方可以规定一段合理时限的额外时间，让买方履行义务。

（2）除非卖方收到买方的通知，声称他将不在所规定的时间内履行义务，卖方不得在这段时间内对违反合同采取任何补救办法。但是，卖方并不因此丧失他对迟延履行义务可能享有的要求损害赔偿的任何权利。

第六十四条

（1）卖方在以下情况下可以宣告合同无效：

（a）买方不履行其在合同或本公约中的任何义务，等于根本违反合同；或

（b）买方不在卖方按照第六十三条第（1）款规定的额外时间内履行支付价款的义务或收取货物，或买方声明他将不在所规定的时间内这样做。

（2）但是，如果买方已支付价款，卖方就丧失宣告合同无效的权利，除非：

（a）对于买方迟延履行义务，他在知道买方履行义务前这样做；或者

（b）对于买方迟延履行义务以外的任何违反合同事情：

① 他在已知道或理应知道这种违反合同后一段合理时间内这样做；或

② 他在卖方按照第六十三条第（1）款规定的任何额外时间期满后或在买方声明他将不在这一额外时间内履行义务后一段合理时间内这样做。

第六十五条

（1）如果买方应根据合同规定订明货物的形状、大小或其他特征，而他在议定的日期或在收到卖方的要求后一段合理时间内没有订明这些规格，则卖方在不损害其可能享有的任何其他权利的情况下，可以依照他所知的买方的要求，自己订明规格。

（2）如果卖方自己订明规格，他必须把订明规格的细节通知买方，而且必须规定一段合理时间，让买方可以在该段时间内订出不同的规格。如果买方在收到这种通知后没有在该

段时间内这样做，卖方所订的规格就具有约束力。

第四章　风　险　移　转

第六十六条

货物在风险移转到买方承担后遗失或损坏，买方支付价款的义务并不因此解除，除非这种遗失或损坏是由于卖方的行为或不行为所造成。

第六十七条

（1）如果销售合同涉及货物的运输，但卖方没有义务在某一特定地点交付货物，自货物按照销售合同交付给第一承运人以转交给买方时起，风险就移转到买方承担。如果卖方有义务在某一特定地点把货物交付给承运人，在货物于该地点交付给承运人以前，风险不移转到买方承担。卖方受权保留控制货物处置权的单据，并不影响风险的移转。

（2）但是，在货物以货物上加标记，或以装运单据，或向买方发出通知或其他方式清楚地注明有关合同以前，风险不移转到买方承担。

第六十八条

对于在运输途中销售的货物，从订立合同时起，风险就移转到买方承担。但是，如果情况表明有此需要，从货物交付给签发载有运输合同单据的承运人时起，风险就由买方承担。尽管如此，如果卖方在订立合同时已知道或理应知道货物已经遗失或损坏，而他又不将这一事实告之买方，则这种遗失或损坏应由卖方负责。

第六十九条

（1）在不属于第六十七条和第六十八条规定的情况下，从买方接收货物时起，或如果买方不在适当时间内这样做，则从货物交给他处置但他不收取货物从而违反合同时起，风险移转到买方承担。

（2）但是，如果买方有义务在卖方营业地以外的某一地点接收货物，当交货时间已到而买方知道货物已在该地点交给他处置时，风险方始移转。

（3）如果合同指的是当时未加识别的货物，则这些货物在未清楚注明有关合同以前，不得视为已交给买方处置。

第七十条

如果卖方已根本违反合同，第六十七条、第六十八条和第六十九条的规定，不损害买方因此种违反合同而可以采取的各种补救办法。

第五章　卖方和买方义务的一般规定

第一节　预期违反合同和分批交货合同

第七十一条

（1）如果订立合同后，另一方当事人由于下列原因显然将不履行其大部分重要义务，一方当事人可以中止履行义务：

（a）他履行义务的能力或他的信用有严重缺陷；或

（b）他在准备履行合同或履行合同中的行为。

（2）如果卖方在上一款所述的理由明显或以前已将货物发运，他可以阻止将货物交给买方，即使买方持有其有权获得货物的单据。本款规定只与买方和卖方间对货物的权利有关。

（3）中止履行义务的一方当事人不论是在货物发运前还是发运后，都必须立即通知另一方当事人，如经另一方当事人对履行义务提供充分保证，则他必须继续履行义务。

第七十二条

（1）如果在履行合同日期之前，明显看出一方当事人将根本违反合同，另一方当事人可以宣告合同无效。

（2）如果时间许可，打算宣告合同无效的一方当事人必须向另一方当事人发出合理的通知，使他可以对履行义务提供充分保证。

（3）如果另一方当事人已声明他将不履行其义务，则上一款的规定不适用。

第七十三条

（1）对于分批交付货物的合同，如果一方当事人不履行对任何一批货物的义务，便对该批货物构成根本违反合同，则另一方当事人可以宣告合同对该批货物无效。

（2）如果一方当事人不履行对任何一批货物的义务，使另一方当事人有充分理由断定对今后各批货物将会发生根本违反合同，该另一方当事人可以在一段合理时间内宣告合同今后无效。

（3）买方宣告合同对任何一批货物的交付为无效时，可以同时宣告合同对已交付的或今后交付的各批货物均为无效，如果各批货物是互相依存的，不能单独用于双方当事人在订立合同时所设想的目的。

第二节　损害赔偿

第七十四条

一方当事人违反合同应负的损害赔偿额，应与另一方当事人因他违反合同而遭受的包括利润在内的损失额相等。这种损害赔偿不得超过违反合同一方在订立合同时，依照他当时已知道或理应知道的事实和情况，对违反合同预料到或理应预料到的可能损失。

第七十五条

如果合同被宣告无效，而在宣告无效后一段合理时间内，买方已以合理方式购买替代货物，或者卖方已以合理方式把货物转卖，则要求损害赔偿的一方可以取得合同价格和替代货物交易价格之间的差额以及按照第七十四条规定可以取得的任何其他损害赔偿。

第七十六条

（1）如果合同被宣告无效，而货物又有时价，要求损害赔偿的一方，如果没有：根据第七十五条规定进行购买或转卖，则可以取得合同规定的价格和宣告合同无效时的时价之间的差额以及按照第七十四条规定可以取得的任何其他损害赔偿。但是，如果要求损害赔偿的一方在接收货物之后宣告合同无效，则应适用接收货物时的时价，而不适用宣告合同无效时的时价。

（2）为上一款的目的，时价指原应交付货物地点的现行价格，如果该地点没有时价，则指另一合理替代地点的价格，但应适当地考虑货物运费的差额。

第七十七条

声称另一方违反合同的一方，必须按情况采取合理措施，减轻由于该另一方违反合同而引起的损失，包括利润方面的损失。如果他不采取这种措施，违反合同一方可以要求从损害赔偿中扣除原可以减轻的损失数额。

第三节　利　　息

第七十八条

如果一方当事人没有支付价款或任何其他拖欠金额，另一方当事人有权对这些款额收取利息，但不妨碍要求按照第七十四条规定可以取得的损害赔偿。

第四节　免　　责

第七十九条

（1）当事人对不履行义务，不负责任，如果他能证明此种不履行义务，是由于某种非他所能控制的障碍，而且对于这种障碍，没有理由预期他在订立合同时能考虑到或能避免或克服它或它的后果。

（2）如果当事人不履行义务是由于他所雇用履行合同的全部或一部分规定的第三方不履行义务所致，该当事人只有在以下情况下才能免除责任：

（a）他按照上一款的规定应免除责任，和

（b）假如该项的规定也适用于他所雇用的人，这个人也同样会免除责任。

（3）本条所规定的免责对障碍存在的期间有效。

（4）不履行义务的一方必须将障碍及其对他履行义务能力的影响通知另一方。如果该项通知在不履行义务的一方已知道或理应知道此障碍后一段合理时间内仍未为另一方收到，则他对由于另一方未收到通知而造成的损害应负赔偿责任。

（5）本条规定不妨碍任何一方行使本公约规定的要求损害赔偿以外的任何权利。

第八十条

一方当事人因其行为或不行为而使得另一方当事人不履行义务时，不得声称该另一方当事人不履行义务。

第五节　宣告合同无效的效果

第八十一条

（1）宣告合同无效解除了双方在合同中的义务，但应负责的任何损害赔偿仍应负责。宣告合同无效不影响合同关于解决争端的任何规定，也不影响合同中关于双方在宣告合同无效后权利和义务的任何其他规定。

（2）已全部或局部履行合同的一方，可以要求另一方归还他按照合同供应的货物或支付的价款，如果双方都须归还，他们必须同时这样做。

第八十二条

（1）买方如果不可能按实际收到货物的原状归还货物，他就丧失宣告合同无效或要求卖方交付替代货物的权利。

（2）上一款的规定不适用于以下情况：

（a）如果不可能归还货物或不可能按实际收到货物的原状归还货物，并非由于买方的行为或不行为所造成；或者

（b）如果货物或其中一部分的毁灭或变坏，是由于按照第三十八条规定进行检验所致；或者

（c）如果货物或其中一部分，在买方发现或理应发现与合同不符以前，已为买方在正常营业过程中售出，或在正常使用过程中消费或改变。

第八十三条

买方虽然依第八十二条规定丧失宣告合同无效或要求卖方交付替代货物的权利，但是根据合同和本公约规定，他仍保有采取一切其他补救办法的权利。

第八十四条

（1）如果卖方有义务归还价款，他必须同时从支付价款之日起支付价款利息。

（2）在以下情况下，买方必须向卖方说明他从货物或其中一部分得到的一切利益：

（a）如果他必须归还货物或其中一部分；或者

（b）如果他不可能归还全部或一部分货物，或不可能按实际收到货物的原状归还全部或一部分货物，但他已宣告合同无效或已要求卖方支付替代货物。

第六节 保 全 货 物

第八十五条

如果买方推迟收取货物，或在支付价款和交付货物应同时履行时，买方没有支付价款，而卖方仍拥有这些货物或仍能控制这些货物的处置权，卖方必须按情况采取合理措施，以保全货物。他有权保有这些货物，直至买方把他所付的合理费用偿还他为止。

第八十六条

（1）如果买方已收到货物，但打算行使合同或本公约规定的任何权利，把货物退回，他必须按情况采取合理措施，以保全货物。他有权保有这些货物，直至卖方把他所付的合理费用偿还给他为止。

（2）如果发运给买方的货物已到达目的地，并交给买方处置，而买方行使退货权利，则买方必须代表卖方收取货物，除非他这样做需要支付价款而且会使他遭受不合理的不便或需承担不合理的费用。如果卖方或受权代表他掌管货物的人也在目的地，则此规定不适用。如果买方根据本款规定收取货物，他的权利和义务与上一款所规定的相同。

第八十七条

有义务采取措施以保全货物的一方当事人，可以把货物寄放在第三方的仓库，由另一方当事人担负费用，但该项费用必须合理。

第八十八条

（1）如果另一方当事人在收取货物或收回货物或支付价款或保全货物费用方面有不合理的迟延，按照第八十五条或第八十六条规定有义务保全货物的一方当事人，可以采取任何适当办法，把货物出售，但必须事前向另一方当事人发出合理的意向通知。

（2）如果货物易于迅速变坏，或者货物的保全牵涉到不合理的费用，则按照第八十五条或第八十六条规定有义务保全货物的一方当事人，必须采取合理措施，把货物出售，在可能的范围内，他必须把出售货物的打算通知另一方当事人。

（3）出售货物的一方当事人，有权从销售所得收入中扣回为保全货物和销售货物而付的合理费用。他必须向另一方当事人说明所余款项。

第四部分 最 后 条 款

第八十九条

兹指定联合国秘书长为本公约保管人。

第九十条

本公约不优于业已缔结或可以缔结并载有与属于本公约范围内事项有关的条款的任何国际协定，但以双方当事人的营业地均在这种协定的缔约国内为限。

第九十一条

（1）本公约在联合国国际货物销售合同会议闭幕会议上开放签字，并在纽约联合国总部继续开放签字，直至 1981 年 9 月 30 日为止。

（2）本公约须经签字国批准、接受或核准。

（3）本公约从开放签字之日起开放给所有非签字国加入。

（4）批准书、接受书、核准书和加入书应送交联合国秘书长存放。

第九十二条

（1）缔约国可在签字、批准、接受、核准或加入时声明他不受本公约第二部分的约束或不受本公约第三部分的约束。

（2）按照上一款规定就本公约第二部分或第三部分作出声明的缔约国，在该声明适用的部分所规定事项上，不得视为本公约第一条第（1）款范围内的缔约国。

第九十三条

（1）如果缔约国具有两个或两个以上的领土单位，而依照该国宪法规定、各领土单位对本公约所规定的事项适用不同的法律制度，则该国得在签字、批准、接受、核准或加入时声明本公约适用于该国全部领土单位或仅适用于其中的一个或数个领土单位，并且可以随时提出另一声明来修改其所做的声明。

（2）此种声明应通知保管人，并且明确地说明适用本公约的领土单位。

（3）如果根据按本条作出的声明，本公约适用于缔约国的一个或数个但不是全部领土单位，而且一方当事人的营业地位于该缔约国内，则为本公约的目的，该营业地除非位于本公约适用的领土单位内，否则视为不在缔约国内。

（4）如果缔约国没有按照本条第（1）款作出声明，则本公约适用于该国所有领土单位。

第九十四条

（1）对属于本公约范围的事项具有相同或非常近似的法律规则的两个或两个以上的缔约国，可随时声明本公约不适用于营业地在这些缔约国内的当事人之间的销售合同，也不适用于这些合同的订立。此种声明可联合作出，也可以相互单方面声明的方式作出。

（2）对属于本公约范围的事项具有与一个或一个以上非缔约国相同或非常近似的法律规则的缔约国，可随时声明本公约不适用于营业地在这些非缔约国内的当事人之间的销售合同，也不适用于这些合同的订立。

（3）作为根据上一款所做声明对象的国家如果后来成为缔约国，这项声明从本公约对该新缔约国生效之日起，具有根据第（1）款所做声明的效力，但以该新缔约国加入这项声明，或作出相互单方面声明为限。

第九十五条

任何国家在交存其批准书、接受书、核准书或加入书时，可声明它不受本公约第一条第（1）款（b）项的约束。

第九十六条

本国法律规定销售合同必须以书面订立或书面证明的缔约国，可以随时按照第十二条的规定，声明本公约第十一条、第二十九条或第二部分准许销售合同或其更改或根据协议终止，或者任何发价、接受或其他意旨表示得以书面以外任何形式作出的任何规定不适用，如果任何一方当事人的营业地是在该缔约国内。

第九十七条

（1）根据本公约规定在签字时作出的声明，须在批准、接受或核准时加以确认。

（2）声明和声明的确认，应以书面提出，并应正式通知保管人。

（3）声明在本公约对有关国家开始生效时同时生效。但是，保管人于此种生效后收到正式通知的声明，应于保管人收到声明之日起 6 个月后的第 1 个月第 1 天生效。根据第九十四条规定作出的相互单方面声明，应于保管人收到最后一份声明之日起 6 个月后的第 1 个月第 1 天生效。

（4）根据本公约规定作出声明的任何国家可以随时用书面正式通知保管人撤回该项声明。此种撤回于保管人收到通知之日起 6 个月后的第 1 个月第 1 天生效。

（5）撤回根据第九十四条作出的声明，自撤回生效之日起，就会使另一国家根据该条所做的任何相互声明失效。

第九十八条

除本公约明文许可的保留外，不得作任何保留。

第九十九条

（1）在本条第（6）款规定的条件下，本公约在第十件批准书、接受书、核准书或加入书、包括载有根据第九十二条规定作出的声明的文书交存之日起 12 个月后的第 1 个月第 1 天生效。

（2）在本条第（6）款规定的条件下，对于在第 10 件批准书、接受书、核准书或加入书交存后才批准、接受、核准或加入本公约的国家，本公约在该国交存其批准书、接受书、核准车或加入书之日起 12 个月后的第 1 个月第 1 天对该国生效，但不适用的部分除外。

（3）批准、接受、核准或加入本公约的国家，如果是 1964 年 7 月 1 日海牙签订的《关于国际货物销售合同的订立统一法公约》（《1964 年海牙订立合同公约》）和 1964 年 7 月 1 日在海牙签订的《关于国际货物销售统一法的公约》（《1964 年海牙货物销售公约》）中一项或两项公约的缔约国。应按情况同时通知荷兰政府声明退出《1964 年海牙货物销售公约》或《1964 年海牙订立合同公约》）或退出该两公约。

（4）凡为《1964 年海牙货物销售公约》缔约国并批准、接受、核准或加入本公约和根据第九十二条规定声明或业已声明不受本公约第二部分约束的国家，应于批准、接受、核准或加入时通知荷兰政府声明退出《1964 年海牙货物销售公约》。

（5）凡为《1964 年海牙订立合同公约》缔约国并批准、接受、核准或加入本公约和根据第九十二条规定声明或业已声明不受本公约第三部分约束的国家，应于批准、接受、核准或加入时通知荷兰政府声明退出《1964 年海牙订立合同公约》。

（6）为本条的目的，《1964 年海牙订立合同公约》或《1964 年海牙货物销售公约》的缔约国的批准、接受、核准或加入本公约，应在这些国家按照规定退出该两公约生效后方始生效。本公约保管人应与 1964 年两公约的保管人荷兰政府进行协商，以确保在这方面进行必要的协调。

第一百条

（1）本公约适用于合同的订立，只要订立该合同的建议是在本公约对第一条第（1）款（a）项所指缔约国或第一条第（1）款（b）项所指缔约国生效之日或其后作出的。

（2）本公约只适用于在它对第一条第（1）款（a）项所指缔约国或第一条第（1）款（b）项所指缔约国生效之日或其后订立的合同。

第一百零一条

（1）缔约国可以用书面正式通知保管人声明退出本公约，或本公约第二部分或第三部分。

（2）退出于保管人收到通知12个月后的第1个月第1天起生效。凡通知内订明一段退出生效的更长时间，则退出于保管人收到通知后该段更长时间满时起生效。

附录 B 跟单信用证统一惯例 600（国际商会版）

第一条 UCP 的适用范围

《跟单信用证统一惯例——2007 年修订本，国际商会第 600 号出版物》（简称"UCP"）乃一套规则，适用于所有的其文本中明确表明受本惯例约束的跟单信用证（下称信用证）（在其可适用的范围内，包括备用信用证）。除非信用证明确修改或排除，本惯例各条文对信用证所有当事人均具有约束力。

第二条 定义

就本惯例而言

通知行　指应开证行的要求通知信用证的银行。

申请人　指要求开立信用证的一方。

银行工作日　指银行在其履行受本惯例约束的行为的地点通常开业的一天。

受益人　指接受信用证并享受其利益的一方。

相符交单　指与信用证条款、本惯例的相关适用条款以及国际标准银行实务一致的交单。

保兑　指保兑行在开证行承诺之外作出的承付或议付相符交单的确定承诺。

保兑行　指根据开证行的授权或要求对信用证加具保兑的银行。

信用证　指一项不可撤销的安排，无论其名称或描述如何，该项安排构成开证行对相符交单予以交付的确定承诺。

承付　指：

a. 如果信用证为即期付款信用证，则即期付款。

b. 如果信用证为延期付款信用证，则承诺延期付款并在承诺到期日付款。

c. 如果信用证为承兑信用证，则承兑受益人开出的汇票并在汇票到期日付款。

开证行　指应申请人要求或者代表自己开出信用证的银行。

议付　指指定银行在相符交单下，在其应获偿付的银行工作日当天或之前向受益人预付或者同意预付款项，从而购买汇票（其付款人为指定银行以外的其他银行）及/或单据的行为。

指定银行　指信用证可在其处兑用的银行，如信用证可在任一银行兑用，则任何银行均为指定银行。

交单　指向开证行或指定银行提交信用证项下单据的行为，或指按此方式提交的单据。

交单人　指实施交单行为的受益人、银行或其他人。

第三条 解释

就本惯例而言：

如情形适用，单数词形包含复数含义，复数词形包含单数含义。

信用证是不可撤销的，即使未如此表明。

单据签字可用手签、摹样签字、穿孔签字、印戳、符合或任何其他机械或电子的证实方法为之。

诸如单据须履行法定手续、签证、证明等类似要求，可由单据上任何看似满足该要求的签字、标记、戳或标签来满足。

一家银行在不同国家的分支机构被视为不同的银行。

用诸如"第一流的""著名的""合格的""独立的""正式的""有资格的"或"本地的"等词语描述单据的出单人时，允许除受益人之外的任何人出具该单据。

除非要求在单据中使用，否则诸如"迅速地""立刻地"或"尽快地"等词语将被不予理会。

"在或大概在（on or about）"或类似用语将被视为规定事件发生在指定日期的前后五个日历日之间，起讫日期计算在内。"至（to）""直至（until、till）""从……开始（from）""在……之间（between）"等词用于确定发运日期时包含提及的日期，使用"在……之前（before）"及"在……之后（after）"时则不包含提及的日期。"从……开始（from）"及"在……之后（after）"等词用于确定到期日期时不包含提及的日期。"前半月"及"后半月"分别指一个月的第一日到第十五日及第十六日到该月的最后一日，起讫日期计算在内。一个月的"开始（beginning）""中间（middle）""末尾（end）"分别指第一到第十日、第十一日到第二十日及第二十一日到该月的最后一日，起讫日期计算在内。

第四条　信用证与合同

a. 就其性质而言，信用证与可能作为其开立基础的销售合同或其他合同是相互独立的交易，即使信用证中含有对此类合同的任何援引，银行也与该合同无关，且不受其约束。因此，银行关于承付、议付或履行信用证项下其他义务的承诺，不受申请人基于与开证行或与受益人之间的关系而产生的任何请求或抗辩的影响。

受益人在任何情况下不得利用银行之间或申请人与开证行之间的合同关系。

b. 开证行应劝阻申请人试图将基础合同、形式发票等文件作为信用证组成部分的做法。

第五条　单据与货物、服务或履约行为

银行处理的是单据，而不是单据可能涉及的货物、服务或履约行为。

第六条　兑用方式、截止日和交单地点

a. 信用证必须规定可在其处兑用的银行，或是否可在任一银行兑用。规定在指定银行兑用的信用证同时也可以在开证行兑用。

b. 信用证必须规定其是以即期付款、延期付款、承兑还是议付的方式兑用。

c. 信用证不得开成凭以申请人为付款人的汇票兑用。

d. i. 信用证必须定一个交单的截止日。规定的承付或议付的截止日将被视为交单的截止日。

ii. 可在其处兑用信用证的银行所在地即为交单地点。可在任一银行兑用的信用证其交单地点为任一银行所在地。除规定的交单地点外，开证行所在地也是交单地点。

e. 除非如第二十九条 a 款规定的情形，否则受益人或者代表受益人的交单应在截止日当天或之前完成。

第七条　开证行责任

a. 只要规定的单据提交给指定银行或开证方，并且构成相符交单，则开证行必须承付，如果信用证为以下情形之一：

i. 信用证规定由开证行即期付款、延期付款或承兑；

ii. 信用证规定由指定银行即期付款但其未付款；

iii. 信用证规定由指定银行延期付款但其未承诺延期付款，或虽已承诺延期付款，但未在到期日付款；

iv. 信用证规定由指定银行承兑，但其未承兑以其为付款人的汇票，或虽然承兑了汇票，但未在到期日付款；

v. 信用证规定由指定银行议付但其未议付。

b. 开证行自开立信用证之时起即不可撤销地承担承付责任。

c. 指定银行承付或议付相符交单并将单据转给开证行之后，开证行即承担偿付该指定银行的责任。对承兑或延期付款信用证下相符合单金额的偿付应在到期日办理，无论指定银行是否在到期日之前预付或购买了单据，开证行偿付指定银行的责任独立于开证行对受益人的责任。

第八条　保兑行责任

a. 只要规定的单据提交给保兑行，或提交给其他任何指定银行，并且构成相符交单，保兑行必须：

i. 承付，如果信用证为以下情形之一：

a）信用证规定由保兑行即期付款、延期付款或承兑；

b）信用证规定由另一指定银行延期付款，但其未付款；

c）信用证规定由另一指定银行延期付款，但其未承诺延期付款，或虽已承诺延期付款但未在到期日付款；

d）信用证规定由另一指定银行承兑，但其未承兑以其为付款人的汇票，或虽已承兑汇票未在到期日付款；

e）信用证规定由另一指定银行议付，但其未议付。

ii. 无追索权的议付，如果信用证规定由保兑行议付。

b. 保兑行自对信用证加具保兑之时起即不可撤销地承担承付或议付的责任。

c. 其他指定银行承付或议付相符交单并将单据转往保兑行之后，保兑行即承担偿付该指定银行的责任。对承兑或延期付款信用证下相符交单金额的偿付应在到期日办理，无论指定银行是否在到期日之前预付或购买了单据。保兑行偿付指定银行的责任独立于保兑行对受益人的责任。

d. 如果开证行授权或要求一银行对信用证加具保兑，而其并不准备照办，则其必须毫不延误地通知开证行，并可通知此信用证而不加保兑。

第九条　信用证及其修改的通知

a. 信用证及其任何修改可以经由通知行通知给受益人。非保兑行的通知行通知信用及修改时不承担承付或议付的责任。

b. 通知行通知信用证或修改的行为表示其已确信信用证或修改的表面真实性，而且其通知准确地反映了其收到的信用证或修改的条款。

c. 通知行可以通过另一银行（"第二通知行"）向受益人通知信用证及修改。第二通知行通知信用证或修改的行为表明其已确信收到的通知的表面真实性，并且其通知准确地反映了收到的信用证或修改的条款。

d. 经由通知行或第二通知行通知信用证的银行必须经由同一银行通知其后的任何修改。

e. 如一银行被要求通知信用证或修改但其决定不予通知，则应毫不延误地告知自其处收到信用证、修改或通知的银行。

f. 如一银行被要求通知信用证或修改但其不能确信信用证、修改或通知的表面真实性，则应毫不延误地通知看似从其处收到指示的银行。如果通知行或第二通知行决定仍然通知信用证或修改，则应告知受益人或第二通知行其不能确信信用证、修改或通知的表面真实性。

第十条　修改

a. 除第三十八条另有规定者外，未经开证行、保兑行（如有的话）及受益人同意，信用证即不得修改，也不得撤销。

b. 开证行自发出修改之时起，即不可撤销地受其约束。保兑行可将其保兑扩展至修改，并自通知该修改时，即不可撤销地受其约束。但是，保兑行可以选择将修改通知受益人而不对其加具保兑。若然如此，其必须毫不延误地将此告知开证行，并在其给受益人的通知中告知受益人。

c. 在受益人告知通知修改的银行，其接受该修改之前原信用证（或含有先前被接受的修改的信用证）的条款对受益人仍然有效。受益人应提供接受或拒绝修改的通知。如果受益人未能给予通知，当交单与信用证以及尚未表示接受的修改的要求一致时，即视为受益人已作出接受修改的通知，并且从此时起，该信用证被修改。

d. 通知修改的银行应将任何接受或拒绝的通知转告发出修改的银行。

e. 对同一修改的内容不允许部分接受，部分接受将被视为拒绝修改的通知。

f. 修改中关于除非受益人在某一时间内拒绝修改否则修改生效的规定应被不予理会。

第十一条　电信传输的和预先通知的信用证和修改

a. 以经证实的电讯方式发出的信用证或信用证修改即被视为有效的用证或修改文据，任何后续的邮寄确认书应被不予理会。

如电信声明"详情后告"（或类似用语）或声明以邮寄确认书为有效信用证或修改，则该电信不被视为有效信用证或修改。开证行必须随即不迟延地开立有效信用证或修改，其条款不得与该电信矛盾。

b. 开证行只有在准备开立有效信用证或作出有效修改时，才可以发出关于开立或修改信用证的初步通知（预先通知）。开证行作出该预先通知，即不可撤销地保证不迟延地开立或修改信用证，且其条款不能与预先通知相矛盾。

第十二条　指定

a. 除非指定银行为保兑行，对于承付或议付的授权并不赋予指定银行承付或议付的义务，除非该指定银行明确表示同意并且告知受益人。

b. 开证行指定一银行承兑汇票或作出延期付款承诺，即为授权该指定银行预付或购买其已承兑的汇票或已作出的延期付款承诺。

c. 非保兑行的指定银行收到或审核并转递单据的行为并不使其承担承付或议付的责任，也不构成其承付或议付的行为。

第十三条　银行之间的偿付安排

a. 如果信用证规定指定银行（"索偿行"）向另一方（"偿付行"）获取偿付时，必须同时规定该偿付是否按信用证开立时有效的 ICC 银行间偿付规则进行。

b. 如果信用证没有规定偿付遵守 ICC 银行间偿付规则，则按照以下规定：

i. 开证行必须给予偿付行有关偿付的授权，授权应符合信用证关于兑用方式的规定，且不应设定截止日。

ii. 开证行不应要求索偿行向偿付行提供与信用证条款相符的证明。

iii. 如果偿付行未按信用证条款见索即偿，开证行将承担利息损失以及产生的任何其他费用。

iv. 偿付行的费用应由开证行承担。然而，如果此项费用由受益人承担，开证行有责任在信用证及偿付授权中注明。如果偿付行的费用由受益人承担，该费用应在偿付时从付给索偿行的金额中扣取。如果偿付未发生，偿付行的费用仍由开证行负担。

c. 如果偿付行未能见索即偿，开证行不能免除偿付责任。

第十四条　单据审核标准

a. 按指定行事的指定银行、保兑行（如果有的话）及开证行须审核交单，并仅基于单据本身确定其是否在表面上构成相符交单。

b. 按指定行事的指定银行、保兑行（如有的话）及开证行各有从交单次日起至多五个银行工作日用以确定交单是否相符。这一期限不因在交单日当天或之后信用证截止日或最迟交单日届至而受到缩减或影响。

c. 如果单据中包含一份或多份受第十九、二十、二十一、二十二、二十三、二十四或二十五条规制的正本运输单据，则须由受益人或代表在不迟于本惯例所指的发运日之后的二十一个日历日内交单，但是在任何情况下都不得迟于信用证的截止日。

d. 单据中的数据，在与信用证、单据本身以及国际标准银行实务参照解读时，无须与该单据本身中的数据、其他要求的单据或信用证中的数据等同一致，但不得矛盾。

e. 除商业发票外，其他单据中的货物、服务或履约行为的描述，如果有的话，可使用与信用证中的描述不矛盾的概括性用语。

f. 如果信用证要求提交运输单据、保险单据或者商业发票之外的单据，却未规定出单人或其数据内容，则只要提交的单据内容看似满足所要求单据的功能，且其他方面符合第十四条 d 款，银行将接受该单据。

g. 提交的非信用证所要求的单据将被不予理会，并可被退还给交单人。

h. 如果信用证含有一项条件，但未规定用以表明该条件得到满足的单据，银行将视为未作规定并不予理会。

i. 单据日期可以早于信用证的开立日期，但不得晚于交单日期。

j. 当受益人和申请人的地址出现在任何规定的单据中时，无须与信用证或其他规定单据中所载相同，但必须与信用证中规定的相应地址同在一国。联络细节（传真、电话、电子邮件及类似细节）作为受益人和申请人地址的一部分时将被不予理会。然而，如果申请人的地址和联络细节为第十九、二十、二十一、二十二、二十三、二十四或二十五条规定的运输单据上的收货人或通知方细节的一部分时，应与信用证规定的相同。

k. 在任何单据中注明的托运人或发货人无须为信用证的受益人。

l. 运输单据可以由任何人出具，无须为承运人、船东、船长或租船人，只要其符合第

十九、二十、二十一、二十二、二十三或二十四条的要求。

第十五条 相符交单

a. 当开证行确定交单相符时，必须承付。

b. 当保兑行确定交单相符时，必须承付或者议付并将单据转递给开证行。

c. 当指定银行确定交单相符并承付或议付时，必须将单据转递给保兑行或开证行。

第十六条 不符单据、放弃及通知

a. 当按照指定行事的指定银行、保兑行（如有的话）或者开证行确定交单不符时，可以拒绝承付或议付。

b. 当开证行确定交单不符时，可以自行决定联系申请人放弃不符点。然而这并不能延长第十四条 b 款所指的期限。

c. 当按照指定行事的指定银行、保兑行（如有的话）或开证行决定拒绝承付或议付时，必须给予交单人一份单独的拒付通知。

该通知必须声明：

i. 银行拒绝承付或议付；及

ii. 银行拒绝承付或者议付所依据的每一个不符点；及

iii. a）银行留存单据、听候交单人的进一步指示；或者

b）开证行留存单据直到其从申请人处接到放弃不符点的通知并同意接受该放弃，或者其同意接受对不符点的放弃之前从交单人处收到其进一步指示；或者

c）银行将退回单据；或者

d）银行将按之前从交单人处获得的指示处理。

d. 第十六条 c 款要求的通知必须以电讯方式，如不可能，则以其他快捷方式，在不迟于自交单之翌日起第五个银行工作日结束前发出。

e. 按照指定行事的指定银行、保兑行（如有的话）或开证行在按照第十六条 c 款 iii 项 a）发出了通知后，可以在任何时候单据退还交单人。

f. 如果开证行或保兑行未能按照本条行事，则无权宣称交单不符。

g. 当开证行拒绝承付或保兑行拒绝承付或者议付，并且按照本条发出了拒付通知后，有权要求返还已偿付的款项及利息。

第十七条 正本单据及副本

a. 信用证规定的每一种单据须至少提交一份正本。

b. 银行应将任何带有看似出单人的原始签名、标记、印戳或标签的单据视为正本单据，除非单据本身表明其非正本。

c. 除非单据本身另有说明，在以下情况下，银行也将其视为正本单据：

i. 单据看似由出单人手写、打字、穿孔或盖章，或者

ii. 单据看似使用出单人的原始信纸出具，或者

iii. 单据声明其为正本单据，除非该声明看似不适用于提交的单据。

d. 如果信用证使用诸如"一式两份（in duplicate）""两份（in two fold）""两套（in two copies）"等用语要求提交多份单据，则提交至少一份正本，其余使用副本即可满足要求，除非单据本身另有说明。

第十八条 商业发票

a. 商业发票：

i. 必须看似由受益人出具（第三十八条规定的情形除外）；

ii. 必须出具成以申请人为抬头（第三十八条 g 款规定的情形除外）；

iii. 必须与信用证的货币相同，且

iv. 无须签名。

b. 按指定行事的指定银行、保兑行（如有的话）或开证行可以接受金额大于信用证允许金额的商业发票，其决定对有关各方均有约束力，只要该银行对超过信用证允许金额的部分未作承付或者议付。

c. 商业发票上的货物、服务或履约行为的描述应该与信用证中的描述一致。

第十九条 涵盖至少两种不同运输方式的运输单据

a. 涵盖至少两种不同运输方式的运输单据（多式或联合运输单据），无论名称如何，必须看似：

i. 表明承运人名称并由以下人员签署：

＊承运人或其具名代理人，或

＊船长或其具名代理人。

承运人、船长或代理人的任何签字，必须标明其承运人、船长或代理人的身份。

代理人签字必须表明其系代表承运人还是船长签字。

ii. 通过以下方式表明货运站物已经在信用证规定的地点发送、接管或已装船。

＊事先印就在文字，或者

＊表明货物已经被发送、接管或装船日期的印戳或批注。

运输单据的出具日期将被视为发送、接管或装船的日期，即发运的日期。然而如单据以印戳或批注的方式表明了发送、接管或装船日期，该日期将被视为发运日期。

iii. 表明信用证规定的发送、接管或发运地点，以及最终目的地、即使：

a）该运输单据另外还载明了一个不同的发送、接管或发运地点或最终目的地，或者

b）该运输单据载有"预期的"或类似的关于船只、装货港或卸货港的限定语。

iv. 为唯一的正本运输单据，或者如果出具为多份正本，则为运输单据中表明的全套单据。

v. 载有承运这条款和条件，或提示承运条款和条件参见别处（简式/背面空白的运输单据）。银行将不审核承运条款和条件的内容。

vi. 未表明受租船合同约束。

b. 就本条而言，转运指在从信用证规定的发送、接管或者发运地点"至"最终目的地的运输过程中从某一运输工具上卸下货物并装上另一运输工具的行为（无论其是否为不同的运输方式）。

c.i. 运输单据可以表明货物将要或可能被转运，只要全程运输由同一运输单据涵盖。

ii. 即使信用证禁止转运，注明将要或者可能发生转运的运输单据仍可接受。

第二十条 提单

a. 提单，无论名称如何，必须看似：

i. 表明承运人名称，并由下列人员签署：

＊承运人或其具名代理人，或者

*船长或其具名代理人。

承运人，船长或代理人的任何签字必须标明其承运人，船长或代理人的身份。

代理人的任何签字必须标明其系代表承运人还是船长签字。

ii. 通过以下方式表明货物已在信用证规定的装货港装上具名船只：

*预先印就的文字，或

*已装船批注注明货物的装运日期。

提单的出具日期将被视为发运日期，除非提单载有表明发运日期的已装船批注，此时已装船批注中显示的日期将被视为发运日期。

如果提单载有"预期船只"或类似的关于船名的限定语，则需以已装船批注明确发运日期以及实际船名。

iii. 表明货物从信用证规定的装货港发运至卸货港。

如果提单没有表明信用证规定的装货港为装货港，或者其载有"预期的"或类似的关于装货港的限定语，则需以已装船批注表明信用证规定的装货港、发运日期以及实际船名。即使提单以事先印就的文字表明了货物已装载或装运于具名船只，本规定仍适用。

iv. 为唯一的正本提单，或如果以多份正本出具，为提单表明的全套正本。

v. 载有承运条款和条件，或提示承运条款和条件参见别处（简式/背面空白的提单）。银行将不审核承运条款和条件的内容。

vi. 未表明受租船合同约束。

b. 就本条而言，转运系指在信用证规定的装货港到卸货港之间的运输过程中，将货物从船卸下并再装上另一船的行为。

c. i. 提单可以表明货物将要或可能被转运，只要全程运输由同一提单涵盖。

ii. 即使信用证禁止转运，注明将要或可能发生转运的提单仍可接受，只要其表明货物由集装箱、拖车或子船运输。

d. 提单中声明承运人保留转运权利的条款将被不予理会。

第二十一条 不可转让的海运单

a. 不可转让的海运单，无论名称如何，必须看似：

i. 表明承运人名称并由下列人员签署：

*承运人或其具名代理人，或者

*船长或其具名代理人。

承运人、船长或代理人的任何签字必须标明其承运人、船长或代理人的身份。

代理签字必须标明其系代表承运人还是船长签字。

ii. 通过以下方式表明货物已在信用证规定的装货上具名船只：

*预先印就的文字，或者

*已装船批注表明货物的装运日期。

不可转让海运单的出具日期将被视为发运日期，除非其上带有已装船批注注明发运日期，此时已装船批注注明的日期将被视为发运日期。

如果不可转让海运单载有"预期船只"或类似的关于船名的限定语，则需要以已装船批注表明发运日期和实际船只。

iii. 表明货物从信用证规定的装货港发运至卸货港。

如果不可转让海运单未以信用证规定的装货港为装货港，或者如果其载有"预期的"或类似的关于装货港的限定语，则需要以已装船批注表明信用证规定的装货港、发运日期和船只。即使不可转让海运单以预先印就的文字表明货物已由具名船只装载或装运，本规定也适用。

iv. 为唯一的正本不可转让海运单，或如果以多份正本出具，为海运单上注明的全套正本。

v. 载有承运条款的条件，或提示承运条款和条件参见别处（简式/背面空白的海运单）。银行将不审核承运条款和条件的内容。

vi. 未注明受租船合同约束。

b. 就本条而言，转运系指在信用证规定的装货港到卸货之间的运输过程中，将货物从船卸下并装上另一船的行为。

c. i. 不可转让海运单可以注明货物将要或可能被转运，只要全程运输由同一海运单涵盖。

ii. 即使信用证禁止转运，注明转运将要或可能发生的不可转让的海运单仍可接受，只要其表明货物装于集装箱，拖船或子船中运输。

d. 不可转让的海运单中声明承运人保留转运权利条款将被不予理会。

第二十二条　租船合同提单

a. 表明其受租船合同约束的提单（租船合同提单），无论名称如何，必须看似：

i. 由以下员签署：

＊船长或其具名代理人，或

＊船东或其具名代理人，或

＊租船人或其具名代理人。

船长、船东、租船人或代理人的任何签字必须标明其船长、船东、租船人或代理人的身份。

代理人签字必须表明其系代表船长、船东还是租船人签字。

代理人代表船东或租船人签字时必须注明船东或租船人的名称。

ii. 通过以下方式表明货物已在信用证规定的装货港装上具名船只：

＊预先印就的文字，或者

＊已装船批注注明货物的装运日期。

租船合同提单的出具日期将被视为发运日期，除非租船合同提单载有已装船批注注明发运日期，此时已装船批注上注明的日期将被视为发运日期。

iii. 表明货物从信用证规定的装货港发运至卸货港。卸货港也可显示为信用证规定的港口范围或地理区域。

iv. 为唯一的正本租船合同提单，或如以多份正本出具，为租船合同提单注明的全套正本。

b. 银行将不审核租船合同，即使信用证要求提交租船合同。

第二十三条　空运单据

a. 空运单据，无论名称如何，必须看似：

i. 表明承运人名称，并由以下人员签署：

﹡承运人，或

﹡承运人的具名代理人。

承运人或其代理人的任何签字必须标明其承运人或代理人的身份。

代理人签字必须表明其系代表承运人签字。

ⅱ. 表明货物已被收妥待运。

ⅲ. 表明出具日期。该日期将被视为发运日期，除非空运单据载有专门批注注明实际发运日期，此时批注中的日期将被视为发运日期。

空运单据中其他与航班号和航班日期相关的信息将不被用来确定发运日期。

ⅳ. 表明信用证规定的起飞机场和目的地机场。

ⅴ. 为开给发货人或托运人正本，即使信用证规定提交全套正本。

ⅵ. 载有承运条款和条件，或提示条款和条件参见别处。银行将不审核承运条款和条件的内容。

b. 就本条而言，转运是指在信用证规定的起飞机场到目的地机场的运输过程中，将货物从一飞机卸下再装上另一飞机的行为。

c. ⅰ. 空运单据可以注明货物将要或可能转运，只要全程运输由同一空运单据涵盖。

ⅱ. 即使信用证禁止转运，注明将要或可能发生转运的空运单据仍可接受。

第二十四条　公路、铁路或内陆水运单据

a. 公路、铁路或内陆水运单据、无论名称如何，必须看似：

ⅰ. 表明承运人名称，并且

﹡由承运人或其具名代理人签署，或者

﹡由承运人或其具名代理人以签字、印戳或批注表明货物收讫。

承运人或其具名代理人的收货签字、印戳或批注必须标明其承运人或代理人的身份。

代理人的收货签字、印戳或批注必须标明代理人系代理承运人签字或行事。

如果铁路运输单据没有指明承运人，可以接受铁路运输公司的任何签字或印戳作为承运人签署单据的证据。

ⅱ. 表明货物的信用规定地点的发运日期，或者收讫待运或待发送的日期。运输单据的出具日期将被视为发运日期，除非运输单据上盖有带日期的收货印戳，或注明了收货日期或发运日期。

ⅲ. 表明信用证规定的发运地及目的地。

b. ⅰ. 公路运输单据必须看似为开给发货人或托运人的正本，或没有任何标记表明单据开给何人。

ⅱ. 注明"第二联"的铁路运输单据将被作为正本接受。

ⅲ. 无论是否注明正本字样，铁路或内陆水运单据都被作为正本接受。

c. 如运输单据上未注明出具的正本数量，提交的份数即视为全套正本。

d. 就本条而言，转运是指在信用证规定的发运、发送或运送的地点到目的地之间的运输过程中，在同一运输方式中从一运输工具卸下再装上另一运输工具的行为。

e. ⅰ. 只要全程运输由同一运输单据涵盖，公路、铁路或内陆水运单据可以注明货物将要或可能被转运。

ⅱ. 即使信用证禁止转运，注明将要或可能发生转运的公路、铁路或内陆水运单据仍可接受。

第二十五条　快递收据、邮政收据或投邮证明

a. 证明货物收讫待运的快递收据，无论名称如何，必须看似：

i. 表明快递机构的名称，并在信用证规定的货物发运地点由该具名快递机构盖章或签字，并且

ii. 表明取件或收件的日期或类似词语，该日期将被视为发运日期。

b. 如果要求显示快递费用付讫或预付，快递机构出具的表明快递费由收货人以外的一方支付的运输单据可以满足该项要求。

c. 证明货物收讫待运的邮政收据或投邮证明，无论名称如何，必须看似在信用证规定的货物发运地点盖章或签署并注明日期。该日期将被视为发运日期。

第二十六条　"货装舱面""托运人装载和计数""内容据托运人报称"及运费之外的费用

a. 运输单据不得表明货物装于或者可能被装于舱面。声明可能被装于舱面的运输单据条款可以接受。

b. 载有诸如"托运人装载和计数"或"内容据托运人报称"条款的运输单据可以接受。

c. 运输单据上可以以印戳或其他方法提及运费之外的费用。

第二十七条　清洁运输单据

银行只接受清洁运输单据。清洁运输单据指未载有明确宣称货物或包装有缺陷的条款或批注的运输单据。"清洁"一词并不需要在运输单据上出现，即使信用证要求运输单据为"清洁已装船"的。

第二十八条　保险单据及保险范围

a. 保险单据，例如保险单或预约保险项下的保险证明书或者声明书，必须看似由保险公司或承保人或其代理人或代表出具并签署。

b. 如果保险单据表明其以多份正本出具，所有正本均须提交。

c. 暂保单将不被接受。

d. 可以接受保险单代预约保险项下的保险证明书或声明书。

e. 保险单据日期不得晚于发运日期，除非保险单据表明保险责任不迟于发运日生效。

f. i. 保险单据必须表明投保金额并以与信用证相同的货币表示。

ii. 信用证对于投保金额为货物价值，发票金额或类似金额的某一比例的要求，将被视为对最低保额的要求。

如果信用证对投保金额未做规定，投保金额或类似金额的某一比例的要求，将被视为对最低保额要求。

如果信用证对投保金额未做规定，投保金额须至少为货物的 CIF 或 CIP 价格的 110%。

如果从单据中不能确定 CIF 或者 CIP 价格，投保金额必须基于要求承付或议付的金额，或者基于发票上显示的货物总值来计算，两者之中取金额较高者。

iii. 保险单据须表明承保的风险区间至少涵盖从信用证规定的货物接管地或发运地开始到卸货地或最终目的地为止。

g. 信用证应规定所需投保的险别及附加险（如有的话）。如果信用证使用诸如"通常风

险"或"惯常风险"等含义不确切的用语，则无论是否有漏保之风险，保险单据将被照样接受。

h. 当信用证规定投保"一切险"时，如保险单据载有任何"一切险"批注或条款，无论是否有"一切险"标题，均将被接受，即使其声明任何风险除外。

i. 保险单据可以援引任何除外条款。

j. 保险单据可以注明受免赔率或免赔额（减除额）约束。

第二十九条　截止日或最迟交单日的顺延

a. 如果信用证的截止日或最迟交单日适逢接受交单的银行非因第三十六条所述原因而歇业，则截止日或最迟交单日，视何者适用，将顺延至其重新开业的第一个银行工作日。

b. 如果在顺延后的第一个银行工作日交单，指定银行必须在其致开证行或保兑行的面函中声明交单是在根据第二十九条 a 款顺延的期限内提交的。

c. 最迟发运日不因第二十九条 a 款规定的原因而顺延。

第三十条　信用证金额、数量与单价的伸缩

a. "约"或"大约"用于信用证金额或信用证规定的数量或单价时，应解释为允许有关金额或数量或单价有不超过 10% 的增减幅度。

b. 在信用证未以包装单位件数或货物自身件数的方式规定货物数量时，货物数量允许有 5% 的增减幅度，只要总支取金额不超过信用证金额。

c. 如果信用证规定了货物数量，而该数量已全部装运，以及如果信用证规定了单价，而该单价又未降低，或当第三十条 b 款不适用时，则即使不允许部分装运，也允许支取的金额有 5% 的减幅。若信用证规定有特定的增减幅度或使用第三十条 a 款提到的用语限定数量，则该减幅不适用。

第三十一条　部分支款或部分装运

a. 允许部分支款或部分装运。

b. 表明使用同一运输工具并经由同次航程运输的数套运输单据在同一次提交时，只要显示相同目的地，将不视为分批装运，即使运输单据上表明的装运日期不同或装货港、接管地或装运地点不同。如果交单由数套运输单据构成，其中最晚的一个装运日将被视为装运日。

含有一套或数套运输单据的交单，如果表明在同一种运输方式下经由数件运输工具运输，即使运输工具在同一天出装运往同一目的地，仍将被视为部分装运。

c. 含有一份以上快递收据、邮政收据或投邮证明的交单，如果单据看似由同一快递或邮政机构在同一地点和日期加盖印戳或签字并且表明同一目的地，将不视为分批装运。

第三十二条　分期支款或分期装运

如信用证规定在指定的时间段内分期支款或分期装运，任何一期未按信用证规定期限支取或装运时，信用证对该期及以后各期均告失效。

第三十三条　交单时间

银行在其营业时间外无接受交单的义务。

第三十四条　关于单据有效性的免责

银行对任何单据的形式、充分性、准确性、内容真实性、虚假性或法律效力，或对单据中规定或添加的一般或特殊条件，概不负责；银行对任何单据所代表的货物、服务或其他履约行为的描述、数量、重量、品质、状况、包装、交付、价值或其存在与否，或对发货人、承运人、货运代理人、收货人、货物的保险人或其他任何人的诚信与否、作为或不作为、清偿能力、履约或资信状况，也概不负责。

第三十五条　关于信息传递和翻译的免责

当报文、信件或单据按照信用证的要求传输或发送时，或当信用证未作指示，银行自行选择传送服务时，银行对报文传输或信件或单据的递送过程中发生的延误、中途遗失、残缺或其他错误产生的后修改，概不负责。

如果指定银行确定交单相符并将单据发往开证行或保兑行，无论指定银行是否已经承付或议付，开证行或保兑行必须承付或议付，或偿付指定银行，即使单据在指定银行送往开证行或保兑行的途中，或保兑行送往开证行的途中丢失。

银行对技术语的翻译或解释上的错误，不负责任，并可不加翻译地传送信用证条款。

第三十六条　不可抗力

银行对由于天灾、暴动、骚乱、叛乱、战争、恐怖主义行为或任何罢工、停工或其无法控制的任何其他原因导致的营业中断的后果，概不负责。

银行恢复营业时，对于在营业中断期间已逾期的信用证，不再进行承付或议付。

第三十七条　关于被指示方行为的免责

a. 为了执行申请人的指示，银行利用其他银行的服务，其费用和风险由申请人承担。

b. 即使银行自行选择了其他银行，如果发出的指示未被执行，开证行或通知行对此亦不负责。

c. 指示另一银行提供服务的银行有责任负担被指示方因执行指示而发生的任何佣金、手续费、成本或开支（"费用"）。

如果信用证规定费用由受益人负担，而该费用未能收取或从信用证款项中扣除，开证行依然承担支付此费用的责任。

信用证或其修改不应规定向受益人的通知以通知行或第二通知行收到其费用为条件。

d. 外国法律和惯例加诸于银行的一切义务和责任，申请人应受其约束，并就此对银行负补偿之责。

第三十八条　可转让信用证

a. 银行无办理信用证转让的义务，除非其明确同意。

b. 就本条而言：

可转让信用证系指特别注明"可转让（transferable）"字样的信用证。可转让信用证可应受益人（第一受益人）的要求转为全部或部分由另一受益人（第二受益人）兑用。

转让行系指办理信用证转让的指定银行，或当信用证规定可在任何银行兑用时，指由开证行特别授权并实际办理信用证转让的银行。开证行也可担任转让行。

已转让信用证指已由转让行转为可由第二受益人兑用的信用证。

c. 除非转让时另有约定，有关转让的所有费用（诸如佣金、手续费，成本或开支）须由第一受益人支付。

d. 只要信用证允许部分支款或部分发运，信用证可以分部分转让给数名第二受益人。

已转让信用证不得应第二受益人的要求转让给任何其后受益人。第一受益人不视为其后受益人。

e. 任何转让要求须说明是否允许及在何条件下允许将修改通知第二受益人。已转让信用证须明确说明该项条件。

f. 如果信用证转让给数名第二受益人，其中一名或多名第二受益人对信用证修改并不影响其他第二受益人接受修改。对接受者而言该已转让信用证即被相应修改，而对拒绝修改的第二受益人而言，该信用证未被修改。

g. 已转让信用证须准确转载原证条款，包括保兑（如果有的话），但下列项目除外：

——信用证金额

——规定的任何单价

——截止日

——交单期限，或

——最迟发运日或发运期间。

以上任何一项或全部均可减少或缩短。

必须投保的保险比例可以增加，以达到原信用证或本惯例规定的保险金额。

可用第一受益人的名称替换原证中的开证申请人名称。

如果原证特别要求开证申请人名称应在除发票以外的任何单据出现时，已转让信用证必须反映该项要求。

h. 第一受益人有权以自己的发票和汇票（如有的话）替换第二受益人的发票的汇票，其金额不得超过原信用证的金额。经过替换后，第一受益人可在原信用证项下支取自己发票与第二受益人发票间的差价（如有的话）。

i. 如果第一受益人应提交其自己的发票和汇票（如有的话），但未能在第一次要求时照办，或第一受益人提交的发票导致了第二受益人的交单中本不存在的不符点，而其未能在第一次要求时修正，转让行有权将从第二受益人处收到的单据递交开证行，并不再对第一受益人承担责任。

j. 在要求转让时，第一受益人可以要求在信用证转让后的兑用地点，在原信用证的截止日之前（包括截止日），对第二受益人承付或议付。该规定并不得损害第一受益人在第三十八条 h 款下的权利。

k. 第二受益人或代表第二受益人的交单必须交给转让行。

第三十九条　款项让渡

信用证未注明可转让，并不影响受益人根据所适用的法律规定，将其在该信用证项下有权获得的款项让渡给他人的权利。本条只涉及款项的让渡，而不涉及在信用证项下进行履行行为的权利让渡。

参 考 文 献

［1］ 杨奕. 国际贸易实务. 北京：北京交通大学出版社，2013.

［2］ 孟令春. 国际贸易实务视频教程. 上海：上海交通大学出版社，2014.

［3］ 广银芳. 外贸单证实务. 北京：中国轻工业出版社，2017.

［4］ 杨金玲，张志. 国际贸易实务与操作. 北京：清华大学出版社，2017.

［5］ 覃波，吴丘林. 国际贸易实务. 北京：中国轻工业出版社，2017.

［6］ 孙家庆，姚景芳. 国际货运代理实务. 北京：中国人民大学出版社，2015.

［7］ 韩斌，韦昌鑫. 报关与报检实务. 北京：中国人民大学出版社，2016.

［8］ 徐俊. 外贸英语函电实务：双语版. 北京：中国商业出版社，2016.

［9］ 易露霞，陈新华，尤彧聪. 国际贸易实务双语教程. 4 版. 北京：清华大学出版社，2016.